LEGO® STAR WARS™ Lexikon

der Figuren, Raumschiffe und Droiden

Text von Simon Beecroft, Elizabeth Dowsett, Jason Fry und Simon Hugo

Inhalt

Kuiil auf einem Blurrg

Einleitung

Seit 25 Jahren baut die LEGO Gruppe die *Star Wars*™-Galaxis mit LEGO® Steinen nach – zur großen Freude von Kindern und Erwachsenen.

Begründet wurde die Partnerschaft zwischen der LEGO Gruppe und Lucasfilm 1999 mit dem Start der Prequel-Trilogie. Seitdem übt LEGO *Star Wars* über Generationen hinweg seinen Reiz aus und bringt Familien zusammen – mit actiongeladenen Sets für fantasievolles Spiel sowie hochdetaillierten Modellen zur Präsentation gleichermaßen.

Über zweieinhalb Jahrzehnte hinweg haben LEGO Entwickler die *Star Wars*-Themenwelt immer weiter vorangebracht, indem sie brandneue Elemente erschufen und vorhandene neu dachten. So waren *Star Wars*-Minifiguren beispielsweise die ersten mit kurzen Beinen und ausgeformten Köpfen. Vertraute Elemente wie LEGO Rollschuh- oder Schlossturm-Teile fanden indes spannende neue Verwendung als Teil diverser LEGO *Star Wars* Fahrzeuge.

Das erstmals 2009 veröffentlichte LEGO® *Star Wars*™ Lexikon der Figuren, Raumschiffe und Droiden wurde im Lauf der Jahre immer wieder aktualisiert und erweitert. Mit dieser Ausgabe feiern wir nun bereits das 25. Jubiläum der Themenwelt!

Seit der letzten Ausgabe des Buchs ist die *Star Wars*-Galaxis noch größer geworden – mit neuen Helden und Schurken, neuen Filmen und Real- wie Animationsserien sowie eigenen Themenländern in Freizeitparks. Diese Vielfalt spiegelt sich auch in LEGO Modellen, Minifiguren und innovativen neuen Produktlinien wie den Helme- und Mechs-Serien.

Zeit also, an Bord zu springen und in eine weit, weit entfernte Galaxis in Minifigurengröße zu reisen – mit einem stetig wachsenden Sortiment an LEGO Sets!

Infokästen

Im ganzen Buch finden sich Infokästen zu LEGO *Star Wars* Sets – mit deren offiziellen englischen Namen, der zugehörigen Artikel-Nummer, der Anzahl der enthaltenen LEGO Teile, dem Jahr, in dem sie erschienen sind, und der Quellenangabe, welches *Star Wars*-Abenteuer das Modell inspiriert hat.

Set-Name Rey's Speeder	
Nummer 75099	**Teile** 193
Jahr 2015	**Quelle** VII

Abkürzungen der Inspirationsquellen:

I	*Die dunkle Bedrohung*	CW	*Star Wars: The Clone Wars*
II	*Angriff der Klonkrieger*	DAF	*LEGO Star Wars: Die Abenteuer der Freemaker*
III	*Die Rache der Sith*	DYC	*LEGO Star Wars: Die Yoda-Chroniken*
IV	*Eine neue Hoffnung*	JFO	*Jedi: Fallen Order*
V	*Das Imperium schlägt zurück*	L	*Star Wars Legends* (nicht kanonische Geschichten)
VI	*Die Rückkehr der Jedi-Ritter*	M	*Star Wars: The Mandalorian*
VII	*Das Erwachen der Macht*	O	*Star Wars: Obi-Wan Kenobi*
VIII	*Die letzten Jedi*	REB	*Star Wars Rebels*
IX	*Der Aufstieg Skywalkers*	RES	*Star Wars Resistance*
AH	*Star Wars: Ahsoka*	R1	*Rogue One: A Star Wars Story*
AJJ	*Star Wars: Die Abenteuer der jungen Jedi*	S	*Solo: A Star Wars Story*
AN	*Star Wars: Andor*		
BB	*Star Wars: The Bad Batch*		
BBF	*Star Wars: Das Buch von Boba Fett*		

25 Jahre LEGO® *Star Wars*™

Von den einfachen Spielsets der ersten Tage bis hin zu den größten und komplexesten Modellen, die es je in einer LEGO® Themenwelt gab – die LEGO® *Star Wars*™ Galaxis hat einiges zu bieten!

1999

Die ersten LEGO *Star Wars* Sets kommen auf den Markt – mit Szenen und Figuren aus dem Film *Star Wars: Die dunkle Bedrohung*, der gerade im Kino angelaufen ist.

Auch Modelle zur klassischen Trilogie (1977–1983) werden erstmals angeboten.

2000

Das erste LEGO Modell des *Millennium Falken* (Set 7190) wird veröffentlicht.

TIE-Abfangjäger

Die Ultimate Collector Series (UCS) startet mit dem 703-teiligen Set *TIE Interceptor* (7181, oben) und dem 1300-teiligen Set *X-wing Fighter* (7191, unten).

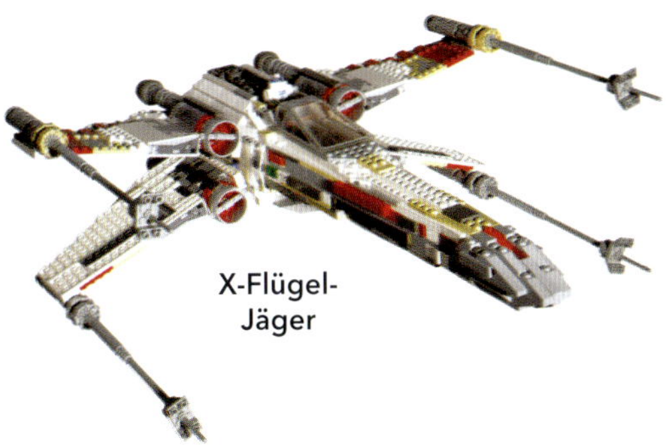

X-Flügel-Jäger

2001

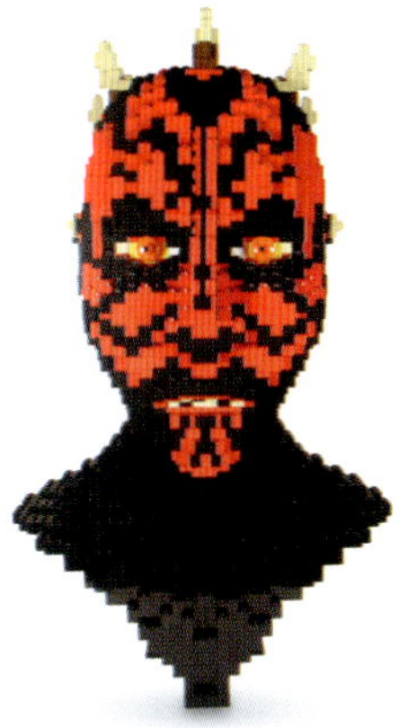

Eine einmalige, 1868-teilige Büste von Darth Maul (Set 10018) erscheint in der Ultimate Collector Series.

Im ersten Set des Imperialen Shuttles (7166) finden sich Minifiguren der Roten Garde.

C-3PO erwacht als LEGO® Technic Modell zum Leben (Set 8007).

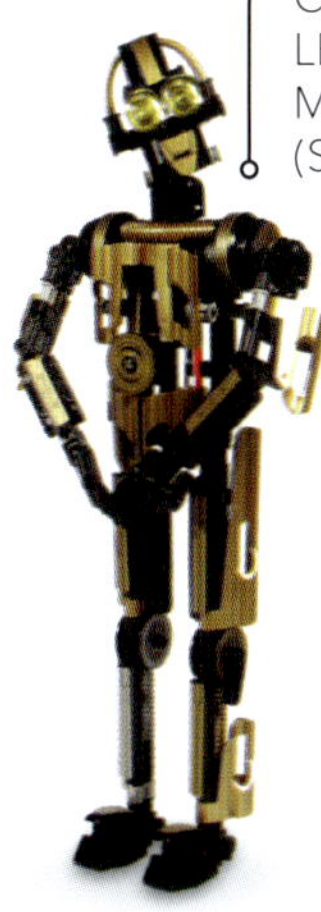

2002

Zum neuen Kinofilm *Star Wars: Angriff der Klonkrieger* erscheint unter anderem das Set *Republic Gunship* (7163).

Yoda, zwei Ewoks und der junge Boba Fett sind die ersten Minifiguren mit kurzen Beinen.

Das UCS-Set *Imperial Star Destroyer* (10030) ist das erste LEGO Set mit über 3000 Teilen.

2003

Mini-AT-AT

Im Rahmen neuer Mini-Sets erscheinen winzige AT-ATs, X-Flügler und vieles mehr.

Die erste LEGO Jabba-Figur ist Teil des Sets *Jabba's Palace* (4480).

Das Set *Cloud City* (10123) enthält Lando Calrissian, die erste LEGO *Star Wars* Minifigur, die keinen gelben Kopf hat.

Zweiter Todesstern (UCS)

Das UCS-Set des zweiten Todessterns (10143) bringt es auf enorme 3449 Teile.

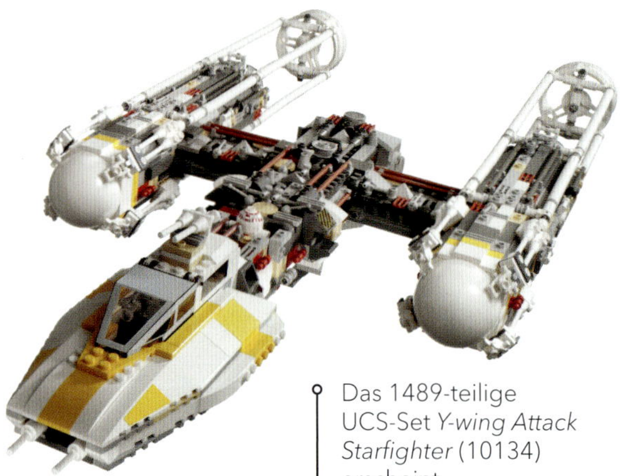

Das 1489-teilige UCS-Set *Y-wing Attack Starfighter* (10134) erscheint.

Das erste Modell des Sarlacc-Monsters ist im Set *Jabba's Sail Barge* (6210) enthalten.

Mit 10000 goldverchromten Minifiguren von C-3PO und fünf superraren 14-Karat-Gold-Versionen (oben) werden 30 Jahre *Star Wars* gefeiert.

AT-TE-Läufer

Zur neuen Animationsserie *Star Wars: The Clone Wars* erscheinen ganze zehn Sets, darunter das Set *AT-TE Walker* (7675) mit der neuen Figur Ahsoka Tano.

2004

Das LEGO Set *TIE Fighter Collection* (10131) ist das erste mit einem Fahrzeug der *Star Wars* Legends, dem TIE/D-Drohnenjäger.

Das erste Set der Cantina von Mos Eisley (4501) enthält auch die erste Minifigur von Greedo.

2005

Zum Kinostart von *Star Wars: Die Rache der Sith* gibt es unter anderem das Set *Ultimate Lightsaber Duel* (7257), das Minifiguren mit leuchtenden Lichtschwertern enthält.

2006

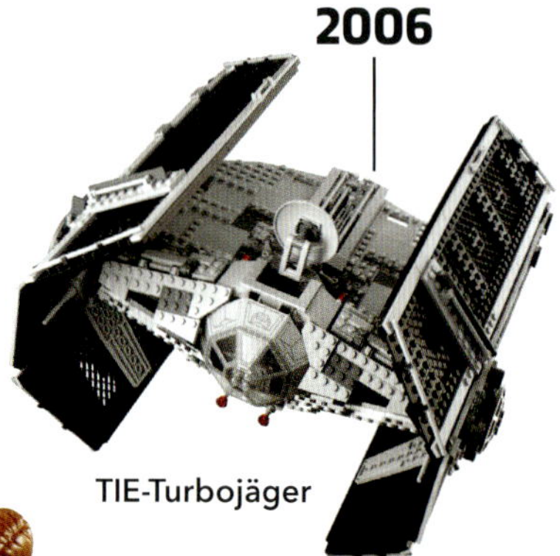

TIE-Turbojäger

Die Sets *Vader's TIE Advanced* (10175, oben) und *Imperial AT-ST* (10174) sind die Neuzugänge der Ultimate Collector Series.

2007

Das UCS-Set 10179 des *Millennium Falken* ist das erste mit mehr als 5000 Teilen.

Das Set *Motorized Walking AT-AT* (10178) ist das einzige LEGO *Star Wars* Set mit Power Functions.

Motorisierter AT-AT-Läufer

2008

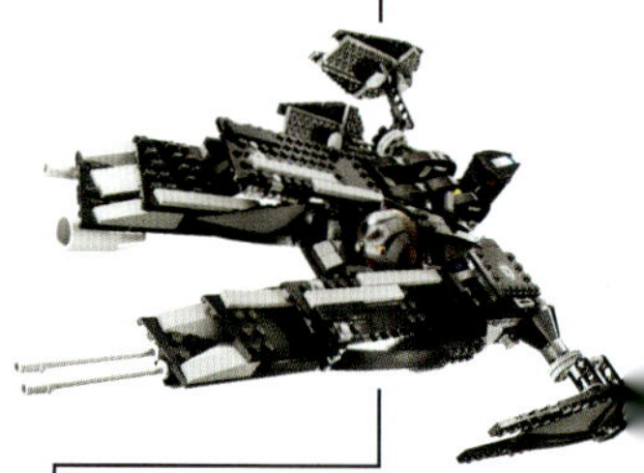

Das Set *Rogue Shadow* (7672) enthält Galen Mareks Schiff aus dem Videospiel *Star Wars: The Force Unleashed*.

2009

Um 10 Jahre LEGO *Star Wars* zu feiern, werden 10000 metallisch glänzende Minifiguren von Darth Vader zufällig in Sets verteilt.

Unter den neuen Sets zu *Star Wars: The Clone Wars* ist Count Dookus Solarsegler (Set 7752).

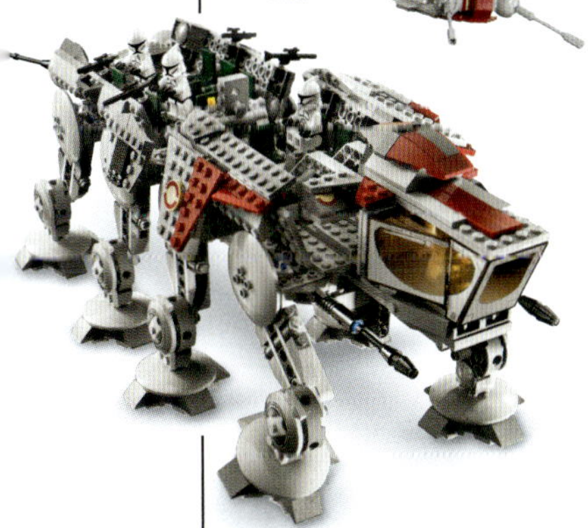

Das 1758-teilige Set *Republic Dropship with AT-OT Walker* (10195) ist das größte reguläre LEGO *Star Wars* Set außerhalb der UCS.

2010

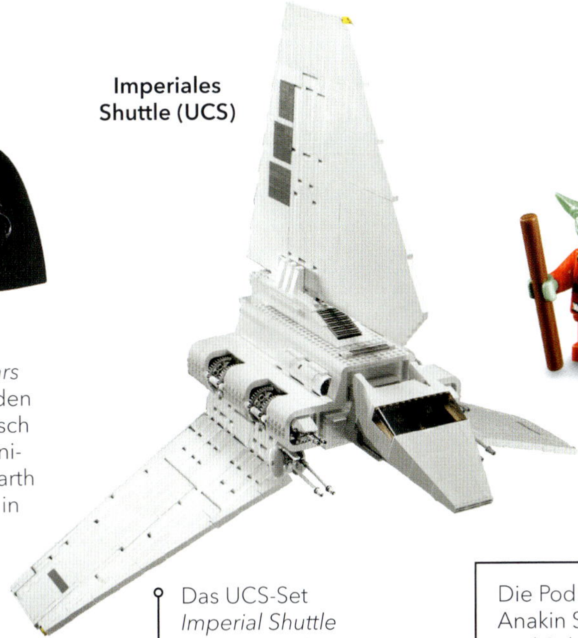

Imperiales Shuttle (UCS)

Das UCS-Set *Imperial Shuttle* (10212) erscheint. Es besteht aus 2503 überwiegend weißen Teilen.

Eine neue Wampa-Figur lauert im Set *Hoth Wampa Cave* (8089).

2011

Im ersten LEGO *Star Wars* Adventskalender (Set 7958) steckt eine Minifigur von Yoda als Weihnachtsmann.

Die Podrenner von Anakin Skywalker und Sebulba werden erstmals seit 1999 überholt (Set 7962).

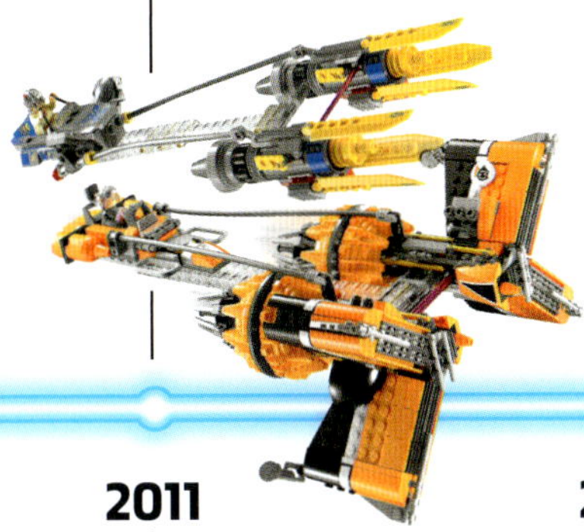

Der fast 124 cm lange Supersternenzerstörer der Ultimate Collector Series (Set 10221) wird das längste LEGO Modell.

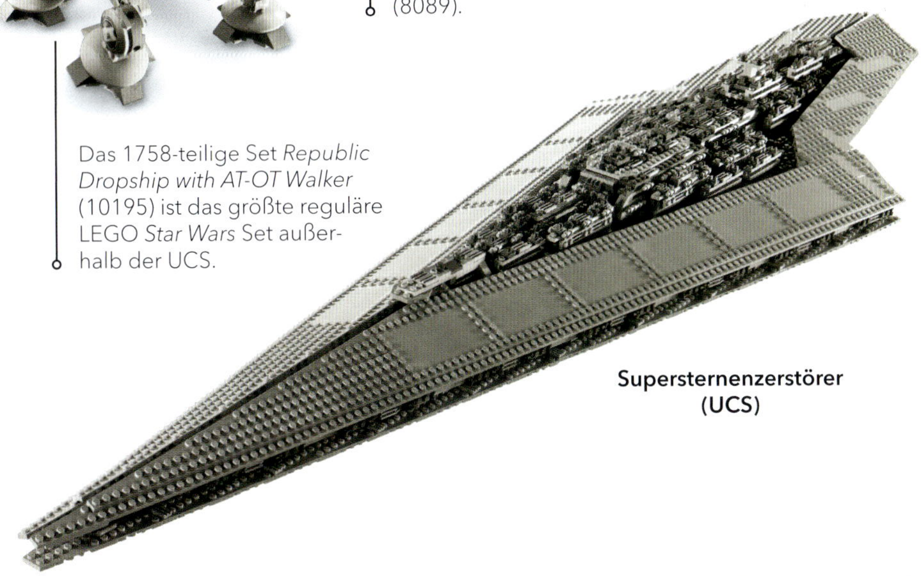

Supersternenzerstörer (UCS)

2012

Das UCS-Modell von R2-D2 (10225) ist über 31 cm groß.

Zwei Sets zum Videospiel *Star Wars: The Old Republic* erscheinen, darunter das Set *Sith Fury-class Interceptor* (9500).

2013

Jek-14's Stealth Starfighter (Set 75018) erscheint. Jek-14 ist die erste reine LEGO *Star Wars* Figur.

Die *The Clone Wars*-Version Darth Mauls (mit mechanischen Beinen) hat im Set *Mandalorian Speeder* (75022) ihren ersten Auftritt.

Eines der neuen UCS-Sets ist ein detailreiches Ewok-Dorf (Set 10236).

Sandkriecher (UCS)

Das UCS-Set 75059 des Sandkriechers hat 3296 Teile.

Die Microfighters gehen mit sechs Sets an den Start, darunter der TIE-Abfangjäger.

2014

Die *Ghost*

Die Animationsserie *Star Wars Rebels* erobert das TV und die Themenwelt LEGO *Star Wars* – mit den Sets der *Ghost* (75053) und der *Phantom* (75048).

Der Kinostart von *Star Wars: Das Erwachen der Macht* bringt brandneue LEGO *Star Wars* Helden mit sich – in Sets wie *Poe's X-Wing Fighter* (75102).

2015

Neue Figuren zum Bauen wie General Grievous (Set 75112) erlauben Duelle auf ganz neuer Ebene.

General Grievous

Die Animationsserie LEGO *Star Wars: Die Abenteuer der Freemaker* startet. Begleitend erscheinen die beiden Sets *Eclipse Fighter* (75145) und *StarScavenger* (75147, unten).

StarScavenger

2016

Das UCS-Set des Todessterns (75159) erhält ein Update und hat nun über 4000 Teile.

Star Wars: Die letzten Jedi erobert die Kinos und LEGO *Star Wars* ist mit Sets wie dem *First Order Heavy Assault Walker* (75189) am Start.

2017

Das neue UCS-Set des *Millennium Falken* (75192) ist das einzige LEGO Set mit mehr als 7000 Teilen.

In *Solo: A Star Wars Story* macht der *Millennium Falke* im Kino den Kossal-Flug – das passende LEGO Set (75212) und sieben weitere zum Film gibt es im Handel.

2018

15 Jahre nach dem ersten LEGO Set der Wolkenstadt erscheint sie in der Master Builder Series (Set 75222).

Unterdessen gibt der ältere Luke Skywalker im Set *Ahch-To Island Training* (75200) sein Debüt.

2019

Zur Feier von 20 Jahren LEGO *Star Wars* sind eine Reihe Jubiläumssets erhältlich – aktualisierte klassische Modelle mit Gedenktafeln und dem Jubiläumslogo auf der Verpackung.

Um den letzten Film der Sequel-Trilogie zu feiern, erscheint begleitend zum Kinostart von *Star Wars: Der Aufstieg Skywalkers* neben vier weiteren Sets unter anderem *Kylo Ren's Shuttle* (75256).

2020

Eine putzige, Yoda-artige Figur ist in zwei Sets enthalten, die zur neuen Realserie *Star Wars: The Mandalorian* erscheinen. 2021 wird der Name der Figur offenbart: Grogu.

In einer neuen Modellreihe für Erwachsene erscheinen die ersten drei, zu Präsentationszwecken gedachten Helme wie der eines TIE-Jäger-Piloten (Set 75274).

Nach der Eröffnung von *Star Wars: Galaxy's Edge* in Disneyland und dem Walt Disney World Resort im Jahr 2019 ist das Set *Resistance I-TS Transport* (75293) das erste *Star Wars*-Set auf Basis eines Themenlands.

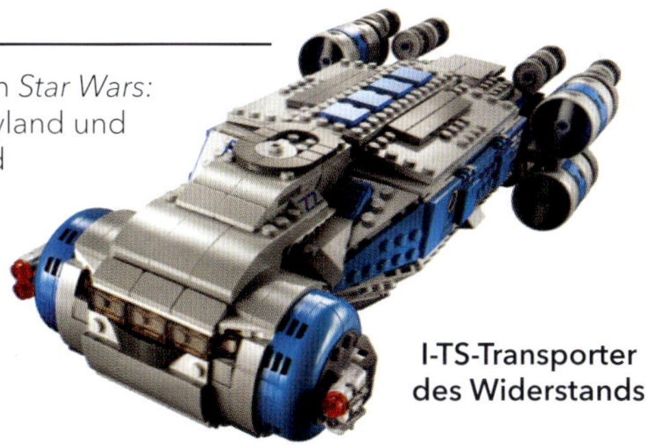

I-TS-Transporter des Widerstands

2021

Im zur neuen Animationsserie *Star Wars: The Bad Batch* erschienenen Angriffsshuttle (Set 75314) geht die Schadencharge auf Mission!

Nach Staffel 2 von *Star Wars: The Mandalorian* erscheinen fünf neue Sets zur Serie, darunter *Trouble on Tatooine* (75299) mit Din Djarin und Grogu auf einem Düsenschlitten.

2022

Als weiteres neues Set für Erwachsene erscheint das erste von drei Dioramen. Fans können sich nun Kultfilmmomente ins Regal stellen – wie Lukes Ausbildung auf Dagobah (Set 75330).

Obi-Wans Minifigur mit vor Sand schützendem Cape ist in einem von zwei Sets zur neuen Realserie *Star Wars: Obi-Wan Kenobi*.

Boba Fett erhält mit *Star Wars: Das Buch von Boba Fett* seine eigene Realserie – und im Set *Boba Fett's Throne Room* (75326) eine neue Minifigur mit frisch lackierter Rüstung.

2023

Boba-Fett-Mech

Hier geht's beim Spielen richtig rund! Zu den ersten drei neuen Mech-Sets gehört ein Modell von Boba Fett (Set 75369).

Ein junger Yoda kommt mit dem Jedi-Tempel auf Tenoo (Set 75358) daher. Das 4+-Modell bietet viel Spielspaß und ist das erste zur Animationsserie *Star Wars: Die Abenteuer der jungen Jedi*.

Begleitend zur neuen Realserie *Star Wars: Ahsoka* erscheinen einige neue Sets wie *Ahsoka Tano's T-6 Jedi Shuttle* (75362), eine Neuausgabe des Schiffs aus der Klonkriegsära.

Kapitel 1:
Der Untergang der Republik

Anakin Skywalker

Action und Gefahr begleiten Anakins Weg vom versklavten Jungen auf Tatooine zum wohl stärksten und ehrgeizigsten Jedi aller Zeiten. Anakin war schon immer ein begnadeter Pilot und hat schon alles geflogen – vom „geliehenen" Gleiter bis hin zum Jedi-Sternenjäger in den Klonkriegen. Doch Anakins Wagemut hat seinen Preis. Im Duell mit Count Dooku verliert er erst eine Hand und allmählich seine Menschlichkeit, bis er am Ende in der Rüstung Darth Vaders steckt.

Anakin (Naboo-Pilot)
Die Minifigur aus dem Microfighter-Set *Anakin's Naboo Starfighter* (75233) zeigt Anakin in schlichtem Hemd, aber mit Fliegerhelm.

Naboo-Sternenjäger

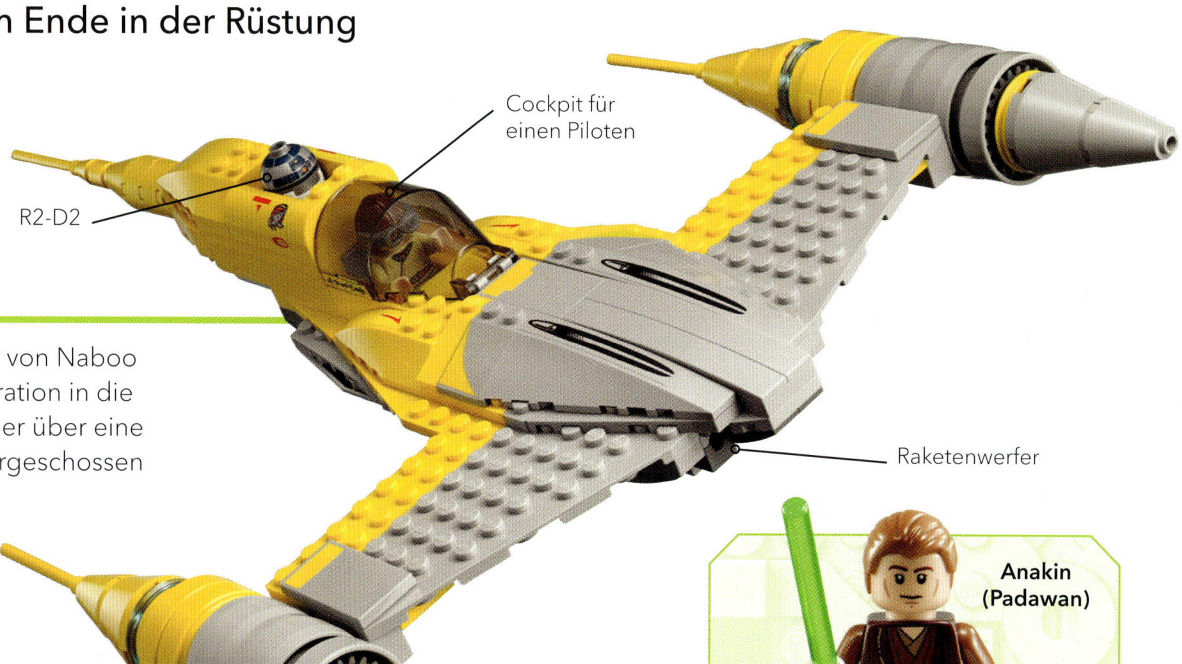

Der junge Anakin jagt mit einem N-1-Jäger von Naboo das Droidenkontrollschiff der Handelsföderation in die Luft. Er passt ins Cockpit des Jägers, in das er über eine im Set enthaltene Leiter einsteigt. Mit Federgeschossen nimmt er Kampfdroiden und Droidekas ins Visier. Ein Mechanismus an der Unterseite des Schiffs befördert R2-D2 im Notfall aus dem Droidensockel.

Set-Name Naboo Starfighter	
Nummer 75092	**Teile** 442
Jahr 2015	**Quelle** I

Anakin (Padawan)

Junger Padawan
Als er Padmé Amidala beschützt, verliebt Anakin sich in die mutige Senatorin. Auf Geonosis benutzt er kurz ein grünes Lichtschwert. Diese Minifigur stammt aus dem Set *Republic Gunship* (75021).

Luftgleiter von Coruscant

Als Jugendlicher ist Anakin der eigensinnige Padawan des Jedi-Meisters Obi-Wan Kenobi. Er trägt einen (auf das Hemd der Minifigur gedruckten) Padawanzopf. Mit Obi-Wan sitzt er in diesem Luftgleiter mit frei liegenden Strahltriebwerken. Ihr Lichtschwert bewahren die Jedi in einem Geheimfach auf. Können sie den Gleiter der Attentäterin Zam Wesell einholen, während sie sich auf Coruscant durch die Wolkenkratzer schlängeln?

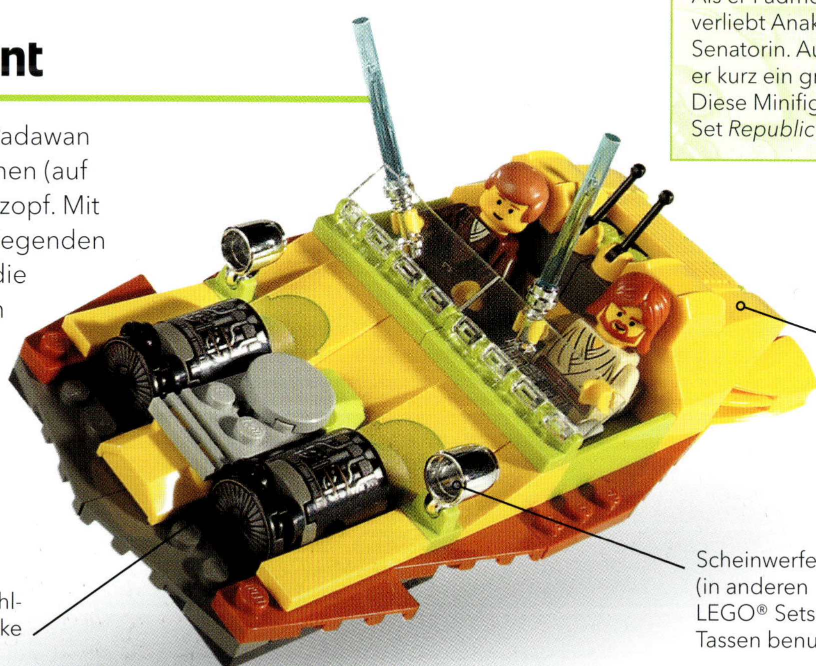

Set-Name Bounty Hunter Pursuit	
Nummer 7133	**Teile** 253
Jahr 2002	**Quelle** II

Getarnte Königin
Als Anakin seine spätere Ehefrau Padmé auf Tatooine kennenlernt, ist sie als einfache Bäuerin verkleidet. Padmé ist im Set *Darth Maul's Sith Infiltrator* (7961) enthalten.

Swoopschlitten

Padawan Anakin leiht sich Owen Lars' Swoop, um seine Mutter von den Tusken-Räubern (zwei sind im Set enthalten) zu befreien. Der Flitzer hat hinten einen Antriebsblock. Pass auf den Evaporator auf, Anakin! (Einer ist Teil des Sets und hat im Innern versteckte Kontrolltafeln.)

Evaporator

Set-Name Tusken Raider Encounter	
Nummer 7113	**Teile** 90
Jahr 2002	**Quelle** II

Jedi-Abfangjäger

Anakin ist nun ein Jedi-Ritter, mit einer Narbe im Gesicht, Piloten-Headset, Cyborghand und schwarzer Robe. Er fliegt einen modifizierten gelben Abfangjäger (Typ Eta-2 *Actis*) mit beweglichen Flügeln und einer vollständigen Minifigur von R2-D2 im Astromechsockel. Die ursprüngliche Version von 2005 enthielt nur R2-D2s Kuppel.

Set-Name Anakin's Jedi Interceptor	
Nummer 75281	**Teile** 248
Jahr 2020	**Quelle** III

Jedi-Ritter
Im Lichtschwertduell mit Count Dooku verliert Anakin eine Hand, die danach durch eine kybernetische ersetzt wird. Dreht man den Kopf der Minifigur, schaut Anakin wütend. Sie ist im Set *Anakin's Jedi Starfighter* (75214) von 2018 enthalten.

Die *Twilight*

Die *Twilight*, ein alter corellianischer G9-Auslegerfrachter, ist in den Klonkriegen Anakins Privatschiff. Er „leiht" sich das defekte Schiff von einer Landeplattform auf Teth, als er und Ahsoka Jabbas Sohn Rotta retten. Seitdem hat Anakin an dem Frachter einiges repariert und die Bordsysteme deutlich verbessert.

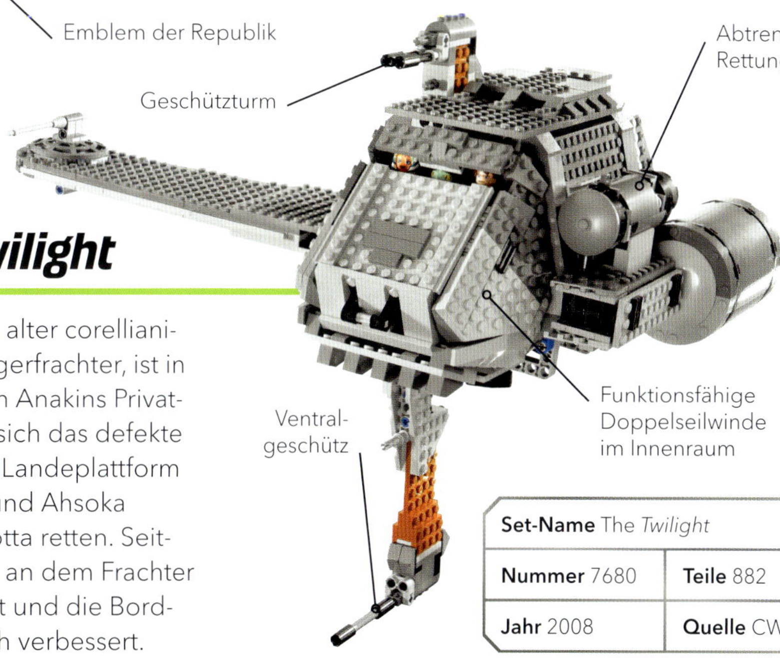

Set-Name The *Twilight*	
Nummer 7680	**Teile** 882
Jahr 2008	**Quelle** CW

Podrennen

Damen und Herren, Dugs und Hutts, treten Sie näher zum Boonta Eve Classic, dem gnadenlos gefährlichen Podrennen auf Tatooine! Erfahrene Piloten wie Sebulba, Gasgano und Aldar Beedo bringen ihre riesigen Podrenner auf Touren und ein Neuling, der neunjährige Anakin Skywalker, klettert unter den Augen der begeisterten Fans in seine Maschine Marke Eigenbau. Wer kommt als Erster ins Ziel? Die Spannung steigt!

▼ Starterloge

Das Podrennen beginnt und endet an der Starterloge mit ihren Türmen für Rennleitung und Presse.

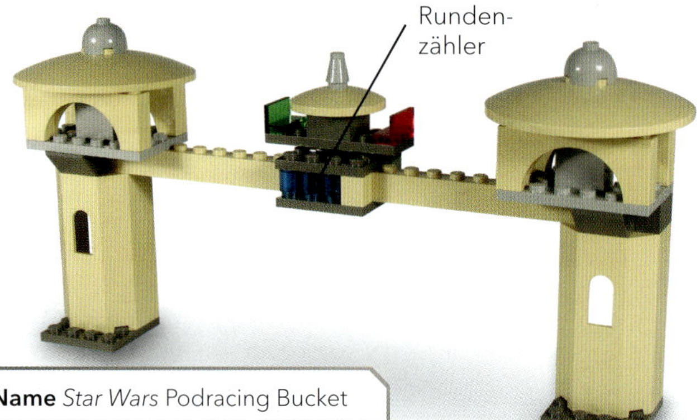

Set-Name *Star Wars* Podracing Bucket	
Nummer 7159	**Teile** 291
Jahr 2000	**Quelle** I

▸ Sebulbas Podrenner

Sebulba

Der hinterhältige Dug Sebulba will unbedingt das Boonta Eve Classic gewinnen, auch wenn er dazu schmutzige Tricks einsetzen muss. Sebulbas Podrenner hat verborgene ausfahrbare Sägen, mit denen er die Maschinen seiner Rivalen zerlegt.

Set-Name Anakin & Sebulba's Podracers	
Nummer 7962	**Teile** 810
Jahr 2011	**Quelle** I

Befreundeter Zuschauer
Einer von Anakins Freunden, der Rodianer Wald, jubelt ihm zu, als dieser am Boonta-Eve-Rennen teilnimmt. Aber Wald bezweifelt, dass Anakin gewinnen wird – immerhin hat er nie zuvor ein Rennen beendet!

Wald

▼ Anakins Podrenner

Was ist das da am Horizont? Es ist Anakin mit Pilotenbrille in seinem blitzschnellen Podrenner – die Energiekupplung „glüht" und die Luftschaufeln für bessere Kurvenlage sind aufgeklappt! Anakin hat den Pod selbst gebaut und nutzt beim Rennen unbewusst die Macht. Padmé kann nur hoffen, dass er das gefährliche Abenteuer überlebt.

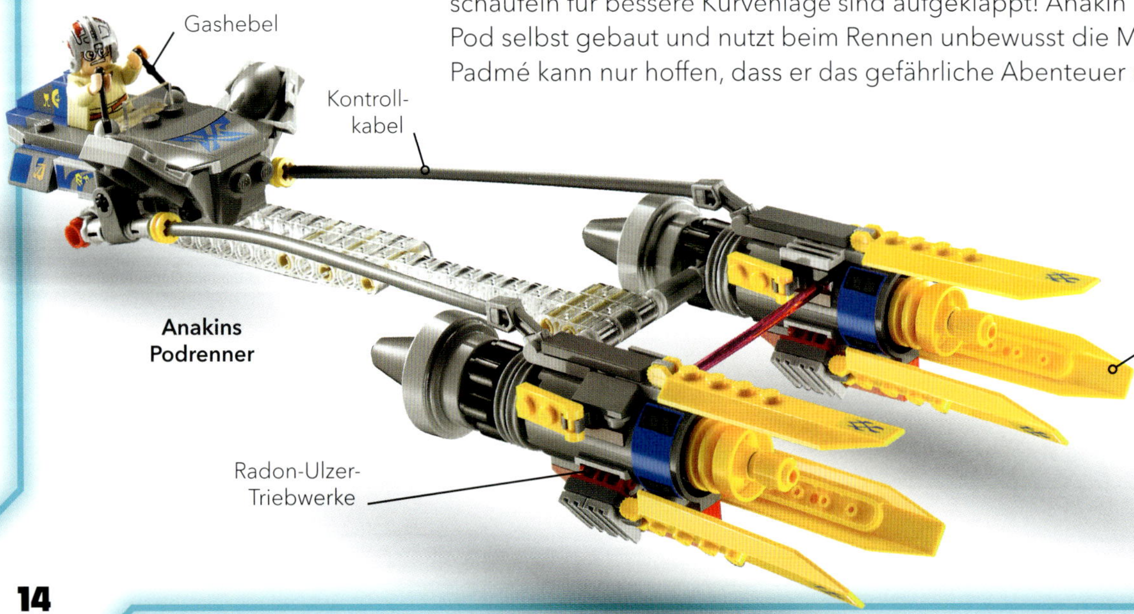

Anakins Podrenner

Set-Name Anakin & Sebulba's Podracers	
Nummer 7962	**Teile** 810
Jahr 2011	**Quelle** I

Schrotthändler
Der Toydarianer Watto ist Herr und Meister von Anakin. Er weiß nicht, dass der Junge heimlich aus alten Bauteilen einen Podrenner gebastelt hat. Watto wettet gern und setzt meist auf den fiesen Sebulba.

▸ Boonta-Eve-Teilnehmer

Podrennpiloten wie Gasgano und Aldar Beedo erhoffen sich mit ihren blitzschnellen Fahrzeugen eine Chance auf den Sieg im Boonta Eve Classic. Beedo sucht einen Weg, seinen Zwillingsturbojet-Podrenner vom Typ IV noch schneller zu machen, und auch Gasgano will alles aus seinem Ord Pedrovia herausholen. Wattos Schrottplatz wartet mit nützlichen Ersatzteilen und Spezialzubehör auf. Teile von Mawhonics GPE-3130-Podrenner könnten helfen, aber der Toydarianer ist ein echt harter Verhandlungspartner.

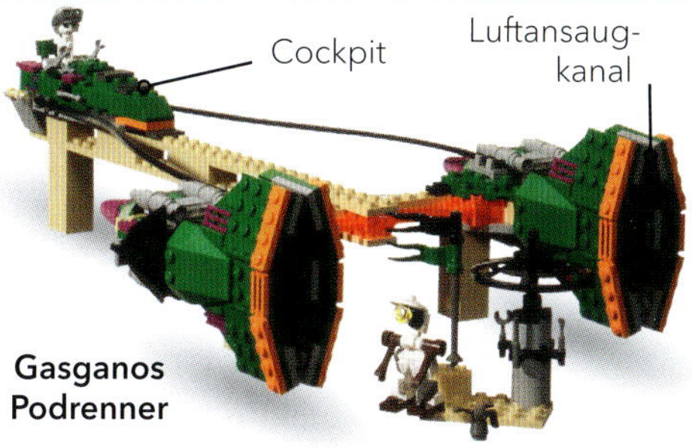

Set-Name Mos Espa Podrace	
Nummer 7171	**Teile** 894
Jahr 1999	**Quelle** I

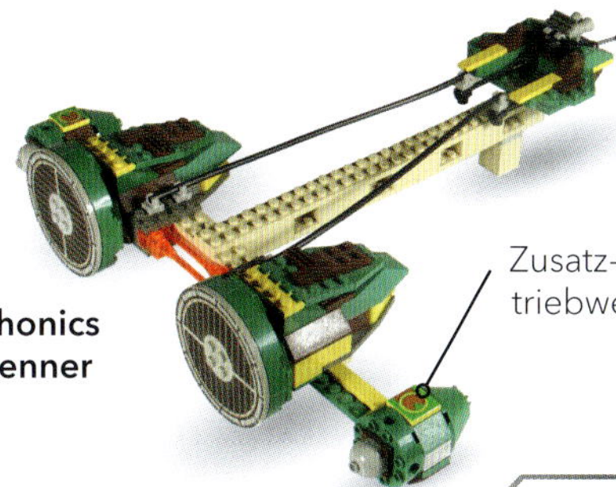

Set-Name Watto's Junkyard	
Nummer 7186	**Teile** 446
Jahr 2001	**Quelle** I

Droidenmechaniker
Boxendroiden arbeiten fix, neigen aber zu Unfällen. Um zu sehen, haben sie nur einen Fotorezeptor. Dieser hier gehört Sebulba und findet sich im Set *Mos Espa Podrace* (7171).

▸ Weitere Podrenner

Am Start und bereit für das Rennen: Neben einfacheren Versionen von Anakins und Aldar Beedos Podrenner heult Neva Kees experimentelle Maschine auf. Ihr Cockpit sitzt vor den enormen Triebwerken – was sehr gefährlich sein kann! Clegg Holdfasts Volvec KT9 Wasp hat ein geschwungenes Schutzdach über dem Cockpit.

Set-Name *Star Wars* Podracing Bucket	
Nummer 7159	**Teile** 291
Jahr 2000	**Quelle** I

Obi-Wan Kenobi

Der Jedi Obi-Wan Kenobi fliegt zwar nicht gern, dennoch ist er oft in Sternenjägern unterwegs. Er verliert sie aber häufig! Kenobi bildet den eigensinnigen Anakin Skywalker aus und bricht zu Missionen auf so entlegenen Welten wie Utapau und Mustafar auf. Zur Zeit des Imperiums trifft er Luke Skywalker und stellt sich noch einmal seinem alten Schüler, der sich nun Darth Vader nennt.

Obi-Wan (Padawan)
In *Star Wars: Die dunkle Bedrohung* ist Obi-Wan der Padawan von Qui-Gon Jinn und beschützt mit ihm Königin Amidala vor dem Sith-Schüler Darth Maul. Dreht man den Kopf der Figur von 2017, hat Obi-Wan einen finsteren Blick und ist bereit, es mit seinem fiesen Gegner aufzunehmen!

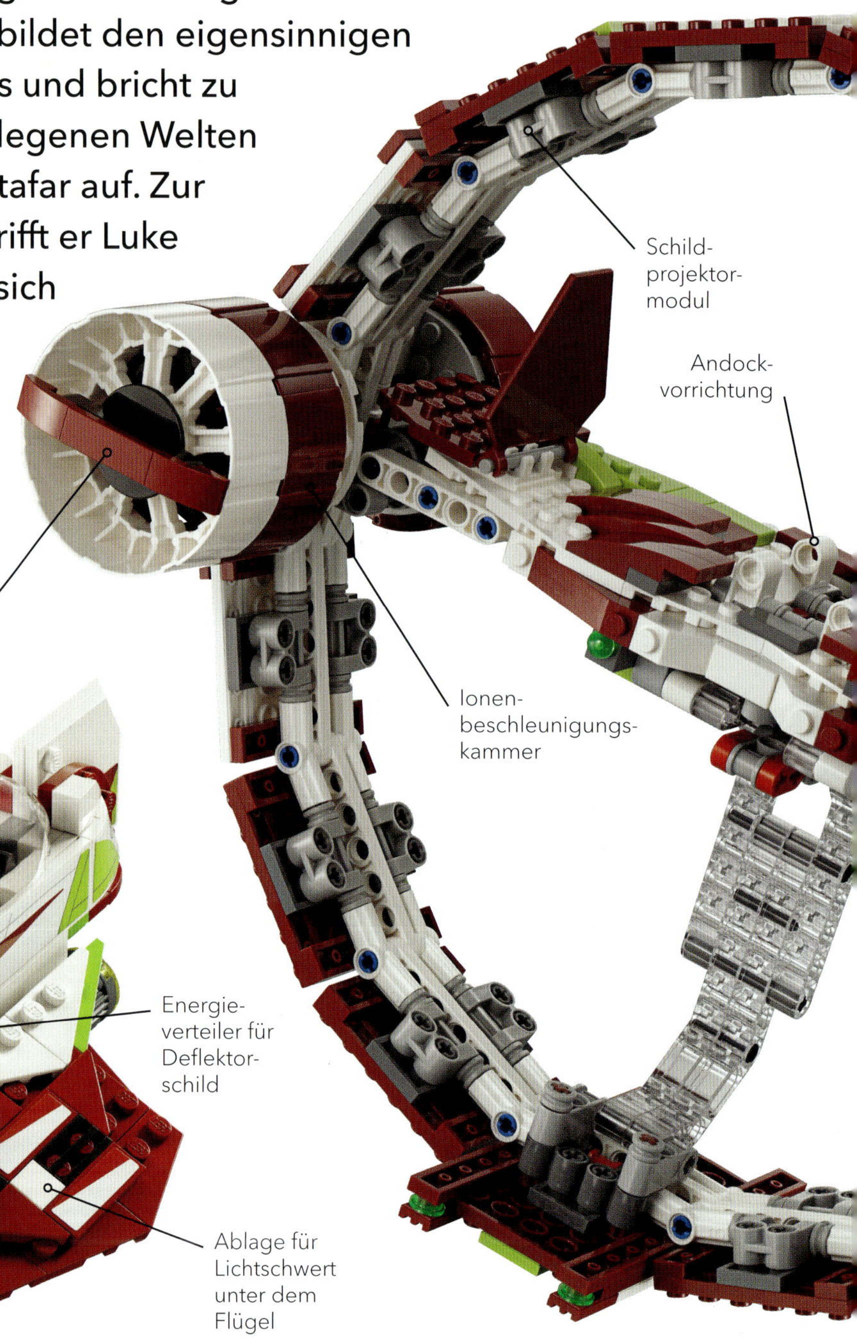

▸ Jedi-Sternenjäger

Obi-Wan trägt ein Headset, wenn er in seinem Abfangjäger vom Typ Delta-7 *Aethersprite* sitzt. Unterstützt von seinem treuen Astromech R4-P17 nimmt Kenobi es mit Jango Fetts Raumschiff auf und düst durch den Asteroidenring über dem felsigen Geonosis. R4-P17 ist im Set enthalten, aber nur ihr Kopf findet auf dem Schiff Platz, wo er auf einem Drehscheiben-Element sitzt.

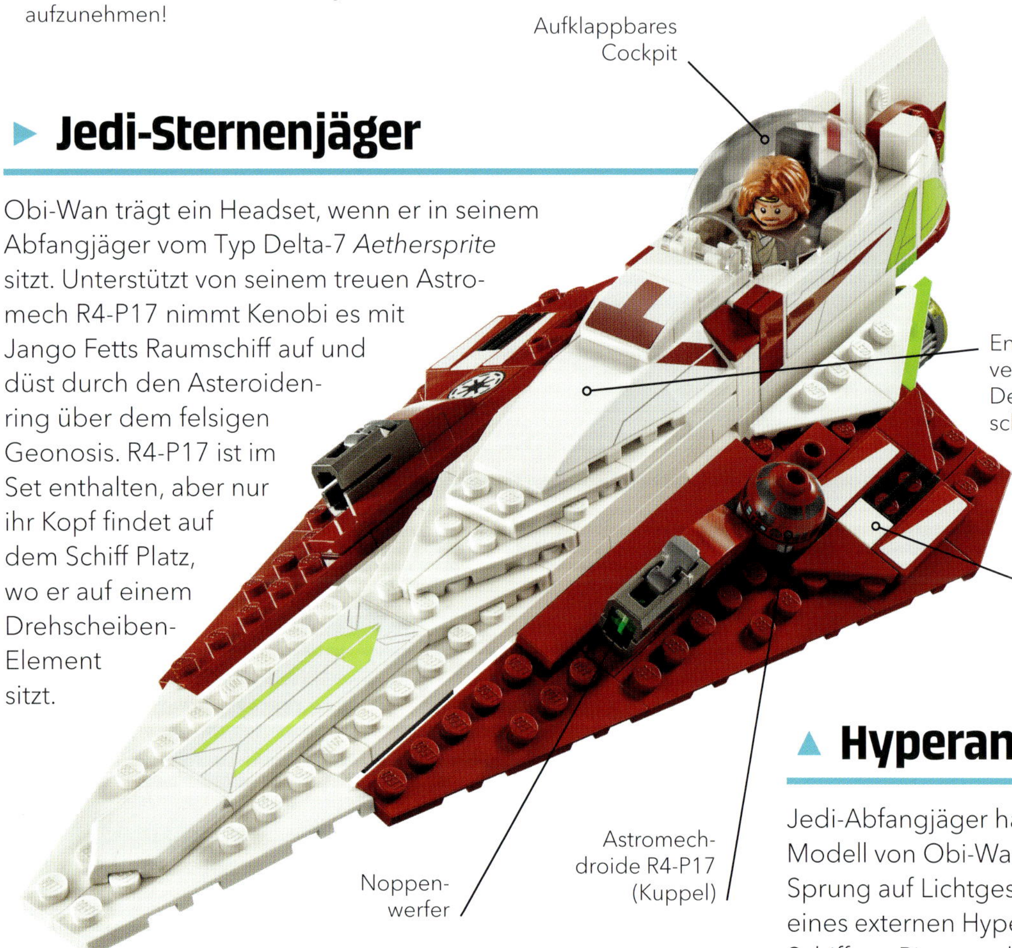

Set-Name Obi-Wan Kenobi's Jedi Starfighter	
Nummer 75333	**Teile** 282
Jahr 2022	**Quelle** II

▴ Hyperantriebsring

Jedi-Abfangjäger haben keinen eigenen Hyperantrieb. Doch das Modell von Obi-Wans Jedi-Sternenjäger aus dem Jahr 2017 kann den Sprung auf Lichtgeschwindigkeit dennoch spielend machen – dank eines externen Hyperraumrings, der Teil des Sets ist. Dazu dockt das Schiff am Ring an, der über zwei leistungsstarke Triebwerke verfügt.

Set-Name Jedi Starfighter with Hyperdrive	
Nummer 75191	**Teile** 825
Jahr 2017	**Quelle** II

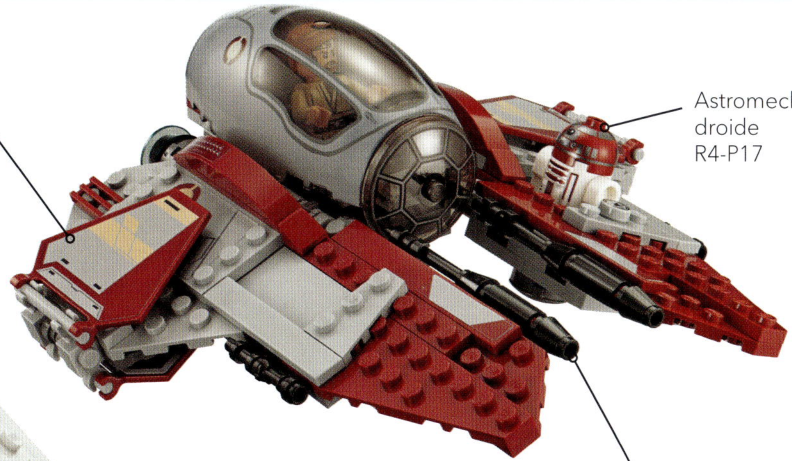

Jedi-Abfangjäger (rot)

Im Gefecht über Coruscant fliegt Kenobi einen roten Eta-2-*Actis*-Abfangjäger. R4-P17 findet komplett in einem speziellen Sockel im Flügel Platz. Bei der Version des Schiffs von 2005 (Set 7283) steckte nur die Kuppel auf dem Flügel.

Set-Name Obi-Wan's Jedi Interceptor	
Nummer 75135	**Teile** 215
Jahr 2016	**Quelle** III

Jedi-Abfangjäger (blau)

Im Gefecht über Coruscant wird Obi-Wans roter Eta-2-Jäger zerlegt. Bei seiner Mission nach Utapau fliegt er daher einen blauen Abfangjäger – diesmal mit dem bronzefarbenen Astromech R4-G9 im Droidensockel. Wie alle Jedi-Abfangjäger ist das Schiff zu klein für einen Hyperantrieb und braucht einen gesonderten Antriebsring. Jedi-Meister Kit Fisto (im Set enthalten) sorgt für Verstärkung.

Set-Name Jedi Starfighter with Hyperdrive Booster Ring	
Nummer 7661	**Teile** 575
Jahr 2007	**Quelle** III

Boga

Auf Utapau reitet Obi-Wan auf der Suche nach General Grievous ein wendiges Varactyl namens Boga. Es hat die gleichen Beine wie der Taurücken aus dem Set *Mos Eisley Cantina* (4501).

Set-Name General Grievous Chase	
Nummer 7255	**Teile** 111
Jahr 2005	**Quelle** III

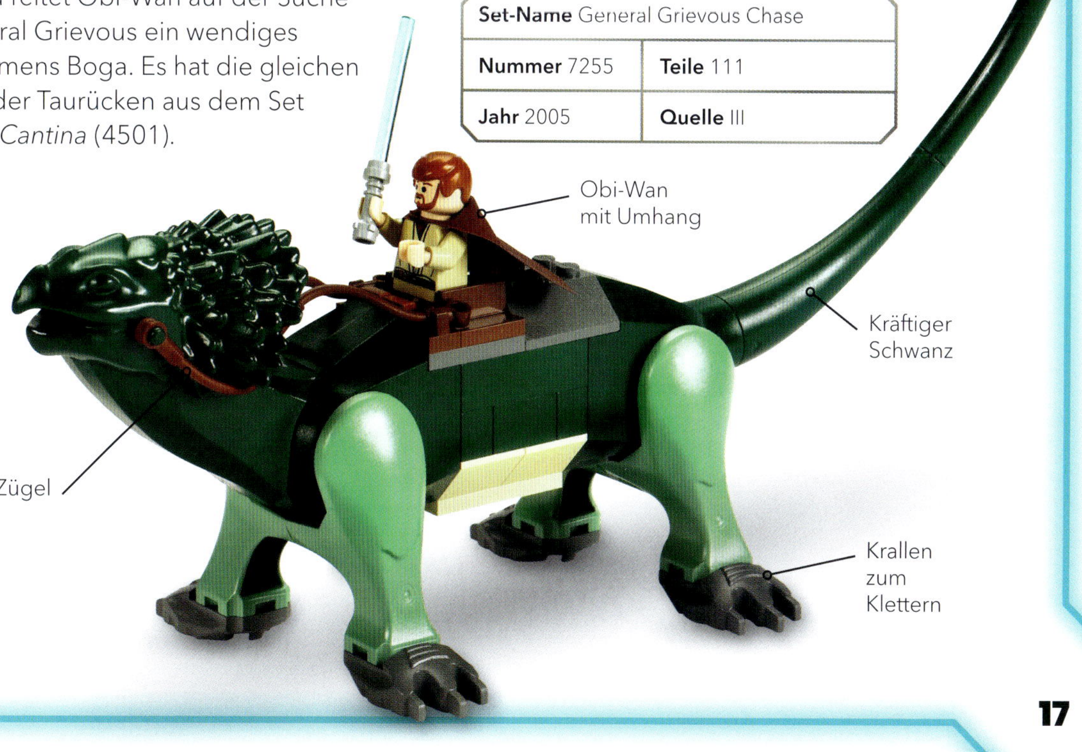

Obi-Wan (Jedi-Meister)
Mit adrettem Bart und kurzem Haar jagt der besonnene Jedi-Meister Obi-Wan General Grievous und stellt sich Anakin, nachdem dieser der dunklen Seite verfallen ist.

Jedi-Orden

Jahrtausendelang sind die Jedi die Hüter des Friedens und der Gerechtigkeit in der Galaxis. In ihrem gewaltigen Tempel auf Coruscant bilden sie Kinder aus, die stark in der Macht sind, um Padawane und letzten Endes Jedi-Ritter und auch -Meister zu werden. In den Klonkriegen dienen sie als Anführer der Klontruppen – doch vergebens. Als die Sith schließlich siegen, sind die Jedi geschlagen und Dunkelheit überkommt die Galaxis.

Yoda
Als ältestes und weisestes Mitglied des Jedi-Ordens trägt Yoda den Titel Großmeister. Er bildete Count Dooku aus, bevor dieser den Orden verließ und sich den Sith anschloss. Diese Minifigur von 2019 mit Kopfform und lebendig wirkendem Augenaufdruck sieht aus, als wäre sie direkt der Kinoleinwand entsprungen.

▲ Mace Windu

Als Mitglied des Jedi-Rats ist Mace Windu bekannt für seine ernste Art und sein Talent im Umgang mit dem Lichtschwert. Die Minifigur führt ein Schwert mit einzigartiger violetter Klinge. Jüngere Jedi blicken respektvoll zu dem erfahrenen Ratsmitglied auf und riskieren selten, ihn zu verärgern. Andere Minifiguren mit „Glatze" sind Lobot, Asajj Ventress, Sugi und Turk Falso.

▲ Barriss Offee

Barriss beginnt ihre Ausbildung unter Luminara Unduli als eine vorbildliche Padawanschülerin. Ihre Minifigur von 2018 hat statt Beinen ein neues schwarzes Kleid-Element und einen langen Umhang. Ihr Gesicht hat blaue Tattoos und zwei Ausdrücke.

▼ Jedi-Meister

Ein Jedi, der einen Padawan bis in den Ritterstand geführt hat, steigt selbst zum Jedi-Meister auf. Zwölf erfahrene Meister bilden wiederum den Jedi-Rat, der Entscheidungen für den ganzen Orden fällt. Verschiedenste Spezies dienen im Jedi-Orden, was eine große Vielfalt an LEGO Minifiguren mit teils kuriosen neuen Kopf-Elementen hervorgebracht hat.

Obi-Wan Kenobi
Qui-Gons einstiger Padawan steigt zum Jedi-Ritter auf. Als solcher wird Anakin Skywalker zu seinem Schüler.

Qui-Gon Jinn
Von der Minifigur dieses älteren Jedi-Meisters gibt es sieben Versionen. Die von 2017 hat graue Sprenkel im Bart.

Aayla Secura
Die 2017er-Minifigur der Twi'lek Aayla Secura ist Teil des Sets 75182. Auf den Beinen ist ein Rycritledergürtel aufgedruckt.

Saesee Tiin
Saesee Tiins zweite Minifigur aus dem Set *Palpatine's Arrest* (9526) von 2012 zeigt bissig ihre Zähne.

Ki-Adi-Mundi
Die Minifigur des Cereaners Ki-Adi-Mundi hat einen kegelförmigen Kopfaufsatz mit Falten und Zopf.

Jedi-Tempel von Tenoo
In der Animationsserie *Star Wars: Die Abenteuer der jungen Jedi* ist Meister Yoda erst 660 Jahre alt und unterrichtet Jünglinge wie Lys Solay und Kai Brightstar. Im Tempel auf Tenoo (Set 75358) beweisen sie mit einem schwebenden Felsen und einem Trainingsdroiden ihr Können.

▲ Ahsoka Tano

Ahsoka Tano ist in den Klonkriegen Anakin Skywalkers Jedi-Padawan. Sie ist eine Togruta – eine Spezies mit farbenfroher Haut und langen Kopftentakeln. Die Minifigur von 2023 zeigt sie nach dem Ende des Imperiums als Erwachsene.

Rätselhafter Jedi
Am Ende der Klonkriege sind die Jedi fast alle beseitigt, ihr Tempel wird geplündert und viele Aufzeichnungen gehen verloren. Wir wissen über diesen Jedi (vielleicht hieß er Bob) nur, dass er einst mit einem Kanonenboot (Set 7163) flog.

Jedi Bob

Agen Kolar
Die Minifigur des iridonianischen Zabraks Agen Kolar von 2012 hat den gleichen Kopfaufsatz wie der Zabrak Eeth Koth.

Stass Allie
Diese Tholothianerin ist Teil des Sets *Homing Spider Droid* (75016) aus dem Jahr 2013. Sie trägt einen einzigartigen Kopfaufsatz.

Kit Fisto
Die Minifigur des Nautolaners Kit Fisto war 2007 die erste mit einem Kopfaufsatz aus Gummi. Die von 2012 hat einen Umhang.

Luminara Unduli
Diese Mirialanerin ist eine der wenigen Überlebenden der Order 66. Die Minifigur von 2016 trägt eine dunkelbraune Jedi-Robe.

Shaak Ti
Shaak Tis Minifigur von 2011 hat einen Spezialaufsatz aus Gummi mit Kopftentakeln vorn und hinten.

Even Piell
Der vernarbte Lannik Even Piell begleitet seinen Freund Meister Saesee Tiin in dessen Jedi-Sternenjäger von 2012.

Coleman Trebor
Der groß gewachsene Vurk Coleman Trebor steht im Set *AT-TE* (75019) von 2013 Mace Windu zur Seite.

Quinlan Vos
Die Minifigur des unangepassten Jedi Quinlan Vos von 2016 hat ein großes Haar-Element.

Jedi-Flotte

Die Missionen, auf die sich die Jedi-Ritter für die Republik begeben, führen sie in einer Vielzahl von Schiffen quer durch die Galaxis, darunter die roten Diplomatenkreuzer von Coruscant und wendige Shuttles wie das T-6. In den Klonkriegen fliegen die Jedi in speziell angefertigten Sternenjägern durchs All und nehmen es gekonnt mit Droidenjägern der Separatisten und anderen Gegnern auf.

▼ T-6-Jedi-Shuttle

Das Cockpit des T-6-Jedi-Shuttles hält bei jedem Manöver seine Fluglage, während die Flügel sich rundherum drehen. Dank der LEGO Entwickler kann das Cockpit vom Rumpf gelöst und von den Jedi in den Klonkriegen auch als Rettungskapsel genutzt werden. Jahre später fliegt Ahsoka Tano zusammen mit Sabine Wren ein T-6-Shuttle.

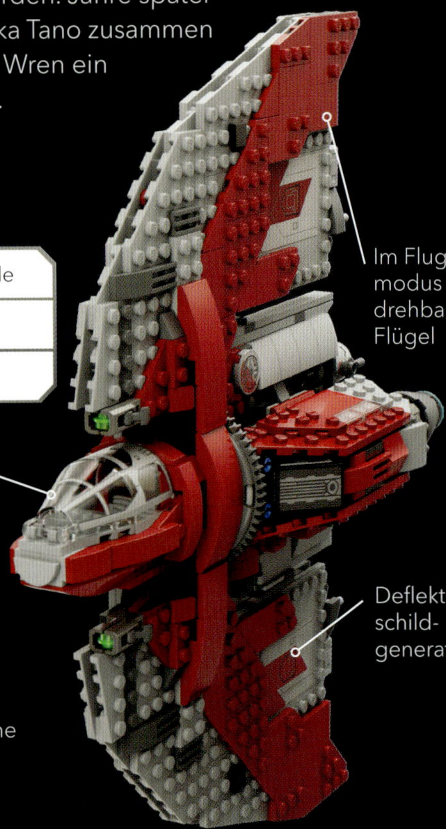

Set-Name Ahsoka Tano's T-6 Jedi Shuttle	
Nummer 75362	**Teile** 601
Jahr 2023	**Quelle** AH

▶ Yodas Jedi-Sternenjäger

Meister Yoda fliegt mit einem umgebauten Jedi-Sternenjäger in geheimer Mission zum Planeten Dagobah. Das LEGO Set von 2023 enthält, wie das von 2017, den Astromechdroiden R2-D2 als Begleiter. Auf dem Flügel prangt Yodas Emblem, Federgeschosse dienen zur Abwehr gegnerischer Schiffe.

Set-Name Yoda's Jedi Starfighter	
Nummer 75360	**Teile** 253
Jahr 2023	**Quelle** CW

▼ Republikanischer Kreuzer

Der rote Kreuzer *Radiant VII* bringt die Jedi Qui-Gon Jinn und Obi-Wan Kenobi auf diplomatischer Mission nach Naboo. Captain und Pilot der Republik sitzen im Cockpit, die Jedi in der abtrennbaren Salonkapsel. Das Schiff verfügt über verborgene Laserkanonen, abnehmbare Landestützen und Stauraum für Blaster, ein Elektrofernglas sowie einen kleinen Raumgleiter. Der Droide R2-R7 hilft an Bord aus.

Set-Name Republic Cruiser	
Nummer 7665	**Teile** 919
Jahr 2007	**Quelle** I

Salonkapsel
Mit der geräumigen Rettungskapsel unter der Brücke des Kreuzers können Qui-Gon und Obi-Wan im Notfall fliehen. Ein Peilsender ruft Hilfe.

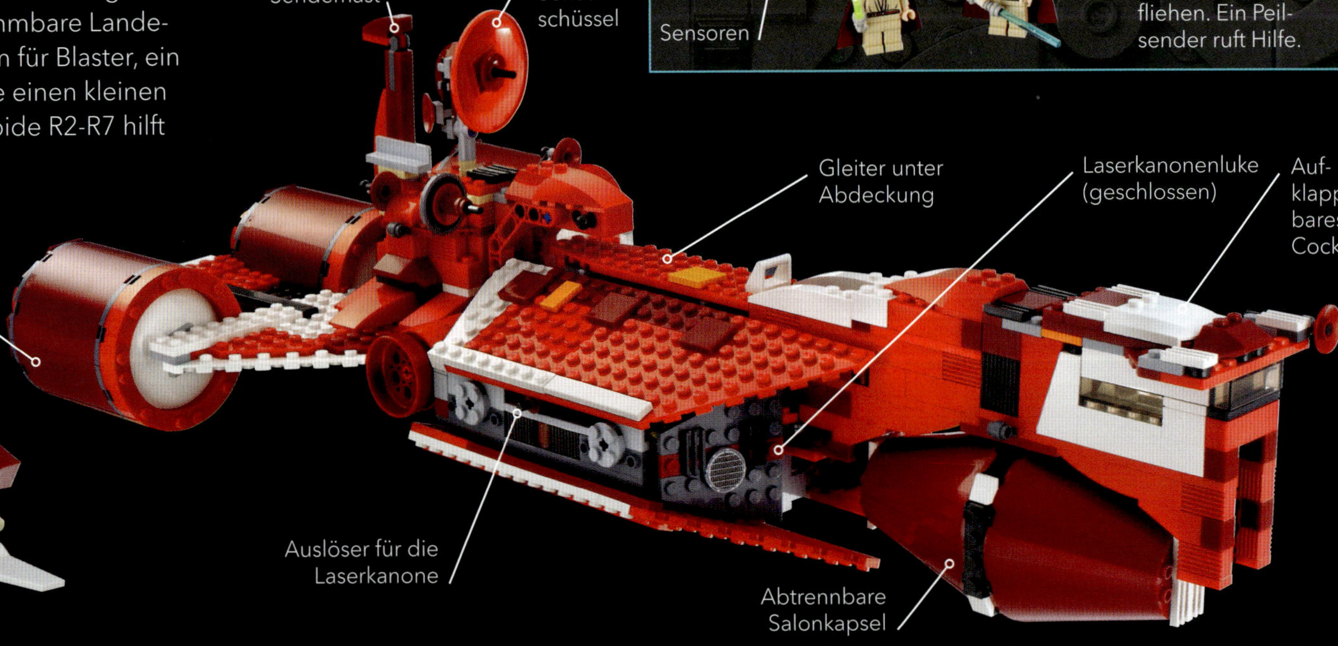

Jedi-Sternenjäger

In den Klonkriegen setzen die Jedi innovative Abfangjäger vom Typ Delta-7B *Aethersprite* ein. Sie sind auf die blitzschnellen Reflexe von Machtnutzern abgestimmt. In der weit, weit entfernten Galaxis hat jeder Pilot einen Jäger mit speziellen Eigenschaften. In der LEGO Welt hat Anakins Jäger einfahrbare Landestützen, die von Ahsoka Tano und Mace Windu haben diverse Geschosse, in Plo Koons Cockpit gibt es einen Schleudersitz und Saesee Tiins Cockpit ist als separate Rettungskapsel abtrennbar.

R7-D4 R3-D5

R8-B7 R4-P44

R4-P17 R7-A7

Astromechs
Astromechdroiden helfen den Jedi, einen sicheren Kurs durch den Hyperraum zu berechnen, Schäden am Jäger zu beheben und Routinearbeiten an Bord zu erledigen. Einige bilden eine Persönlichkeit und eine Verbindung zu ihren Jedi-Partnern aus. Die meisten sind Varianten des Standardmodells, aber Farben und aufgedruckte Details unterscheiden sie.

Set-Name Anakin's Jedi Starfighter	
Nummer 75214	**Teile** 247
Jahr 2018	**Quelle** CW

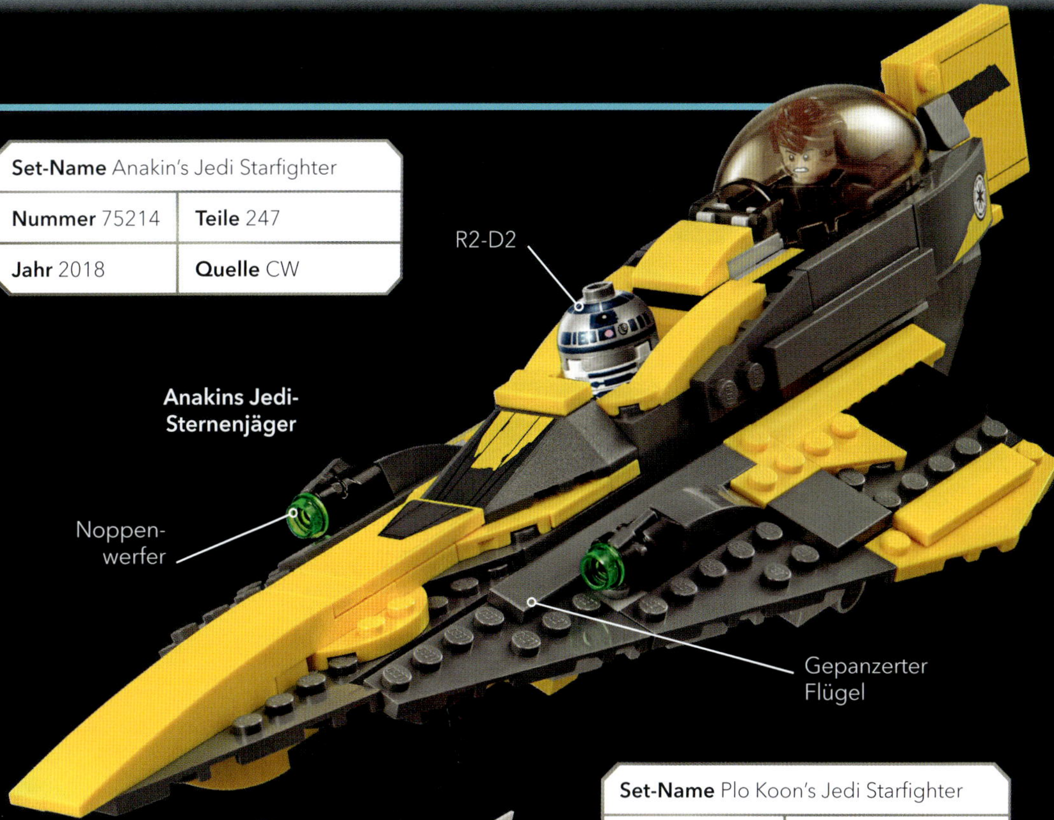

Anakins Jedi-Sternenjäger

Ahsokas Sternenjäger

Set-Name Ahsoka's Starfighter & Vulture Droid	
Nummer 7751	**Teile** 291
Jahr 2009	**Quelle** CW

Set-Name Plo Koon's Jedi Starfighter	
Nummer 8093	**Teile** 175
Jahr 2010	**Quelle** CW

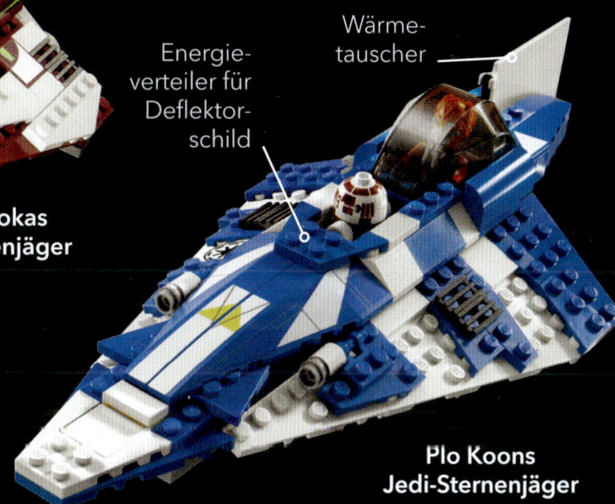

Plo Koons Jedi-Sternenjäger

Mace Windus Sternenjäger

Set-Name Mace Windu's Jedi Starfighter	
Nummer 7868	**Teile** 309
Jahr 2011	**Quelle** CW

Set-Name Saesee Tiin's Jedi Starfighter	
Nummer 9498	**Teile** 244
Jahr 2012	**Quelle** CW

Saesee Tiins Jedi-Sternenjäger

Kanzler Palpatine

Der einstige Senator des fernen Naboo hat sich eindrucksvoll zum Kanzler der Republik aufgeschwungen. Als in den Klonkriegen die Separatisten der Republik zu schaffen machen, bleibt er bereitwillig im Amt. Was keiner weiß: Er lenkt die Geschicke auf beiden Seiten und hat den Konflikt selbst eingefädelt! In Wahrheit ist er Darth Sidious, ein Sith-Lord, der die Jedi beseitigen und über die Galaxis herrschen will.

Zwei Minifiguren von Palpatine zeigen ihn in roter Kanzlerrobe. Diese Figur von 2012 schwingt ein verstecktes Sith-Lichtschwert, das der Kanzler benutzt, als die Jedi ihn im Set Palpatine's Arrest (9526) im Büro festnehmen wollen.

▼ Angriffskreuzer der *Venator*-Klasse

Dieser Kreuzer, ein Vorläufer des imperialen Sternenzerstörers, ist gut ausgerüstet und nimmt es auch mit großen Schiffen der Separatisten auf. Im Hangar finden sich Kanzler Palpatine und zwei Wachen des Senatskommandos. Die Crew besteht aus einem Klonpiloten und einem Klonschützen.

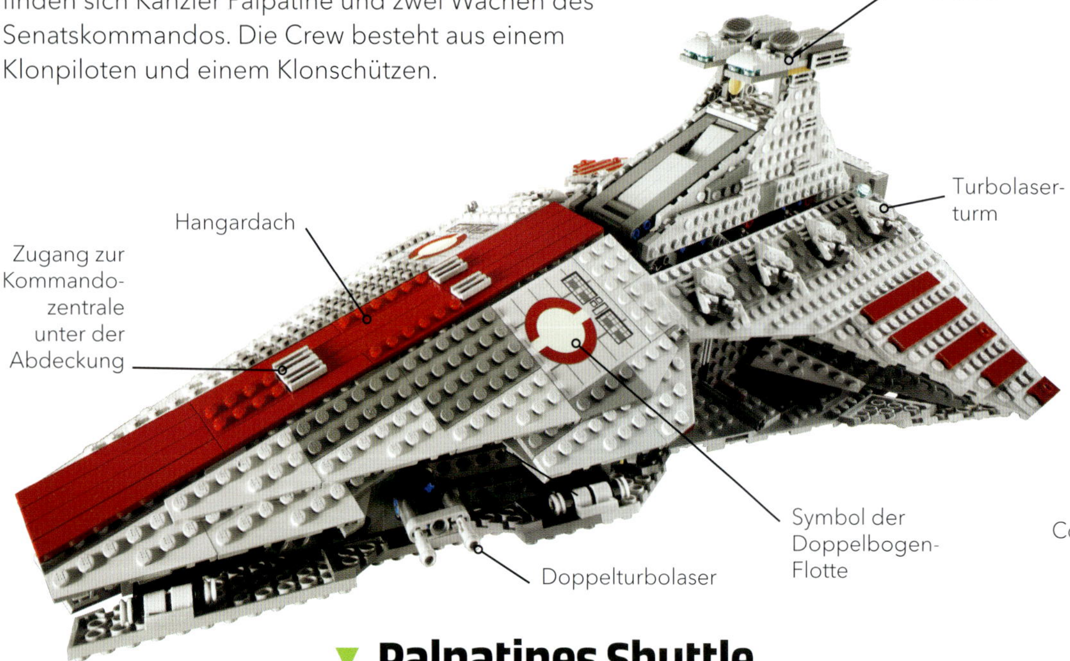

Set-Name *Venator*-Class Republic Attack Cruiser	
Nummer 8039	**Teile** 1170
Jahr 2009	**Quelle** CW

▼ Palpatines Shuttle

Als Palpatine letztlich Imperator ist, eilt er mit seiner schnellen Raumfähre der *Theta*-Klasse dem schwer verwundeten Anakin zu Hilfe, der sich auf Mustafar mit Obi-Wan duelliert hat. Ein Klonpilot begleitet ihn und ein 2-1B-Medidroide steht bereit, um Anakin in Darth Vader zu verwandeln.

Set-Name Emperor Palpatine's Shuttle	
Nummer 8096	**Teile** 592
Jahr 2010	**Quelle** III

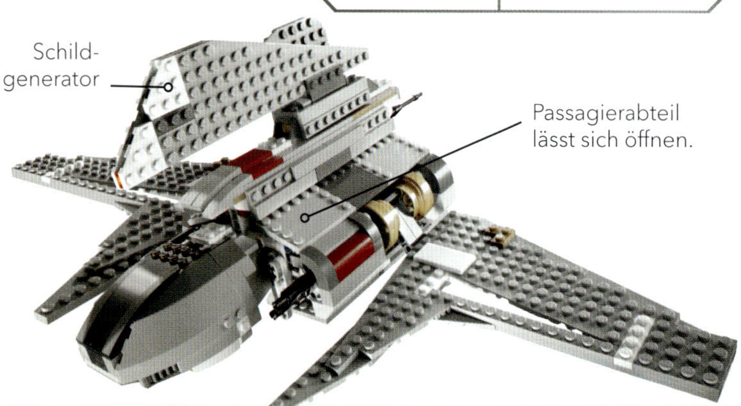

Anführer in Not?
General Grievous fällt auf Coruscant ein und verschleppt den Kanzler scheinbar gegen seinen Willen aufs Flaggschiff der Separatisten.

Palpatine (entführt)

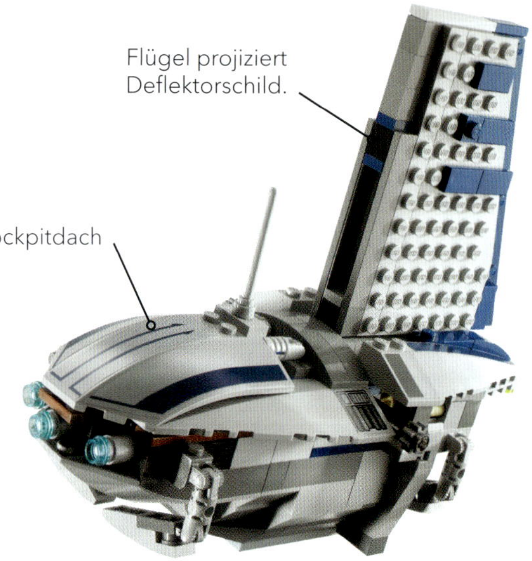

▲ Separatistenshuttle

Palpatine hat insgeheim das Sagen bei der reichen Handelsföderation. Seine Marionette, der feige Neimoidianer Nute Gunray, nutzt ein Shuttle der *Sheathipede*-Klasse. Ein Kampfdroide sitzt am Steuer, zwei sorgen für die Sicherheit.

Set-Name Separatist Shuttle	
Nummer 8036	**Teile** 259
Jahr 2009	**Quelle** CW

Count Dooku

Der gefährliche Sith-Lord Count Dooku war einst ein Jedi, doch er verlor den Glauben an den Orden und verließ ihn. Er wurde zum politischen Anführer der Separatisten und insgeheim zu Darth Tyranus, dem Schüler von Darth Sidious. Er unterstützt Sidious' Plan, die Jedi zu besiegen, ahnt aber nicht, dass sein Meister ihn durch einen jüngeren und mächtigeren Schüler ersetzen will.

Sith-Lord
Dooku ist von adligem Geblüt und trägt einen eleganten Umhang mit silberner Spange. Die Minifigur des Counts aus dem Set *Duel on Geonosis* (75017) hat ein Lichtschwert mit gebogenem Griff.

Duell auf Geonosis

Set-Name Duel on Geonosis	
Nummer 75017	**Teile** 391
Jahr 2013	**Quelle** II

Dooku zieht sich aus dem Gefecht zurück, um mit den geheimen Plänen des Todessterns zu fliehen. In einer alten Fabrik, die er als Hangar für seinen Solarsegler nutzt, duelliert er sich mit Yoda. Die Minifigur des Jedi sitzt an einer LEGO® Technic Achse und ist ein wahrer Wirbelwind. Aber Vorsicht vor umstürzenden Säulen!

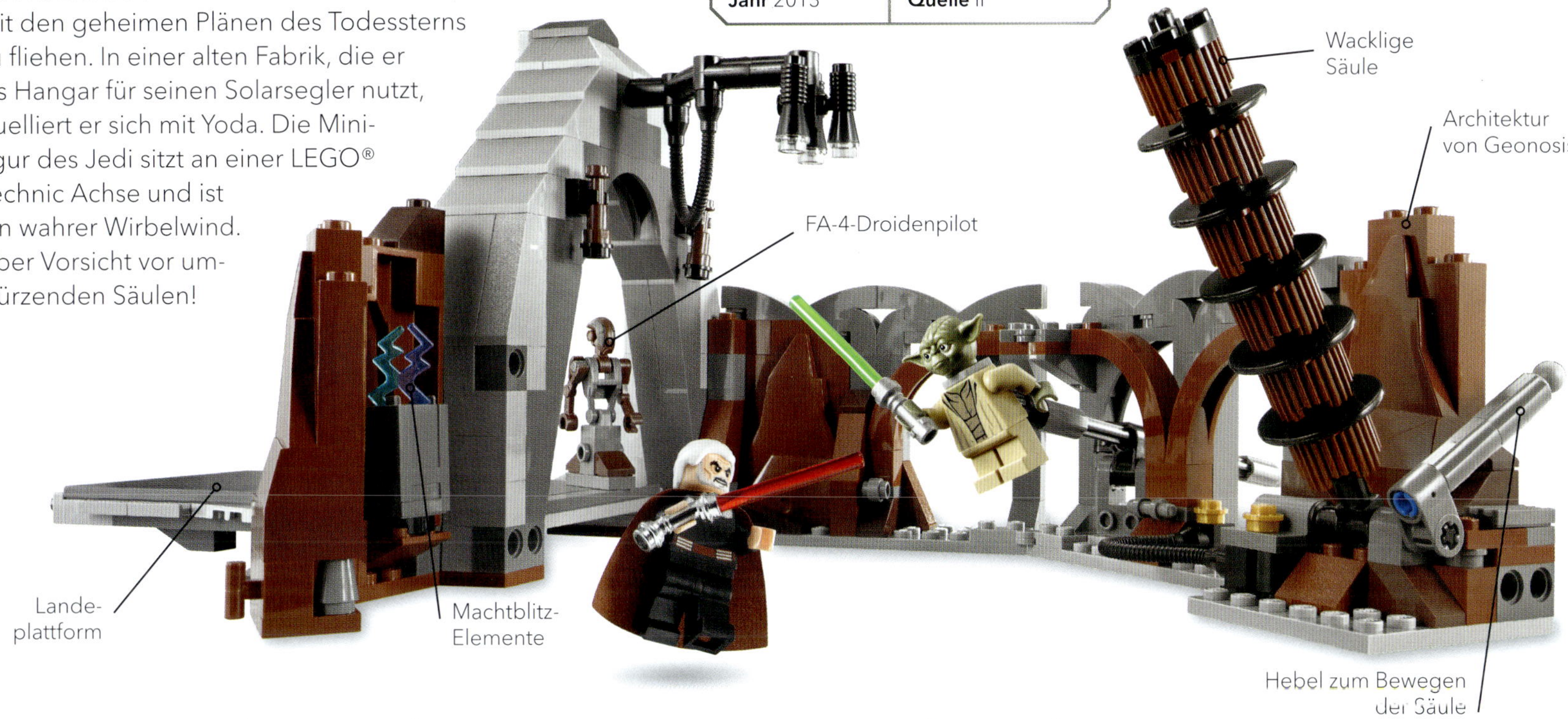

Dookus Düsenschlitten

Dooku kann auf Geonosis mit seinem offenen Flitknot-Gleiter vor den Truppen der Republik fliehen. Die Version von 2002 ist blaugrau, die spätere hat braune Elemente und ist windschnittiger.

Set-Name Duel on Geonosis	
Nummer 75017	**Teile** 391
Jahr 2013	**Quelle** II

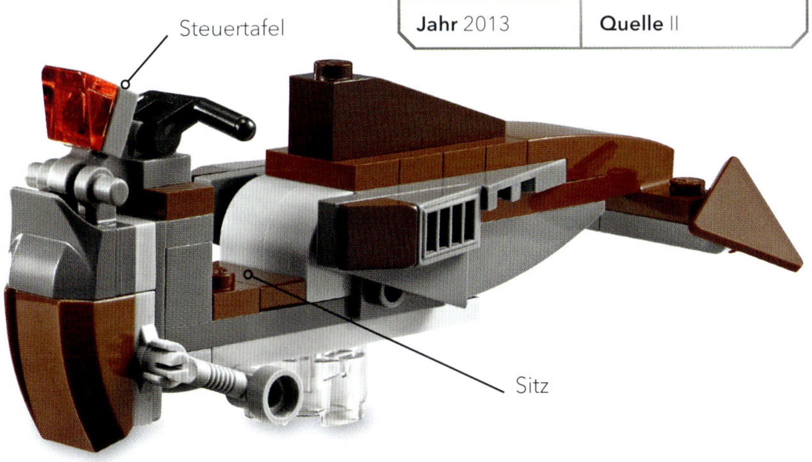

Solarsegler

Dooku reist mit zwei MagnaWächtern in seinem geonosianischen Solarsegler, der von einem FA-4-Droiden geflogen wird, zu anderen Planeten. Dort flitzt er mit dem Düsenschlitten zu Treffen mit Separatistenanführern.

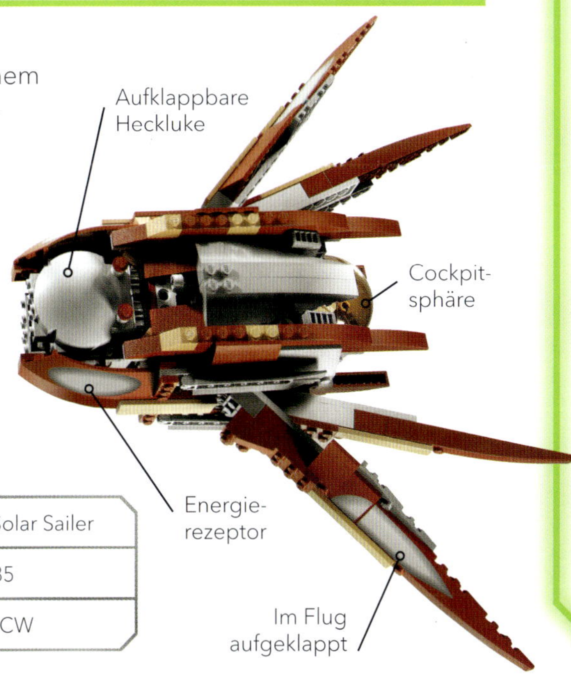

Set-Name Count Dooku's Solar Sailer	
Nummer 7752	**Teile** 385
Jahr 2009	**Quelle** CW

Sith-Schüler

„Immer zu zweit sie sind. Ein Meister und ein Schüler." Laut Yoda konnte der geheime Orden der Sith jahrhundertelang auf diese Weise fortbestehen, seine Lehren weitergeben und auf den richtigen Moment warten, die Jedi zu stürzen und die Herrschaft über die Galaxis an sich zu reißen. Doch Sith sind von Natur aus arglistig. Schüler hintergehen häufig ihren Meister – während Meister nach besseren Schülern suchen.

▼ Sith-Infiltrator

Darth Maul ist Darth Sidious' Schüler. Mit seinem Sith-Infiltrator tritt er erstmals bei der Suche nach Padmé Amidala auf Tatooine in Erscheinung. Es gibt vier Varianten davon, jede mit einer eigenen Version von Mauls Düsenschlitten. Der Schlitten lässt sich im Schiff verstauen – ebenso wie Mauls Sondendroiden.

Set-Name Sith Infiltrator	
Nummer 75096	**Teile** 662
Jahr 2015	**Quelle** I

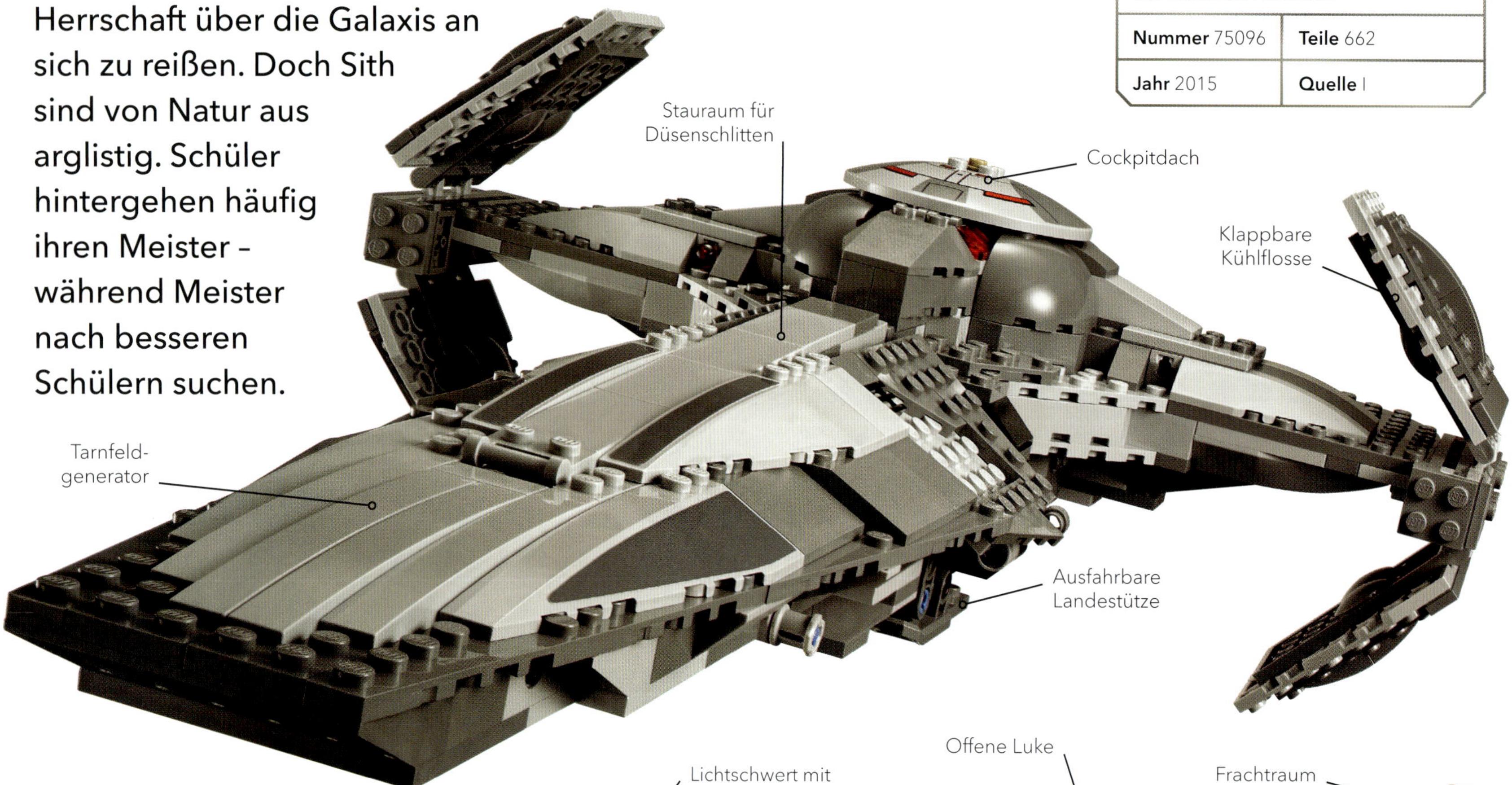

Darth Maul
Für die vorliegende Ausgabe dieses LEGO® *Star Wars*™ Lexikons von DK produzierte die LEGO Gruppe eine exklusive Darth-Maul-Minifigur.

Von hinten

Sith-Düsenschlitten
In diesem Set von 2015 fährt Darth Maul nach der Landung auf Tatooine einen superschnellen, offenen Gleiter. Mit starkem Repulsorantrieb weicht er auch bei hohem Tempo Hindernissen aus. Maul hat ein Lichtschwert, um sich Qui-Gon Jinn stellen zu können. Dieser und der junge Anakin Skywalker sind ebenfalls Teil des Sets.

Sith-Nachtgleiter

Asajj Ventress ist auf einer Mission für die Nachtschwestern, einem Clan von Hexen, die auf ihrer Heimatwelt Dathomir herrschen. Sie fährt einen bedrohlich wirkenden Düsenschlitten. Im Einsatz können sich Gleiter und Beiwagen von der Antriebsgondel trennen, die einen Geschosswerfer hat. Asajj kehrt mit Savage Opress zurück – einem Streiter, der Count Dooku dienen, aber insgeheim den Nachtschwestern treu bleiben soll.

Darth Maul (Schüler)

Sith-Schüler
Darth Sidious hat Maul von klein auf ausgebildet und den jungen Zabrak zum unbarmherzigen Streiter geformt. Diese Minifigur mit Zabrak-Hörner-Element sowie tätowiertem Gesicht war 2019 im Microfighter-Set *Sith Infiltrator* (75224) enthalten.

Set-Name Sith Nightspeeder	
Nummer 7957	**Teile** 214
Jahr 2011	**Quelle** CW

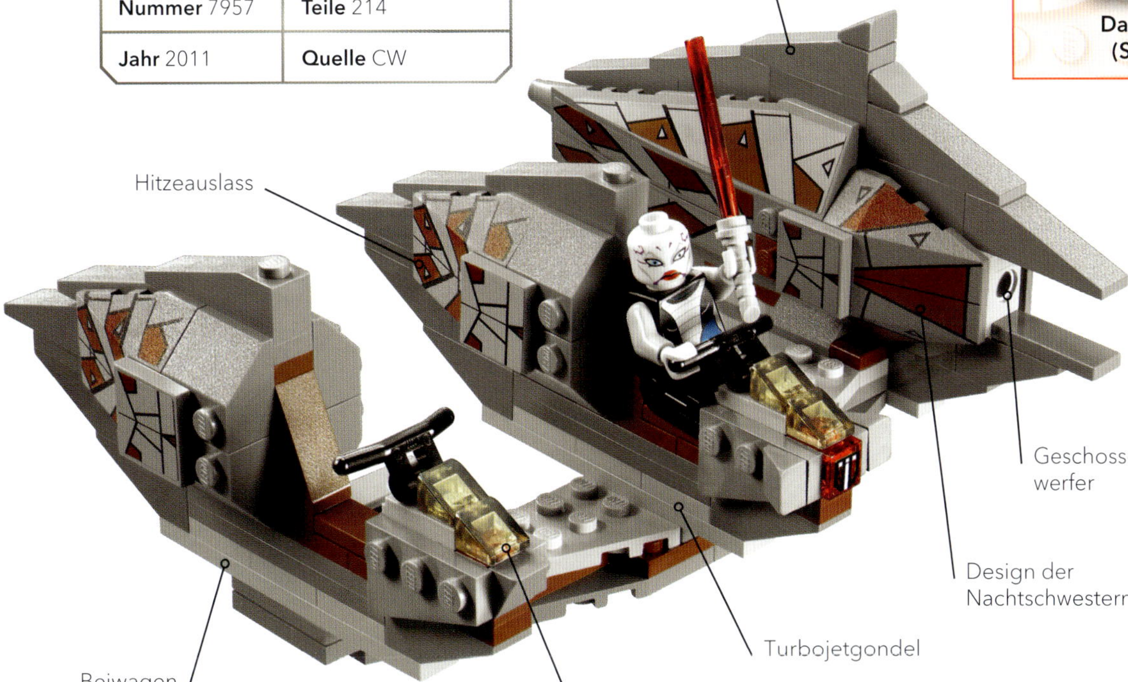

Mauls Überleben

Irgendwie überlebt Maul es, von Obi-Wan Kenobi auf Naboo halbiert zu werden. Er entkommt in den Äußeren Rand, verliert im Exil aber den Verstand. Als Savage Opress ihn findet, wird sein Geist mit der Magie der Nachtschwestern geheilt und er erhält neue kybernetische Beine. Die Figur von 2013 mit einzigartigen Beinen stammt aus dem Set *Mandalorian Speeder* (75022).

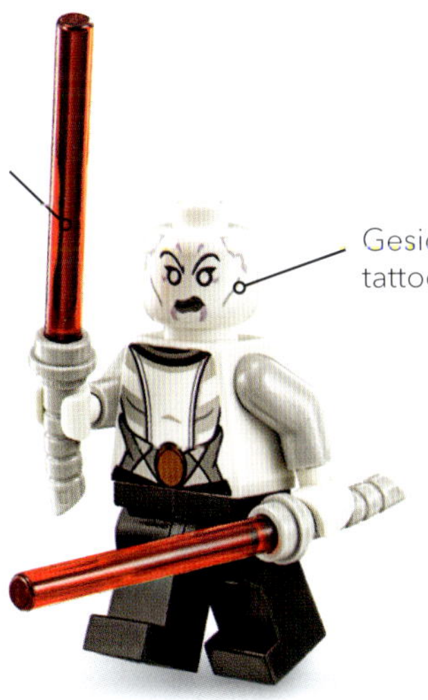

Asajj Ventress
Die einst zur Jedi ausgebildete Macht-nutzerin Asajj wendet sich nach dem Tod ihres Meisters der dunklen Seite zu und tritt in Count Dookus Dienste. Sie benutzt zwei Lichtschwerter. Die Minifigur von 2015 ist an ihr Aussehen in der TV-Animationsserie *Star Wars: Clone Wars* von 2003 angelehnt.

Savage Opress
Savage, ein Nachtbruder von Dathomir, wird durch dunkle Magie zum finsteren Streiter. Voll Zorn auf Dooku und die intriganten Nachtschwestern sucht er seinen verschollenen Bruder Maul, der sein neuer Lehrmeister wird.

Armee der Republik

Lange Zeit hatte die Republik keine eigene Armee und verließ sich stattdessen auf die Jedi-Ritter als Hüter von Frieden und Gerechtigkeit in der Galaxis. Doch die riesige Droidenarmee der Separatisten zwingt die Republik zu einschneidenden Maßnahmen. Sie stellt eilends eine der größten je gesehenen Armeen auf, bestehend aus Klontruppen und vielen Spezialfahrzeugen für Bodeneinsätze.

▼ AT-RT-Läufer

Der Allterrain-Recon-Transporter (AT-RT) ist ein Scoutläufer mit offenem Cockpit. Er ist schwer gepanzert und bringt die Klone der 501. Legion schnell ans Ziel. Das Modell von 2013 hat eine schwenkbare Kanone, während das von 2020 vorn in der Mitte einen Noppenwerfer hat.

Set-Name 501st Legion Clone Troopers	
Nummer 75280	**Teile** 285
Jahr 2020	**Quelle** CW

▼ AT-AP-Läufer

Der Allterrain-Angriffspod (AT-AP) ist ein zweibeiniger Kampfläufer. Wie die beiden LEGO Vorgänger hat diese Version ein drittes Klappbein für besseren Halt. Sie verfügt über eine schwere Blasterkanone. Klappen oben und an der Seite enthüllen den Innenraum.

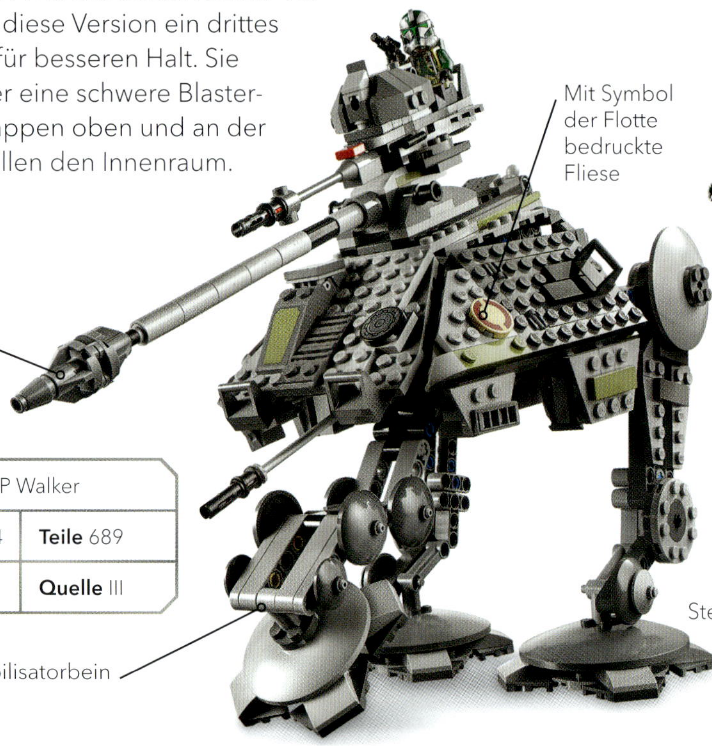

Set-Name AT-AP Walker	
Nummer 75234	**Teile** 689
Jahr 2019	**Quelle** III

▼ AV-7-Panzerabwehrkanone

Diese Kanone bringt sich selbst in Stellung! Sie läuft auf vier schweren Beinen, die sie am Einsatzort ausstreckt, um den Rückstoß des Geschützes abzufedern. Sie ist ebenso nützlich gegen Boden- wie gegen Lufteinheiten.

Set-Name Republic AV-7 Anti-Vehicle Cannon	
Nummer 75045	**Teile** 434
Jahr 2014	**Quelle** CW

▶ AT-TE-Läufer

Der sechsbeinige AT-TE-Läufer (Allterrain-Taktikerzwinger) hat mit seiner Hauptkanone Boden- und Lufteinheiten im Visier – die sechs Lasertürme kleinere Ziele. In diesem Set finden sich ein Klonschütze des 212. Bataillons, der oben auf dem Läufer sitzt, Commander Cody mit orangenem Blendschutz, drei Klonsoldaten des 212. Bataillons und drei Kampfdroiden.

Set-Name AT-TE Walker	
Nummer 75337	**Teile** 1082
Jahr 2022	**Quelle** III

◄ Klon-Turbopanzer

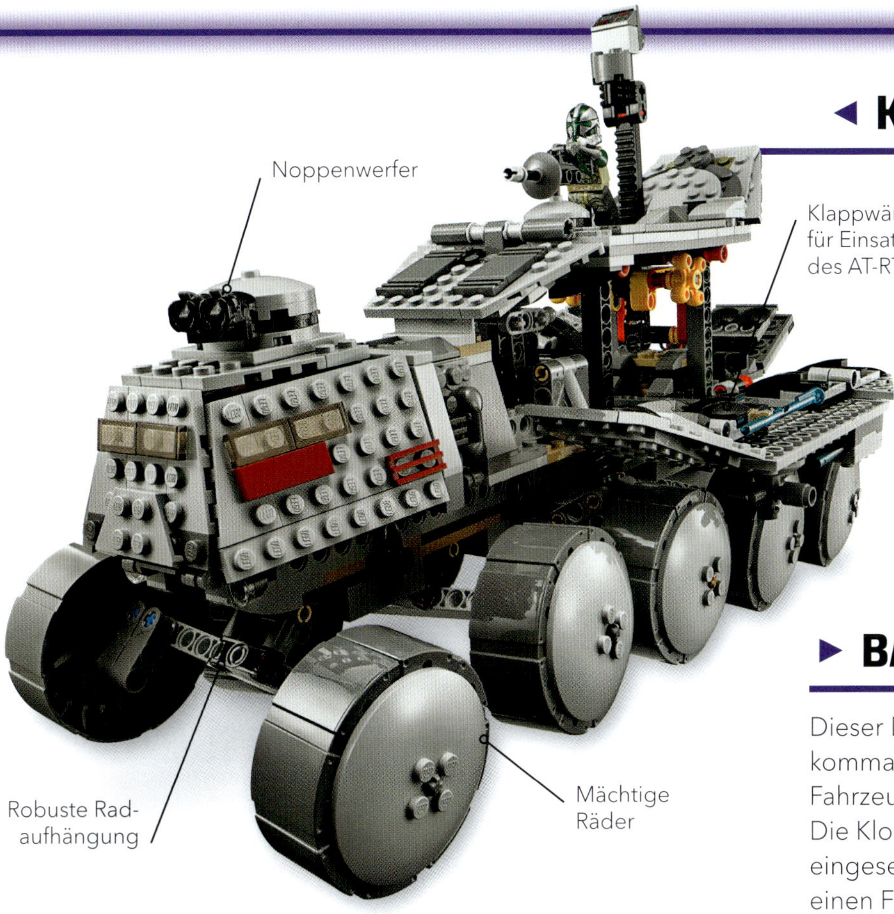

Der offiziell HAVw A6 Juggernaut genannte Klon-Turbopanzer ist legendär. Seine Panzerung ist nahezu undurchdringlich und die 10 Räder zermalmen Droiden unter sich. Ein zusammengeklappter AT-RT-Läufer und Reservegeschosse finden sich im Frachtabteil.

Set-Name Clone Turbo Tank	
Nummer 75151	**Teile** 903
Jahr 2016	**Quelle** III

► BARC-Gleiter

Dieser Düsenschlitten des Biker-Aufklärungskommandos (BARC) begleitet oft andere Fahrzeuge und dient zum Ausspähen. Die Klontruppen haben ihn auf Saleucami eingesetzt. Das Modell 75037 hat einen Federgeschosswerfer.

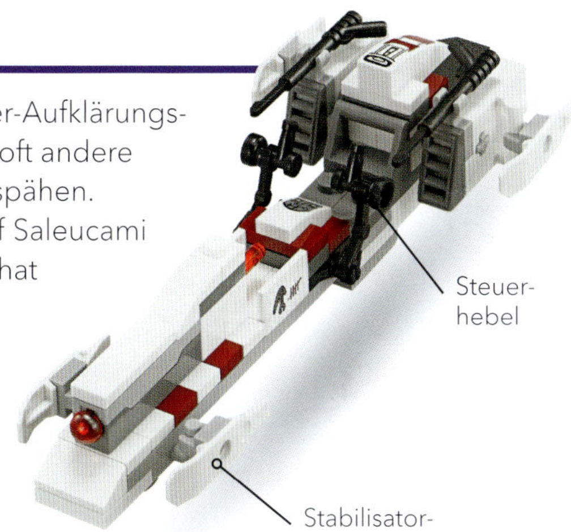

Set-Name Battle on Saleucami	
Nummer 75037	**Teile** 178
Jahr 2014	**Quelle** III

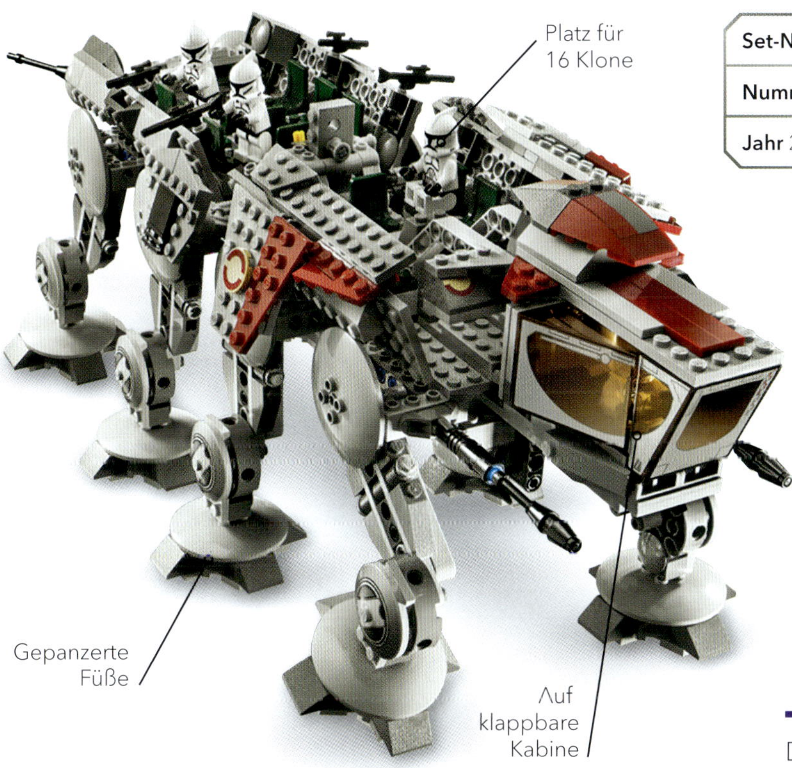

Pilot und Schütze
Ein Modell des BARC-Gleiters von 2013 hat einen Beiwagen, von dem aus ein Schütze eine Kanone bedienen kann, während der Pilot fährt (Set 75012).

Gleiter mit Beiwagen

▲ AT-OT-Läufer

Der Allterrain-Offentransporter (AT-OT) ist in erster Linie zum Transport von Truppen und Fracht in sicheren Gebieten gedacht.

Set-Name Republic Dropship with AT-OT Walker	
Nummer 10195	**Teile** 1758
Jahr 2009	**Quelle** III

▼ Sumpfgleiter

Die Infanteriestützplattform, kurz ISP oder schlicht „Sumpfgleiter", flitzt dank ihrer Repulsorlifts und des riesigen Turbogebläses auch durch schlammige Moorlandschaften.

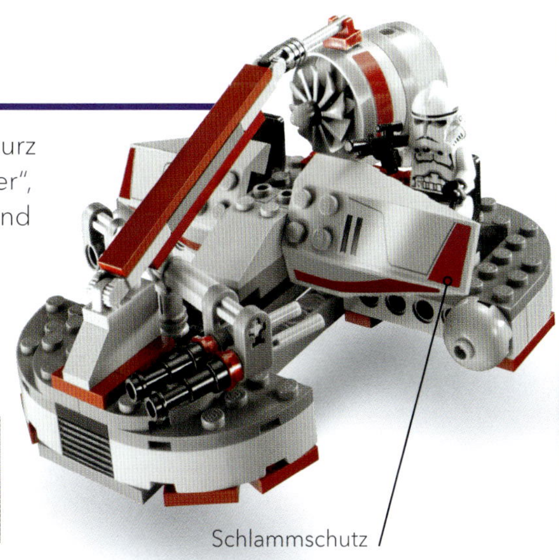

Set-Name Republic Swamp Speeder	
Nummer 8091	**Teile** 176
Jahr 2010	**Quelle** III

Flotte der Republik

Die Republik verteidigt ihre Raumrouten und Millionen Welten mit einer riesigen Flotte aus Großkampfschiffen, Transportern, Kanonenbooten und wendigen Sternenjägern. Neben Klonen dienen auch Angehörige vieler anderer Spezies in der Flotte. Sie treffen in den Klonkriegen über unzähligen Planeten auf die Sternenschiffe von Count Dookus Separatisten.

Set-Name Republic Attack Shuttle	
Nummer 8019	**Teile** 636
Jahr 2009	**Quelle** CW

▲ Angriffsshuttle der Republik

Das Shuttle der *Ny*-Klasse ist ein schnelles Kanonenboot für Langstreckeneinsätze. Es ist schwer gepanzert, hat starke Schilde und Laserkanonen und kann Geschosse aus einer Bombenluke an der Unterseite abwerfen. Ein Klonpilot fliegt das Schiff mit Mace Windu und einem Klonsoldaten an Bord.

▼ Z-95-Kopfjäger

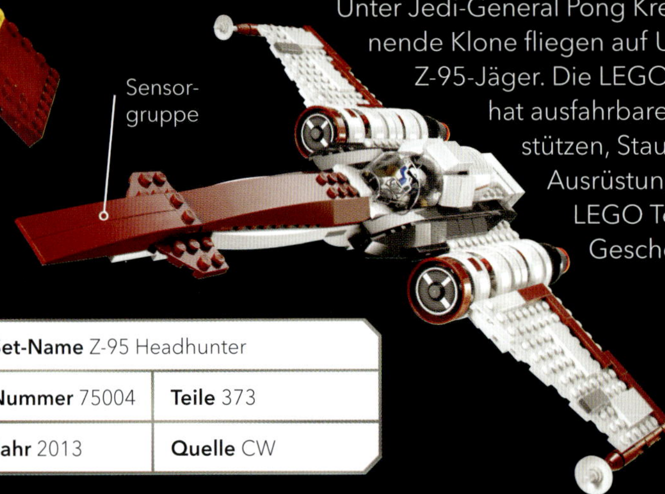

Unter Jedi-General Pong Krell dienende Klone fliegen auf Umbara Z-95-Jäger. Die LEGO Version hat ausfahrbare Landestützen, Stauraum für Ausrüstung und ein LEGO Technic Geschoss.

Set-Name Z-95 Headhunter	
Nummer 75004	**Teile** 373
Jahr 2013	**Quelle** CW

Set-Name Coruscant Police Gunship	
Nummer 75046	**Teile** 481
Jahr 2014	**Quelle** CW

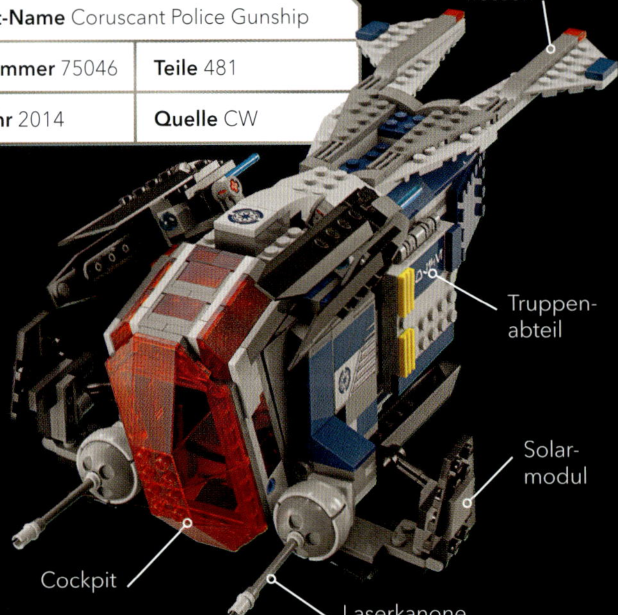

▲ Polizeikanonenboot

Schnelle, wendige Polizeikanonenboote tauchen auf, wenn es auf Coruscant, der Hauptwelt der Republik, Ärger gibt. Sie sind nicht so schlagkräftig wie Angriffskanonenboote, da in dicht bevölkerten Stadtvierteln größere Schäden vermieden werden sollen. Dennoch setzen sie auch die Klontruppen manchmal für bestimmte Einsätze ein.

▼ Fregatte der Republik

Die meisten republikanischen Fregatten waren ursprünglich Konsularschiffe, die Botschafter und Diplomaten beförderten. Als die Galaxis vom Konflikt zerrissen ist, rüstet die Republik sie auf. Dieses Schiff verfügt über Raketenwerfer, eine Vorrichtung zum Abwurf weiterer Geschosse, Geschütztürme und eine abtrennbare Rettungskapsel.

Set-Name Republic Frigate	
Nummer 7964	**Teile** 1015
Jahr 2011	**Quelle** CW

ARC-170-Sternenjäger

Der ARC-170-Jäger verfügt über einen Hyperantrieb für Langstreckeneinsätze. Die Crew des Schiffs von 2010 besteht aus Kit Fisto, Captain Jag, einem Klonpiloten und einem R4-Astromech. Im Flug stellen sich die Flügel auf und von unten können Minen abgeworfen werden.

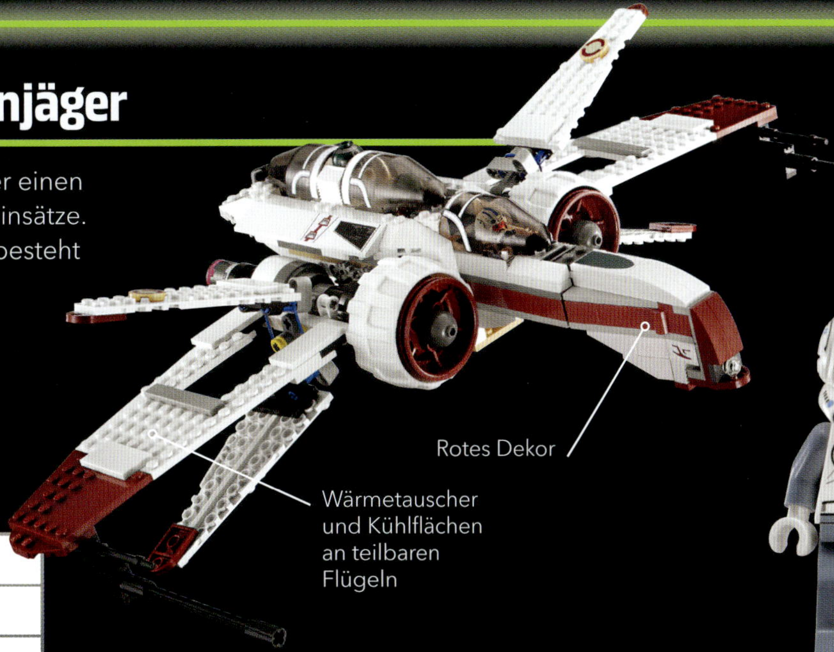

Set-Name ARC-170 Starfighter	
Nummer 8088	**Teile** 396
Jahr 2010	**Quelle** III

Captain Jag
Klonpiloten wie Jag müssen sich durch eine scharfe Sicht, schnelle Reflexe und gute räumliche Wahrnehmung auszeichnen. Jag fliegt zusammen mit dem Jedi Plo Koon.

Frachtkanonenboot

Tiefflug-Angriffstransporter für Fracht (TFAT/f) tragen Kampfläufer zum Einsatzort. Das Modell von 2009 transportiert mithilfe von LEGO Technic Elementen den AT-OT (siehe S. 27) aus demselben Set.

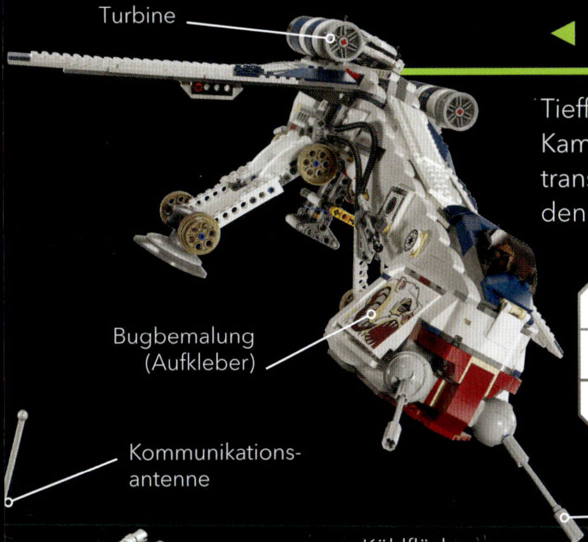

Set-Name Republic Dropship with AT-OT	
Nummer 10195	**Teile** 1758
Jahr 2009	**Quelle** CW

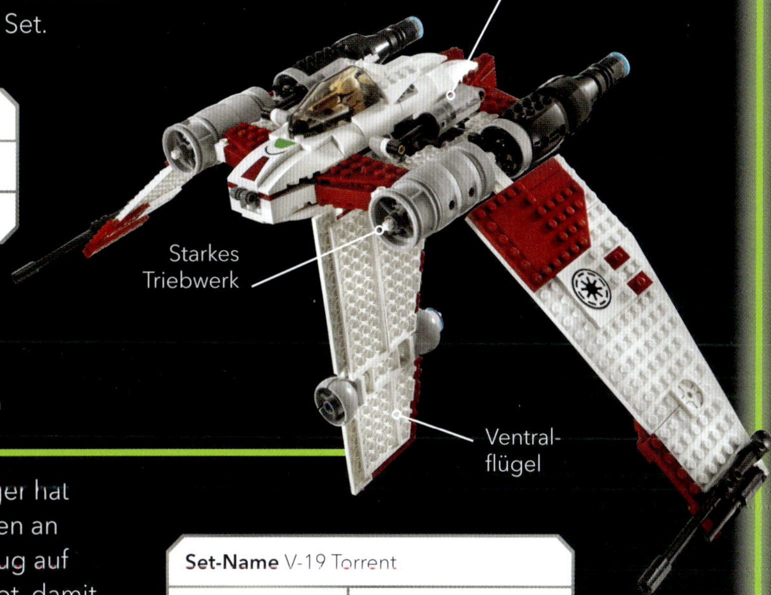

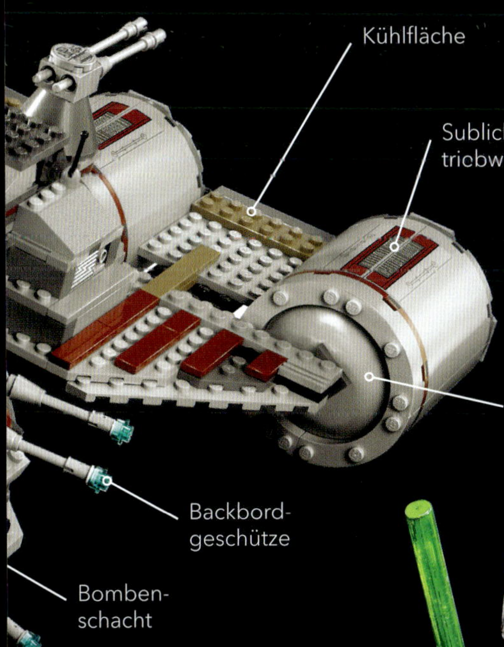

V-19-Sternenjäger

Dieser schnelle, wendige Angriffsjäger hat Vibroraketenwerfer und Laserkanonen an den Flügeln. Diese stellen sich im Flug auf und werden zur Landung eingeklappt, damit der Klonpilot ins Cockpit gelangen kann.

Set-Name V-19 Torrent	
Nummer 7674	**Teile** 471
Jahr 2008	**Quelle** CW

V-Flügel-Sternenjäger

Die Klone fliegen wendige V-Flügler mit kugelförmigen Q7-Astromechs. Die Flügel stellen sich im Flug auf und die Laserkanonen sind sehr leistungsstark.

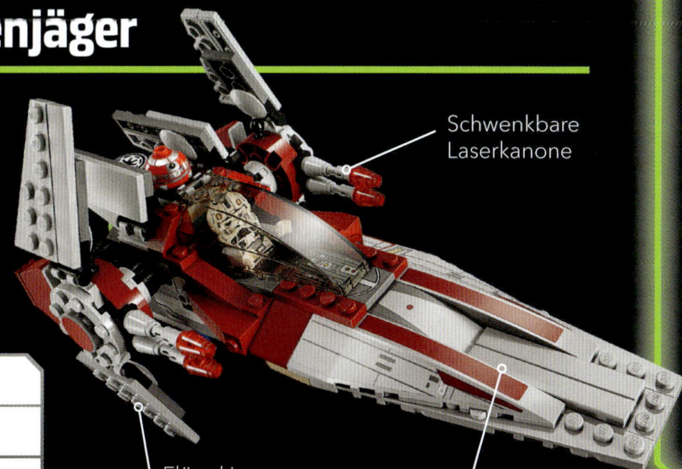

Set-Name V-Wing Starfighter	
Nummer 75039	**Teile** 201
Jahr 2014	**Quelle** III

Eeth Koth
Jedi-Meister Eeth Koth (aus Set 7964) ist ein Zabrak und in den letzten Jahren der Galaktischen Republik Mitglied des Hohen Rats der Jedi.

Kanonenboot

Das offiziell als Tiefflug-Angriffstransporter der Infanterie (TFAT/i) bezeichnete Kanonenboot der Republik bringt Klontruppler zu ihrem Einsatzort und schützt sie mit seinen Laserkanonen und Raketen vor Gegnern am Boden und in der Luft. Das rote Modell von 2023 in den Farben der Coruscant-Wachen dient zum Schutz der Hauptwelt der Republik, des Senats und von Kanzler Palpatine.

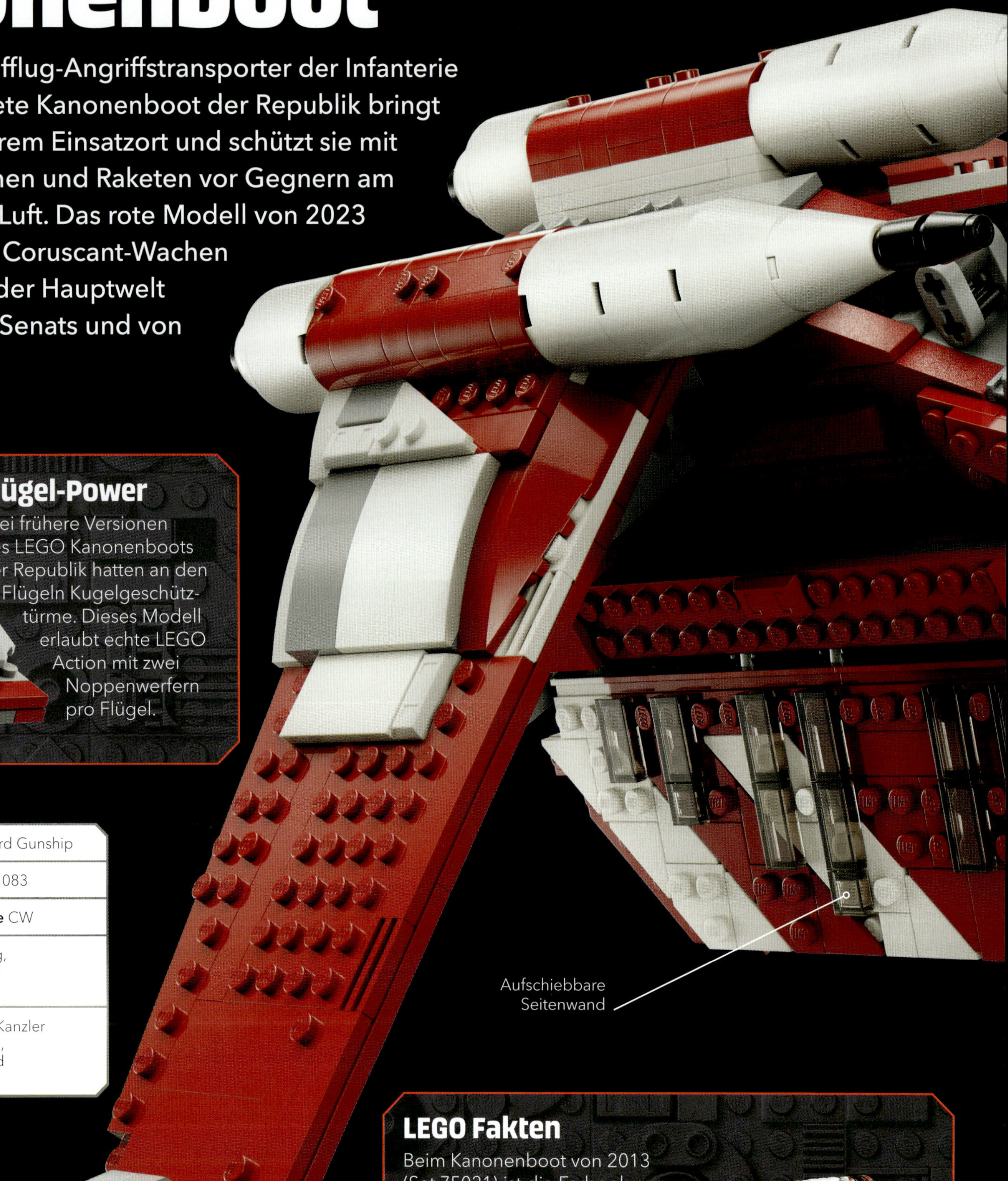

Flügel-Power

Drei frühere Versionen des LEGO Kanonenboots der Republik hatten an den Flügeln Kugelgeschütztürme. Dieses Modell erlaubt echte LEGO Action mit zwei Noppenwerfern pro Flügel.

Set-Name Coruscant Guard Gunship	
Nummer 75354	**Teile** 1083
Jahr 2023	**Quelle** CW
Maße Mehr als 37 cm lang, über 41 cm breit, mehr als 15 cm hoch	
Minifiguren 5 – Oberster Kanzler Palpatine, Padmé Amidala, Klon-Commander Fox und 2 imperiale Stoßtruppler	

LEGO Fakten

Beim Kanonenboot von 2013 (Set 75021) ist die Farbgebung umgekehrt: Es ist weiß und hat dunkelrote Details. Die Republik setzte diese Schiffe im Gefecht auf Geonosis ein, wo sie überraschend Einheiten der Klontruppen absetzten und so das Blatt wenden konnten.

Von hinten

Oberster Kanzler
Als Anführer des Senats der Republik genießt Kanzler Sheev Palpatine Personenschutz durch die Coruscant-Wachen – ohne Wenn und Aber.

Padmé Amidala
In den Klonkriegen greift Padmé neben ihrer rein politischen Rolle auch schon mal selbst zum Blaster, wenn es gilt, die Republik zu beschützen.

Commander Fox
Klonoffizier CC-1010 (besser bekannt als „Fox") befehligt die Coruscant-Wachen. Dies ist seine erste Minifigur seit 2008.

Stoßtruppler
Stoßtruppler genannte Eliteklone stellen den Großteil der unter Fox' Kommando bei den Coruscant-Wachen dienenden Soldaten.

Truppenabteil

Die Seitentüren gewähren Zugang zum geräumigen Truppenabteil. Es bietet viel Platz für den Transport von Klonsoldaten.

Klontruppen

Klonsoldat (Phase I)
Minifiguren von Klon-soldaten der Phase I tragen weiße Standard-rüstung mit weißem Helm. Den Beinaufdruck gibt es seit 2018.

Zu Beginn der Klonkriege tragen die Klontruppen Rüstung der Phase I, die an Jango Fetts mandalorianische Rüstung angelehnt ist. Der „Körperkübel", wie sie inoffiziell heißt, ist schwer und unbequem. Farbstreifen kennzeichnen den Rang. Im Lauf der Klonkriege wird sie durch Rüstung der Phase II ersetzt. Sie ist stabiler, leichter und anpassungsfähiger als ihr Vorläufer und es gibt viele Sondermodelle. Die Farbe steht nun für die Zugehörigkeit zu einer Einheit, nicht für den Rang.

Anatomie eines Klontrupplers
Zerlege den ARC-Soldaten aus dem Set *Elite Clone Trooper & Commando Droid Battle Pack* (9488) – Minifiguren können sehr komplex aufgebaut sein!

ARC-Elitesoldat

▼ Klonsoldaten (Phase I)

Die ersten Klone der Phase I hatten ein rein schwarzes Kopf-Element und ein LEGO Megafon-Element als Blaster. Ab 2008 erhielten neue Versionen dieser Minifigur hautfarbene Köpfe und speziell angefertigte Blaster.

Klon-Captain

Klonpilot

Lieutenant der Klontruppen

Sergeant der Klontruppen

Sprengtrupp-Soldat

Commander (Horn-Kompanie)

▼ Klonkommandanten (Phase I)

Als Anführer geeignete Klone erhalten früh eine Spezial-ausbildung, die ihnen mehr Individualität gestattet als ein-fachen Soldaten. Kommandanten wie Wolffe, Fox und Cody arbeiten im Einsatz gegen die Separatisten eng mit Jedi-Generälen zusammen.

Commander Wolffe

Commander Fox

Commander Cody

Klonkommandanten (Phase II)

Am Ende der Klonkriege haben viele Kommandanten durch die jahrelange Erfahrung im Einsatz enge Bande mit ihren Jedi-Generälen geknüpft. Als Kanzler Palpatine die Order 66 erteilt, haben diese Freundschaften aber keinerlei Bedeutung: Ohne zu zögern richten die Klonkommandanten ihre Blaster auf die Jedi, denen sie bei etlichen Missionen treu gedient haben.

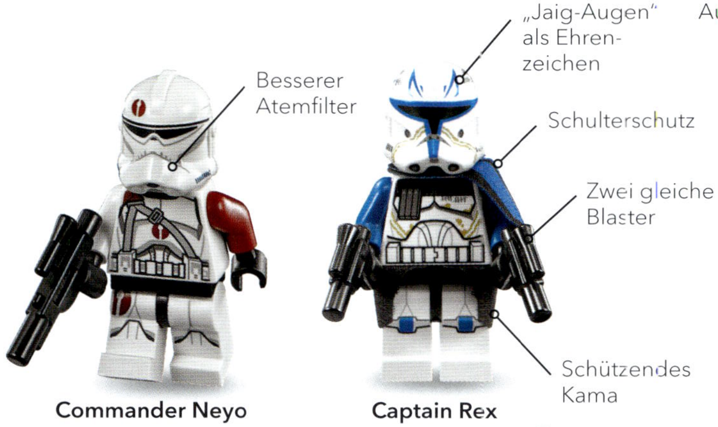

Commander Neyo

Captain Rex

Elitesoldaten
Die Republik stattet Eliteeinheiten der Klontruppen für Spezialeinsätze mit neuen Rüstungen und Helmen aus. Ihre Aufklärungsfeldtruppen bewegen sich besonders unauffällig und haben Infrarotkameras in den Helmen. Eine andere Variante der LEGO Minifigur des ARF-Soldaten hat weiße Arme und grüne Helmmarkierungen.

ARF-Elitesoldat

Taun We
Langhalsige Kaminoaner wie Taun We erschaffen die Klonarmee.

Klonsoldaten (Phase II)

Im Verlauf der Klonkriege entwickelt die Republik die ausgefeiltere Rüstung der Phase II. Neben besseren Atemfiltern bietet diese im Einsatz auch größere Bewegungsfreiheit. Mitunter wird sie zudem in Tarnfarben lackiert.

Klonsoldat (Phase I) · Klonpilot · Luftlandesoldat · Stoßtruppler

Klonschütze · Klonsoldat (Wolfsrudel) · Klonsoldat (Geonosis) · Klonsoldat (Kashyyyk)

Klonsoldat (Sternenkorps) · Klonsoldat (501.) · Klonsoldat (187.) · Klonsoldat (212.) · Klonsoldat (332.) · Flugsoldat

Separatistenarmee

Große Armeen sind zu Beginn der Klonkriege verboten. Dennoch bedienen sich reiche Handelsgesellschaften privater Truppen, um Schulden einzutreiben. Diese Streitkräfte werden unter Befehl von Count Dooku zur Armee der Separatisten zusammengelegt. Sie besteht aus Unmengen von Droiden und Fahrzeugen, die von einem Ende der Galaxis zum anderen über die Welten der Republik herfallen.

▼ Droidengleiter

Der Kommandodroide auf diesem Flitzer verfolgt 2013 Obi-Wan und Captain Rex. Mit der älteren Version von 2011 lauert ein TX-20-Taktikdroide Mace Windu in seinem Jedi-Sternenjäger auf.

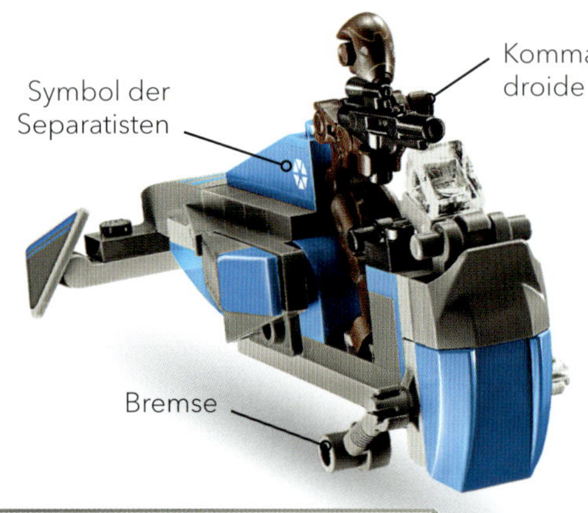

Set-Name BARC Speeder with Sidecar	
Nummer 75012	**Teile** 226
Jahr 2013	**Quelle** CW

▼ AAT-Schwebepanzer

Der AAT von 2015 schwebt mit schweren Geschützen ins Gefecht. Zwei Kampfdroiden finden im aufklappbaren Cockpit Platz. Jar Jar Binks und seine Gungan-Freunde geben alles, damit die böse Handelsföderation ihre Heimatwelt Naboo nicht einnimmt.

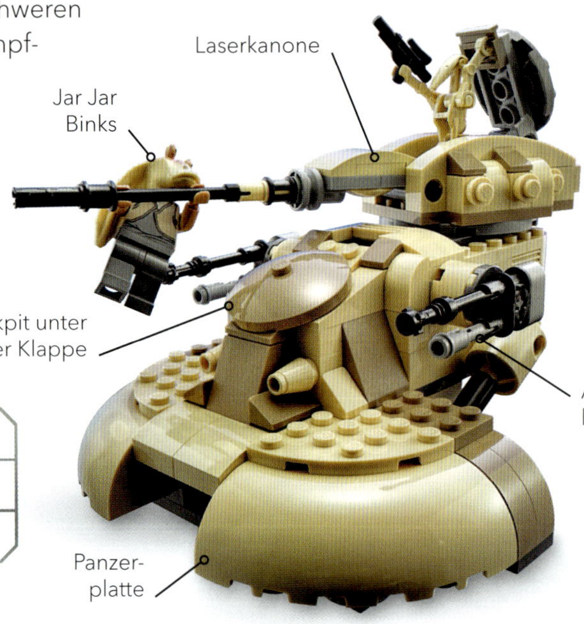

Set-Name AAT	
Nummer 75080	**Teile** 251
Jahr 2015	**Quelle** I

Wunder der Technik
Taktikdroiden sind dafür programmiert, perfekte Strategien auszutüfteln. Die Droiden unterstützen Separatisten-Generäle aus Fleisch und Blut.

Taktikdroide

▼ MTT

Dieser aktualisierte Multi-Truppen-Transporter (MTT) befördert acht Kampfdroiden. Dreht man seitlich am Zahnrad, gleitet der Droidenträger heraus, während diverse Klappen Zugang zum Innenraum bieten. Das Modell rollt auf verborgenen Rädern schnell dahin, um Droiden zum Einsatzort zu bringen. Sieben Kampfdroiden, ein Droidenpilot, ein PK-4-Droide, ein Naboo-Gardist, Obi-Wan Kenobi und Qui-Gon Jinn sind Teil des Sets.

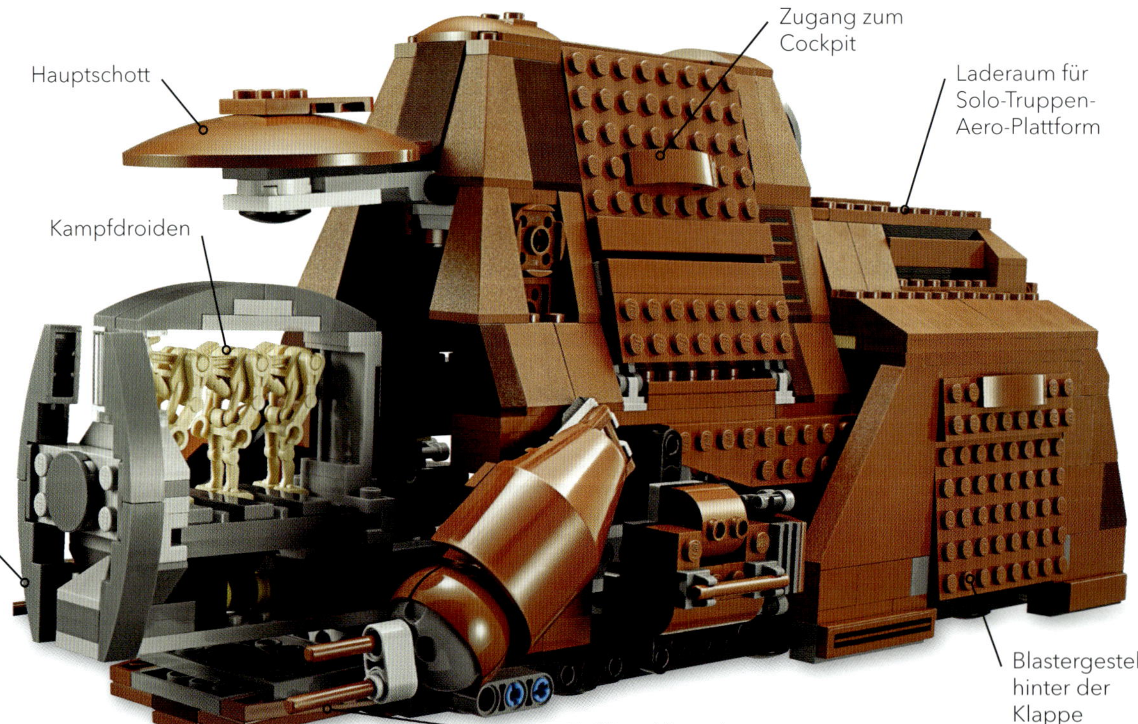

Set-Name MTT	
Nummer 75058	**Teile** 954
Jahr 2014	**Quelle** I

▶ Infanteriedroide

Kampfdroiden der Infanterie machen den Großteil der Bodentruppen der Separatisten aus. Anfangs hatte die Minifigur zwei gleiche Hände. Seit 2007 hat sie eine gedrehte Hand, um einen Blaster korrekt halten zu können.

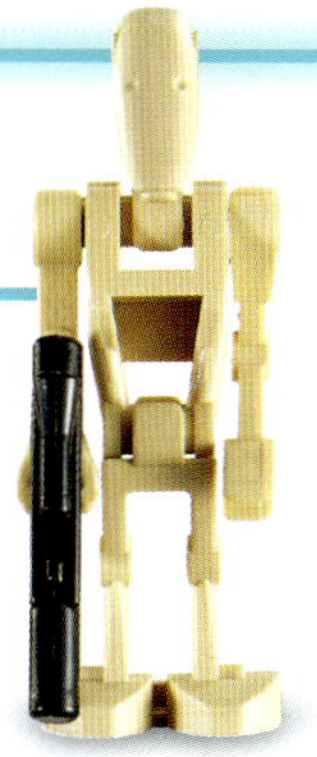

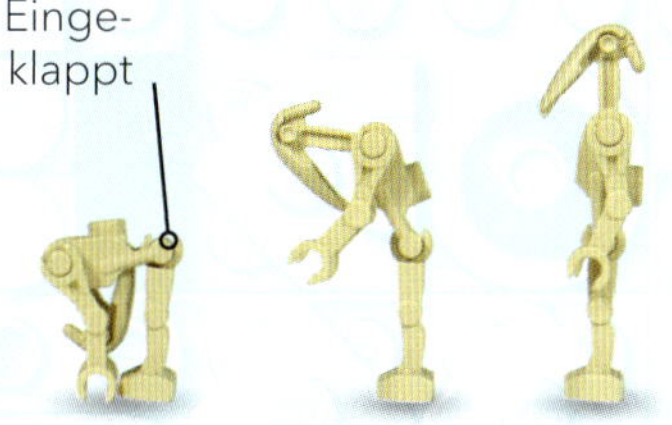

Klappsoldaten
Kampfdroiden lassen sich zur Lagerung in Aufmarschträgern von MTTs und anderen Transportfahrzeugen zusammenklappen.

▶ STAP

Die Kampfdroiden fliegen kleine Repulsorliftgleiter, sogenannte STAPs (Solo-Truppen-Aero-Plattform). Es gibt braune und blaue LEGO Versionen dieses Modells.

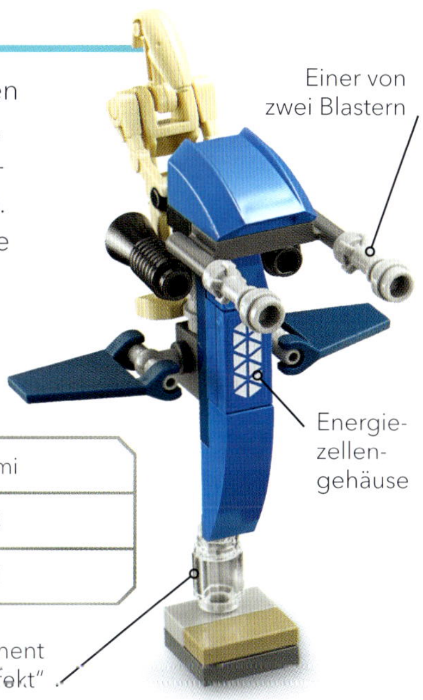

Set-Name Battle on Saleucami	
Nummer 75037	**Teile** 178
Jahr 2014	**Quelle** III

Superkampfdroide
Superkampfdroiden sind größer und stärker als normale Kampfdroiden. Darüber hinaus besitzen sie eine stärkere Panzerung. Es gibt drei Varianten der Minifigur in verschiedenen Farben – eine mit speziellem Blasterarm.

Blau-metallic (2002)

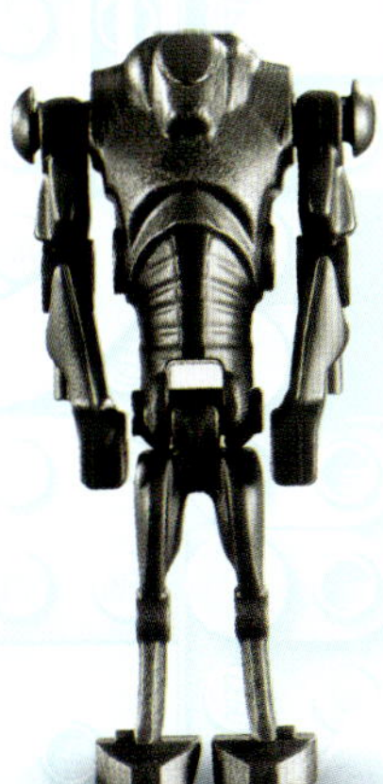
Dunkelgrau (2007)

Blasterarm (2009)

▼ Droidentransporter

Diese kleinen Truppentransporter der Separatisten bringen Kampfdroiden schneller zum Ziel als wuchtige MTTs. Von zwei Droidenpiloten gesteuert, befördern sie zwölf Kampfdroiden. Das Modell selbst ist unbewaffnet und setzt auf Schnelligkeit, um Gungans und anderen Gegnern zu entkommen.

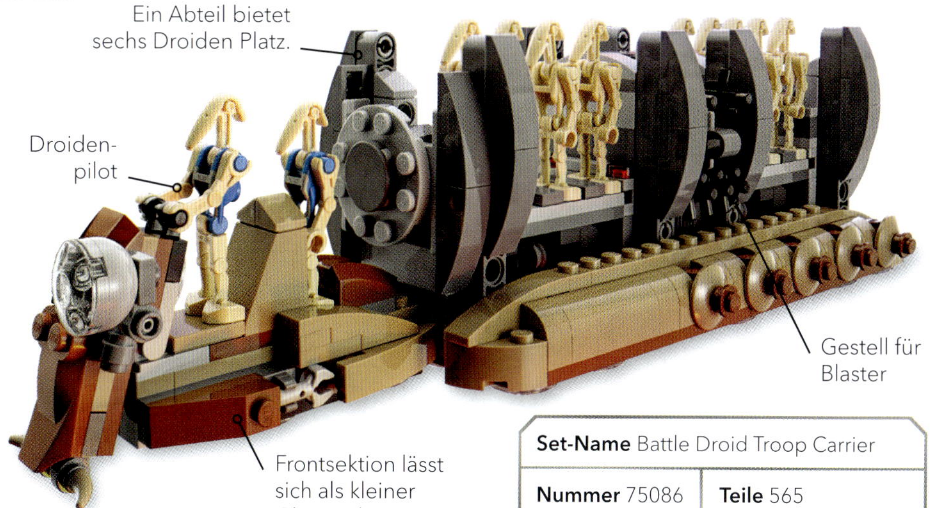

Set-Name Battle Droid Troop Carrier	
Nummer 75086	**Teile** 565
Jahr 2015	**Quelle** I

◀ Octuptarra-Droide

Dank mehrerer Fotorezeptoren und Blaster kann dieser Droide mit stelzenartigen Beinen ringsum gegnerische Ziele aufspüren und ins Visier nehmen. Octuptarras verteidigen auf Utapau General Grievous' Hauptquartier gegen die Klontruppen der Republik.

Set-Name Utapau Troopers	
Nummer 75036	**Teile** 83
Jahr 2014	**Quelle** III

▼ Separatistengeschütz

Protonenkanonen wie diese gehen auf ihren starken Beinen in Stellung. Sie sind von einem Droidenschützen bemannt und geben mächtige Geschosse auf entfernte Transporter am Boden und Kanonenboote in der Luft ab. Als rote Augen dienen vielseitige LEGO Elemente, die auch als Scheinwerfer und Teil von Medidroiden Verwendung finden!

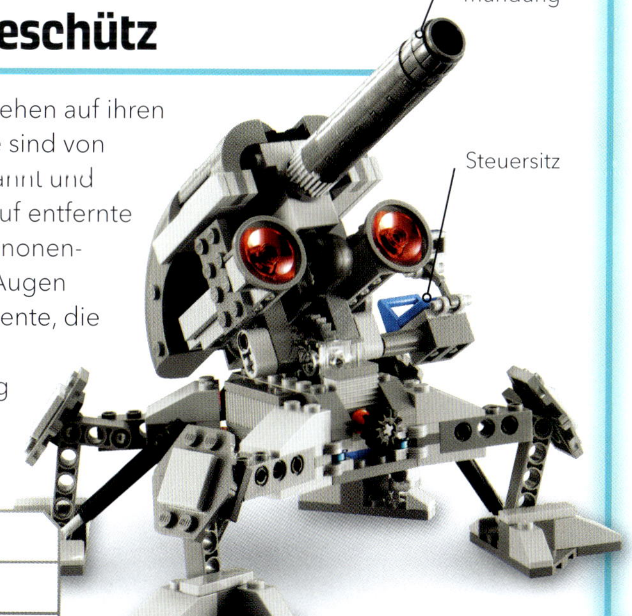

Set-Name Battle for Geonosis	
Nummer 7869	**Teile** 331
Jahr 2011	**Quelle** CW

Gefechtsdroiden

Jahrelang setzen reiche, niederträchtige Unternehmen in der Galaxis ihre Interessen durch, indem sie bedrohliche Droiden vorschicken, um Schulden einzutreiben, andere zur Arbeit zu zwingen und Konkurrenten auszuschalten. Als sie sich zur Separatistenallianz zusammentun, werden diese zur Basis für ihre Armeen, mit denen sie auf Welten der Republik einfallen. In Fabriken werden derweil immer neue Modelle produziert.

▼ Droideka

Zerstörerdroiden genannte Droidekas rollen heran, entfalten sich und erheben ihre eingebauten Blaster. Bisher stellten sich Modelle von Droidekas in acht LEGO Sets den Klonen – und ähnelten mit der Zeit immer mehr den Filmvorbildern.

Set-Name Naboo Starfighter	
Nummer 75092	**Teile** 442
Jahr 2015	**Quelle** I

▼ Zwergspinnendroide

Diese Droiden sind mobile Lasergeschütztürme, die vor den Kampfdroiden ins Gefecht ziehen. Sie sind nicht sehr clever, weigern sich aber manchmal vorzurücken, wenn der Gegner in der Überzahl ist.

Set-Name Homing Spider Droid	
Nummer 75142	**Teile** 310
Jahr 2016	**Quelle** III

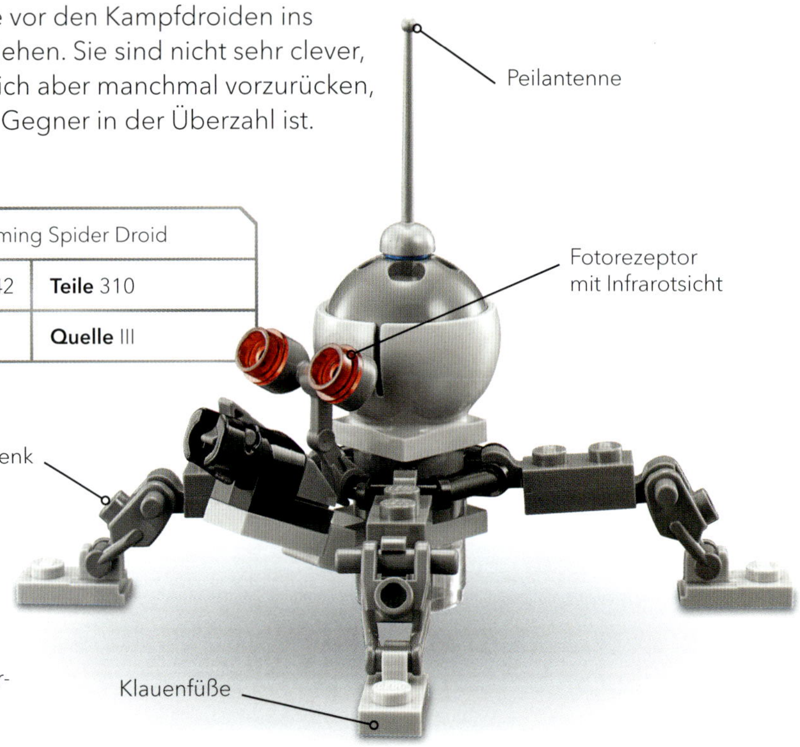

◀ Feuerhageldroide

Feuerhageldroiden rollen auf riesigen Laufrädern ins Gefecht und feuern aus zwei Batterien wärmesuchende Raketen ab. Mit seinem Fotorezeptor sieht der Droide im Infrarotbereich, schätzt die Entfernung zum Ziel ab und gibt diese Daten an die anderen Systeme weiter.

Set-Name Hailfire Droid	
Nummer 75085	**Teile** 163
Jahr 2015	**Quelle** II

Panzerdroide

Amphibische NR-N99-Panzerdroiden rollen auf starken Kettenfahrwerken. Drei LEGO Versionen wurden bereits ins Gefecht geschickt: eine 2005 auf Kashyyyk, eine zum *The Clone Wars*-Kinofilm, die 2009 erschien, und dieses Modell von Geonosis aus dem Jahr 2013. Seite an Seite sind sie unaufhaltsam und walzen alles nieder.

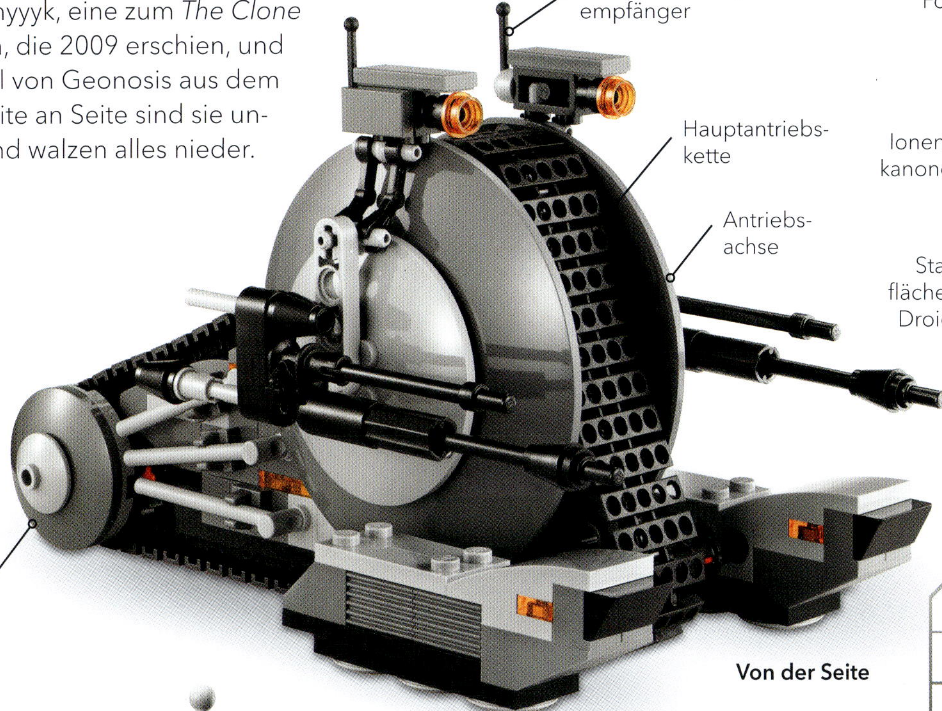

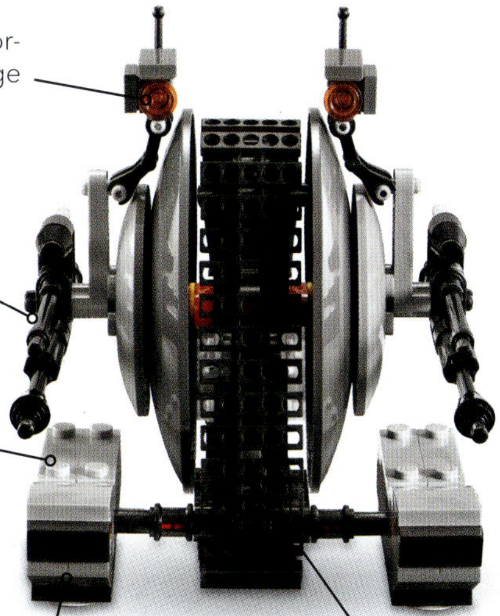

Set-Name Corporate Alliance Tank Droid	
Nummer 75015	**Teile** 271
Jahr 2013	**Quelle** II

Spinnendroide

Spürspinnendroiden legen auf ihren geländegängigen Beinen große Entfernungen zurück. Mit ihren Sensoren anvisierte Ziele nehmen sie mit schüsselförmigen Geschützen unter Dauerfeuer. Wie bei der vorigen Version (Set 75016) ist das Mittelteil ein umfunktioniertes Rad, das sich bei diversen LEGO Motorrädern findet. Ober- und Unterseite des Kopfes lassen sich so drehen.

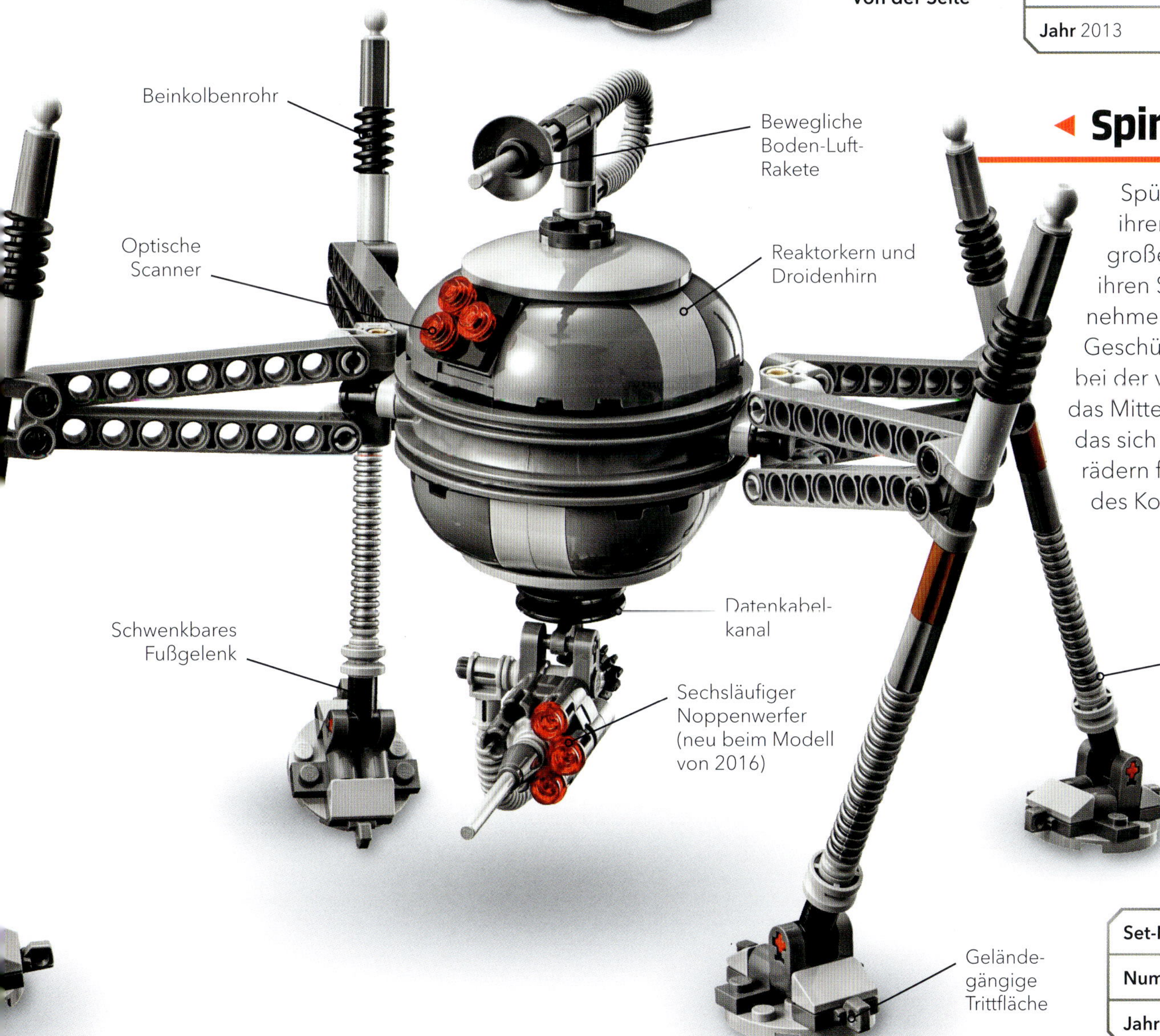

Set-Name Homing Spider Droid	
Nummer 75142	**Teile** 310
Jahr 2016	**Quelle** III

Separatistenflotte

Nach Ausbruch der Klonkriege auf Geonosis weiten sich diese auf immer mehr Welten aus. Als Kanzler Palpatine von General Grievous entführt wird, kommt es zum großen Raumgefecht über Coruscant, bei dem eine Reihe spezieller Droidenjäger im Einsatz sind. Andere Einheiten der Separatisten stellen sich ihren Gegnern auf Planeten wie Kashyyyk und Ryloth auch am Boden und ziehen nicht selten Zivilisten in Mitleidenschaft.

▼ Droidenkanonenboot

Droidenkanonenboote sind für Lufteinsätze gedachte, schwere Raketenplattformen (SRP) mit starken Schilden. Sie sind eher schwerfällig, aber ihre Kraft ist enorm. Gesteuert werden sie meist von Droidenhirnen. Sie verfügen aber auch über ein Cockpit für einen Droidenpiloten.

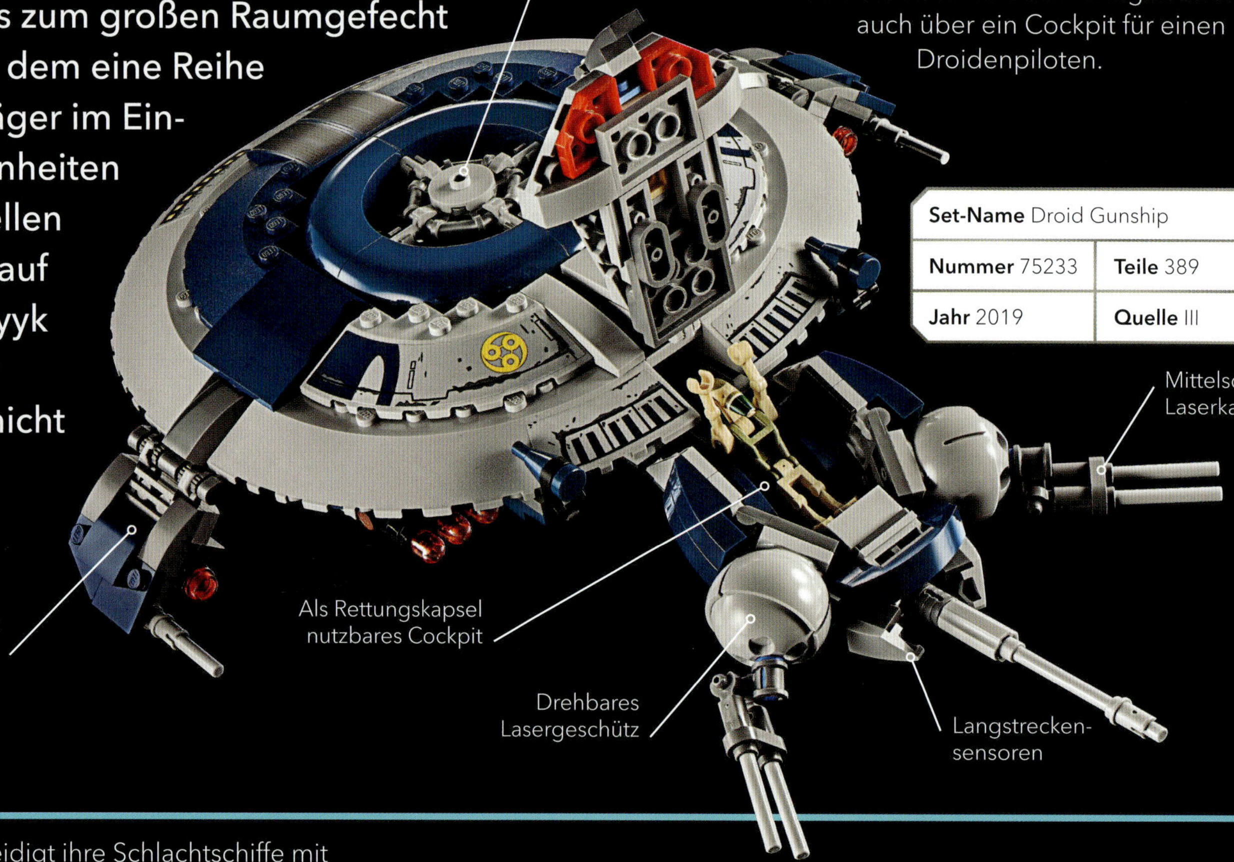

Set-Name Droid Gunship	
Nummer 75233	**Teile** 389
Jahr 2019	**Quelle** III

▼ Geierdroide

Die Handelsföderation verteidigt ihre Schlachtschiffe mit ganzen Schwärmen dieser unbemannten Droidenjäger. Wenn ein solcher landet, geht er in den Laufmodus über. Er richtet seinen Kopf auf und läuft auf den Flügelspitzen. So dient er gut, wenn auch etwas staksig, als Einheit für Bodenpatrouillen. Fährt er die Flügel aus, offenbaren sich seine starken Kanonen. Geierdroiden sind nicht sehr intelligent und überwältigen Gegner durch schiere Masse.

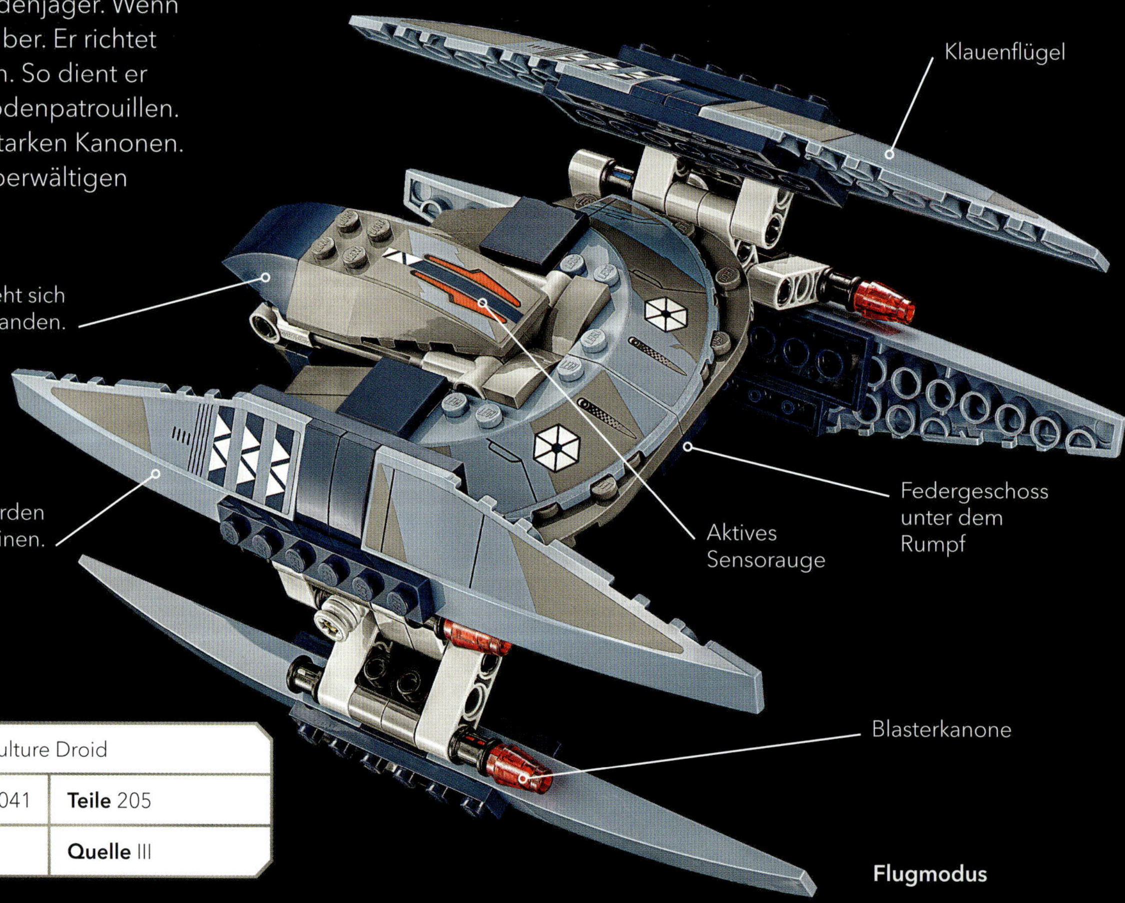

Laufmodus

Set-Name Vulture Droid	
Nummer 75041	**Teile** 205
Jahr 2014	**Quelle** III

Flugmodus

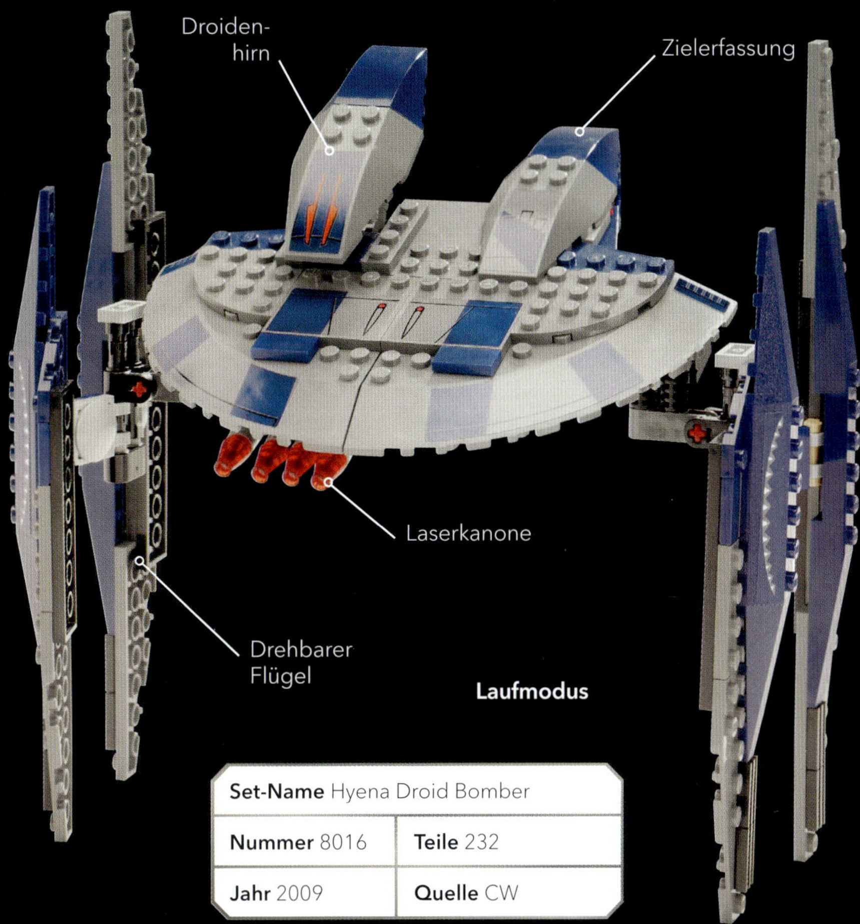

Laufmodus

Set-Name Hyena Droid Bomber	
Nummer 8016	Teile 232
Jahr 2009	Quelle CW

▼ Hyänenbomber

Droidenbomber der *Hyänen*-Klasse sind modifizierte Geierjäger mit einem zweiten „Sensorkopf" für bessere Zielerfassung sowie erweiterten Geschützen wie Vibroraketenwerfern. Berüchtigt sind sie vor allem für das großflächige Zielen auf Städte wie die der Twi'leks auf Ryloth.

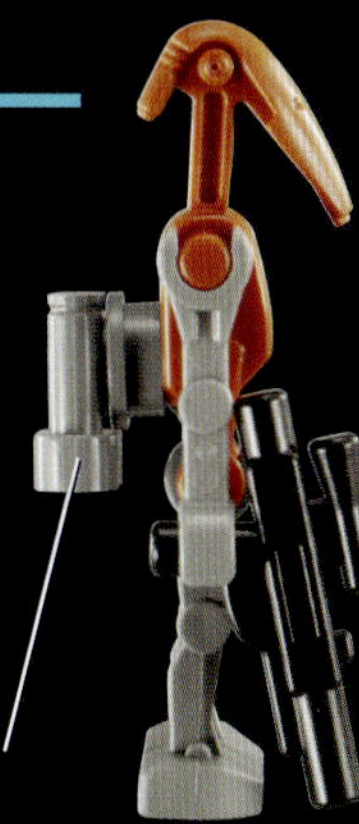

Raketenkampf-droide

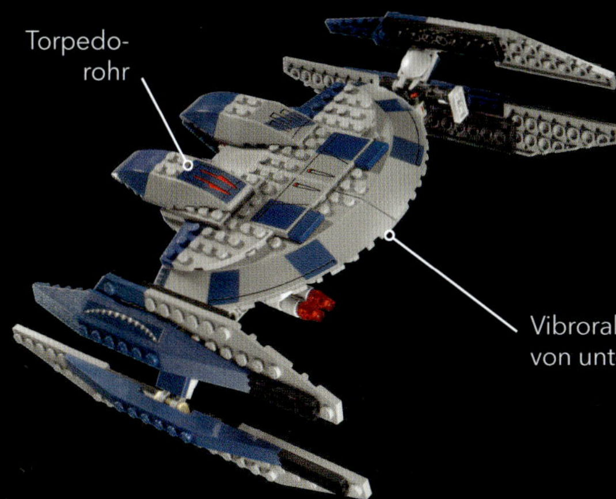

Flugmodus

▼ Tri-Droidenjäger

Mit einer am Bug montierten Laserkanone und drei leichten Lasern sind die schnellen und wendigen Tri-Jäger stärker als Geierdroiden. Sternenjägern der Republik sind sie mehr als gewachsen. Einige Modelle werden von Kampfdroiden gesteuert, die dazu in den zentralen Sphären sitzen.

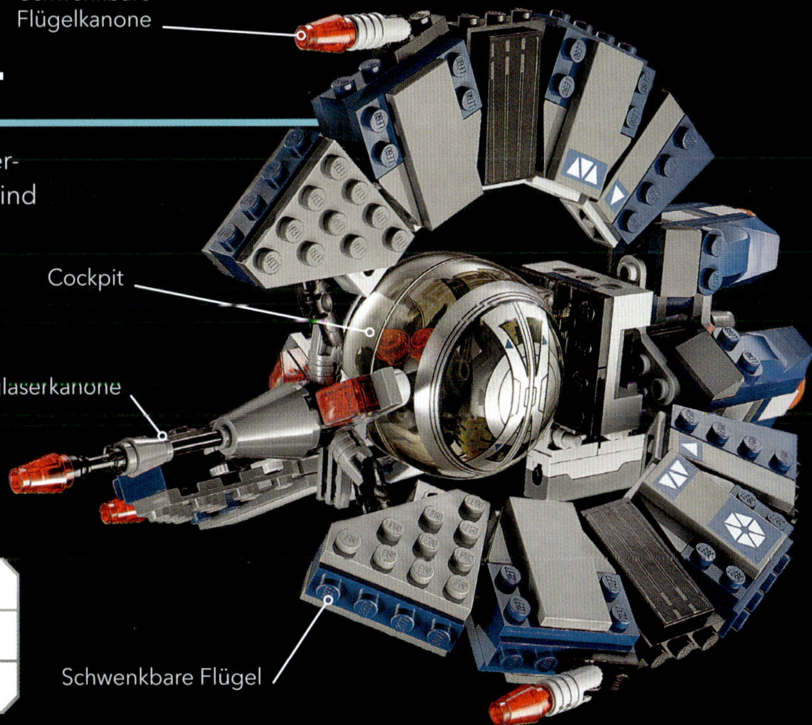

Set-Name Droid Tri-Fighter	
Nummer 75044	Teile 262
Jahr 2014	Quelle III

Federgeschosswerfer

Buzz-Droide
Jäger der Separatisten setzen Schwärme von Buzz-Droiden in Lenkflugkörpern frei. Sie jagen Schiffe und zerlegen sie mit ihren Sägen und Greifern.

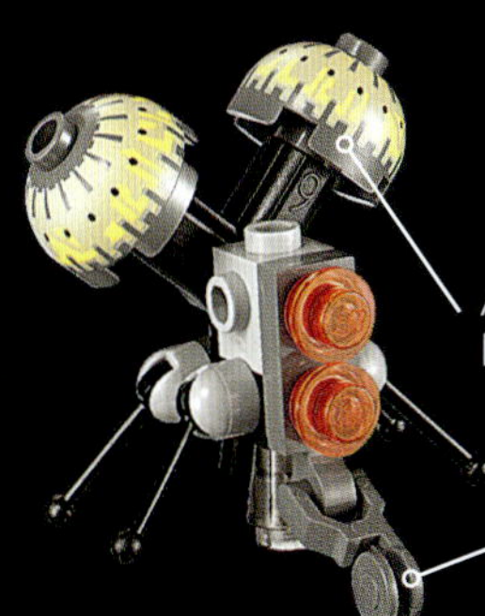

Raketenkampfdroiden
Diese modifizierten B1-Kampfdroiden dienen für Aufklärungsmissionen im All und jagen Gegner, die in Rettungskapseln fliehen. Droiden-Kommandanten erkennt man an ihrer gelben Markierung am Kopf.

Raketenkampfdroiden-Kommandant

General Grievous

Der Oberbefehlshaber der Droidenarmee ist ein finsterer Cyborg namens General Grievous. Er selbst sieht sich nicht als Droide – und reagiert wütend auf jeden, der ihn so nennt. Speziell sein Hass auf die Jedi-Ritter währt schon lange und verzehrt ihn förmlich. Sein einziges Vergnügen ist es, Jedi im Duell zu besiegen und ihre Lichtschwerter als Trophäen zu sammeln.

General Grievous
Für Grievous' erste Minifiguren wurden vor allem Kampfdroiden-Elemente verwendet. 2010 erschien eine ausgefeiltere Figur in Beige, die es dann 2014 auch in Weiß gab.

▼ *Malevolence*

Grievous' Flaggschiff, die *Malevolence*, ist eins der größten je gebauten Schiffe. Auf den Welten der Republik verbreitet es Angst und Schrecken, denn den gewaltigen Ionenkanonen und Turbolasern ist keine Flotte gewachsen. In dem schweren Kreuzer der *Subjugator*-Klasse verkehrt ein Transportzug. Die Oberseite des LEGO Modells lässt sich abheben.

Set-Name *Malevolence*	
Nummer 9515	**Teile** 1094
Jahr 2012	**Quelle** CW

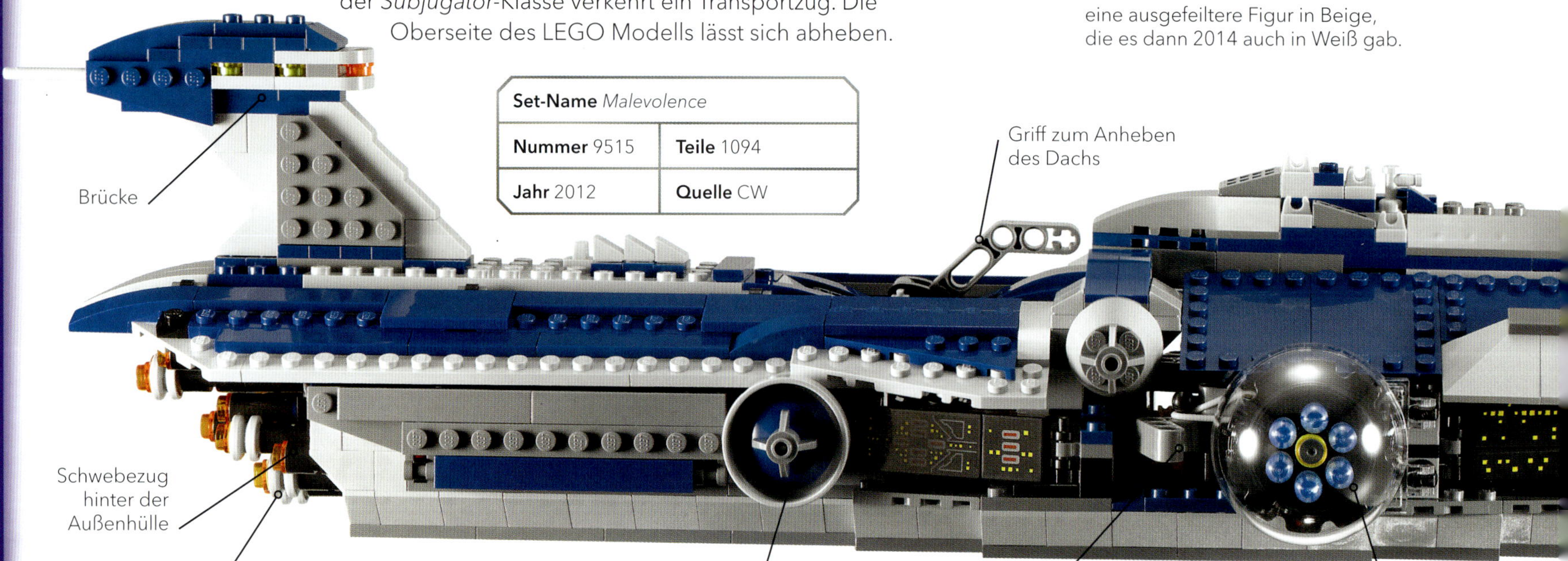

▶ Radgleiter

Auf Utapau bewegt sich Grievous mit einem Radgleiter fort, der auch in unwegsamem Gelände sehr hohes Tempo erreicht. Ist ein Hindernis im Weg, klappen seine vier Beine aus und er läuft einfach darüber hinweg! Als Grievous vor den Klontruppen flieht, verfolgt ihn Obi-Wan Kenobi auf Boga, einem tapferen Varactyl.

Radmodus

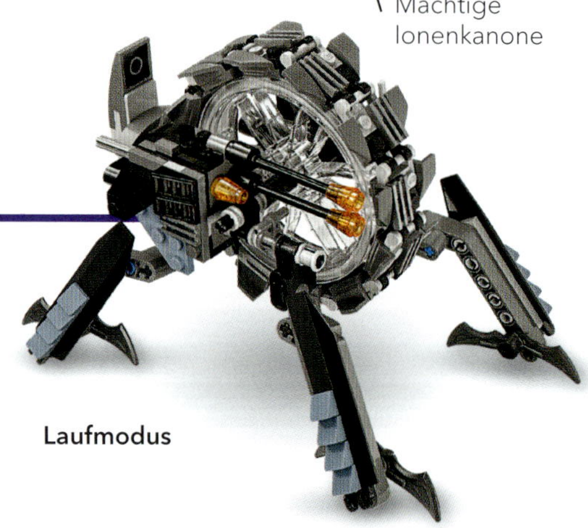

Laufmodus

Set-Name General Grievous' Wheel Bike	
Nummer 75040	**Teile** 261
Jahr 2014	**Quelle** III

▶ Grievous' Sternenjäger

Dieser Belbullab-22-Jäger hat einen Hyperantrieb sowie ein aufgleitendes Cockpit, eine einklappbare Hecklandestütze und aufstellbare Laserkanonen. In den Flügeln verborgene Raketenwerfer treten im Einsatz hervor. Wenn Grievous nicht im Jäger sitzt, gibt er von seinem Kommandosessel aus Befehle und hat seine Lichtschwerter stets griffbereit.

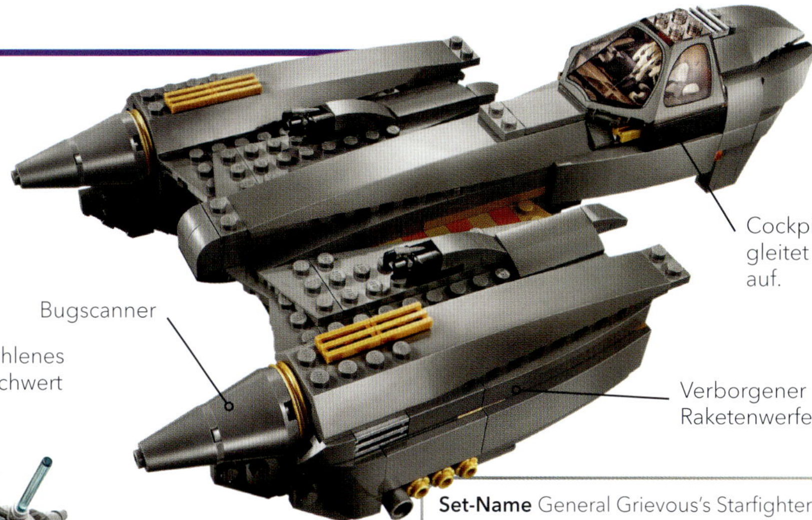

Set-Name General Grievous's Starfighter	
Nummer 75286	**Teile** 487
Jahr 2020	**Quelle** III

▼ Grievous' Gleiter

Mit diesem superschnellen Flitzer fällt Grievous auf dem Planeten Florrum ein. Der Gleiter ist mit Zwillingslaserkanonen und unter dem Rumpf verborgenen Raketenwerfern ausgestattet. Seine Abgase können Kampfdroiden nichts anhaben. Dies ist das erste LEGO Modell des selten gesehenen Fahrzeugs.

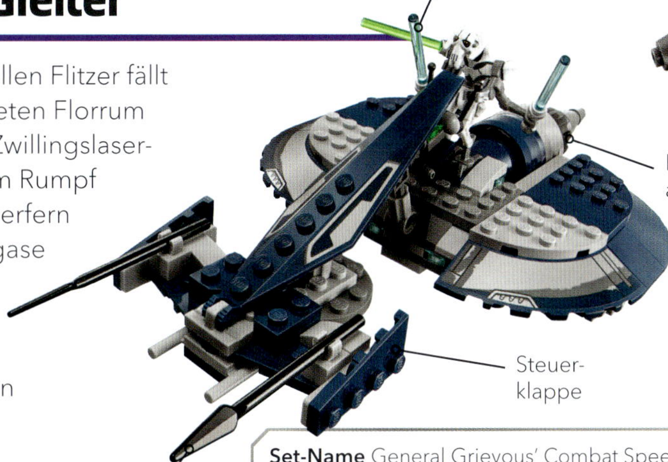

Set-Name General Grievous' Combat Speeder	
Nummer 75199	**Teile** 157
Jahr 2018	**Quelle** CW

Droidendoktor
A4-D, ein recht redseliger Chirurgiedroide mit einem bedruckten Aufkleber als Gesicht, kümmert sich in Grievous' Versteck auf Vassek mit medizinischem Gerät darum, den Cyborg zusammenzuflicken.

A4-D

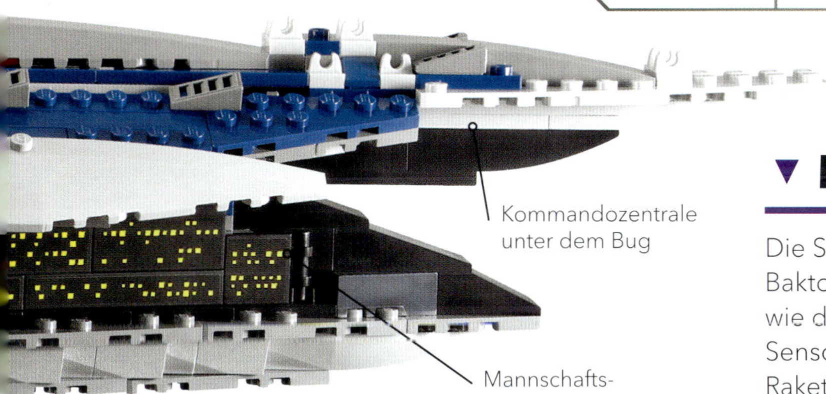

▼ MagnaWächter-Sternenjäger

Die Separatisten erwarben diesen Sternenjäger der *Renegat*-Klasse von den Baktoid Rüstungswerken. Der robuste, kleine Jäger wurde für größere Piloten wie die MagnaWächter angepasst, hat einen Hyperantrieb und überlegene Sensoren. Zur Ausstattung der Elitemodelle zählen auch Laserkanonen und Raketenwerfer. Der Kopfgeldjäger Cad Bane ist ebenfalls zeitweise eines dieser Schiffe geflogen.

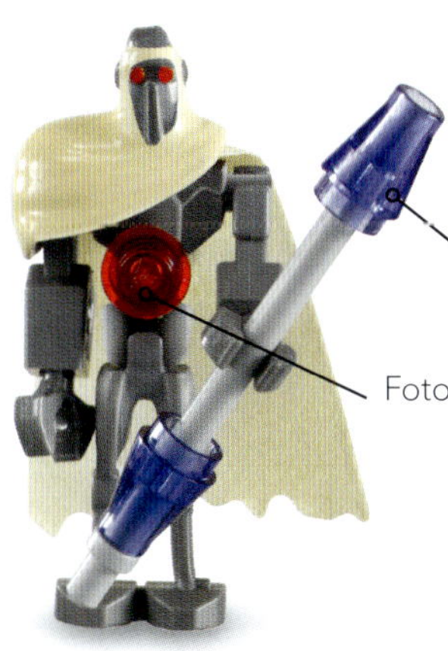

MagnaWächter
Diese Droiden bewachen Anführer der Separatisten wie Grievous. Dank eines Fotorezeptors an der Brust arbeiten sie auch ohne Kopf.

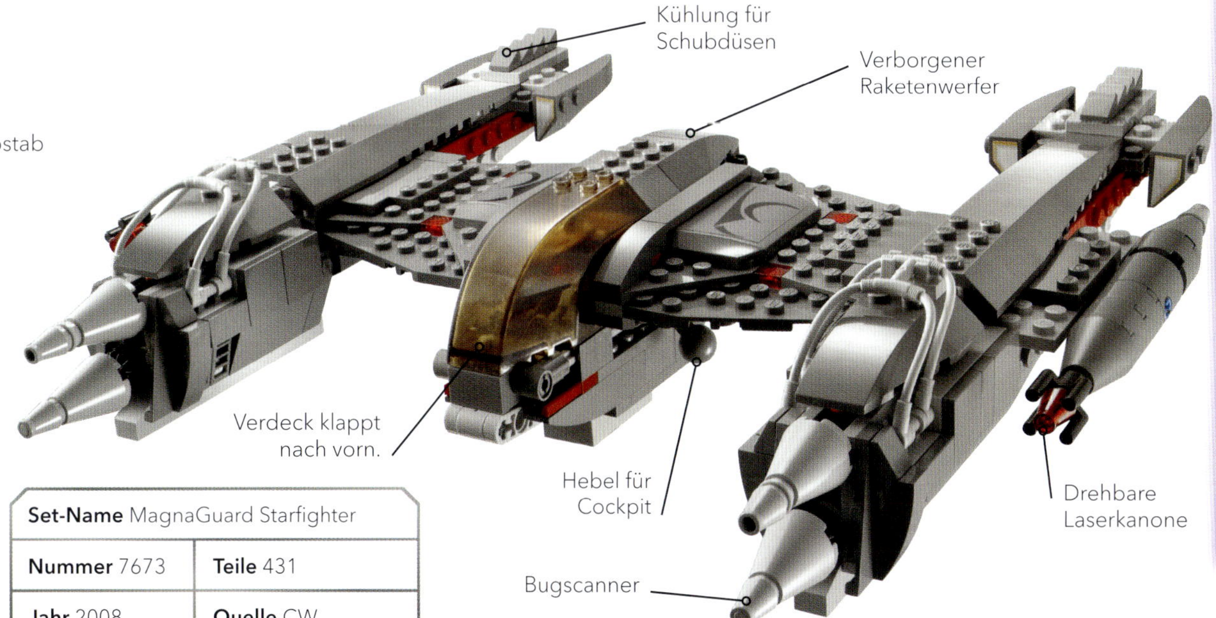

Set-Name MagnaGuard Starfighter	
Nummer 7673	**Teile** 431
Jahr 2008	**Quelle** CW

Geonosianer

Die in Stockkolonien lebenden Geonosianer sind in den Klonkriegen für ihre Fabriken berüchtigt, die unaufhörlich Kampfdroiden für die Separatisten herstellen. Eine geflügelte Elite herrscht über die in Kasten unterteilte Gesellschaft, in der flügellose Drohnen die meiste Arbeit verrichten. Ihre Soldaten führen exotische Schallblaster und fliegen dornförmige Jäger.

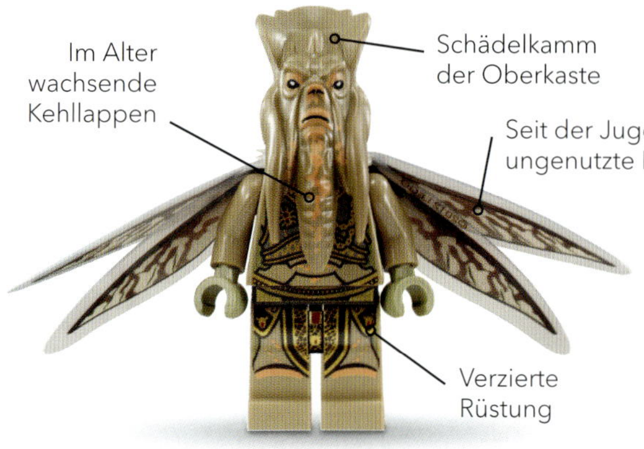

Poggle der Geringere
Erzherzog Poggle ist ein bedeutender Anführer der Separatisten, erhält seine Befehle aber von Karina der Großen, der verborgen in der Tiefe lebenden Königin von Geonosis. Die Minifigur mit ihren vier eindrucksvollen Flügeln ist Teil des Sets *Duel on Geonosis* (75017) von 2013.

▼ Geonosianische Kanone

Geonosianische Soldaten nutzen sowohl handliche Schallblaster als auch große LR1K-Schallkanonen, die schlagkräftige Energiebälle ausstoßen. Die LR1K ist eine Artillerieversion der kleineren Blaster. Sie gibt von einer Plasmaladung eingedämmte Sphären aus Schallenergie ab. Wenn diese ihr Ziel treffen, löst sich die Plasmahülle auf und setzt eine verheerende Schallwelle frei. Die Plattform der Kanone lässt sich nach oben und unten neigen.

Set-Name Geonosian Cannon	
Nummer 9491	**Teile** 132
Jahr 2012	**Quelle** CW

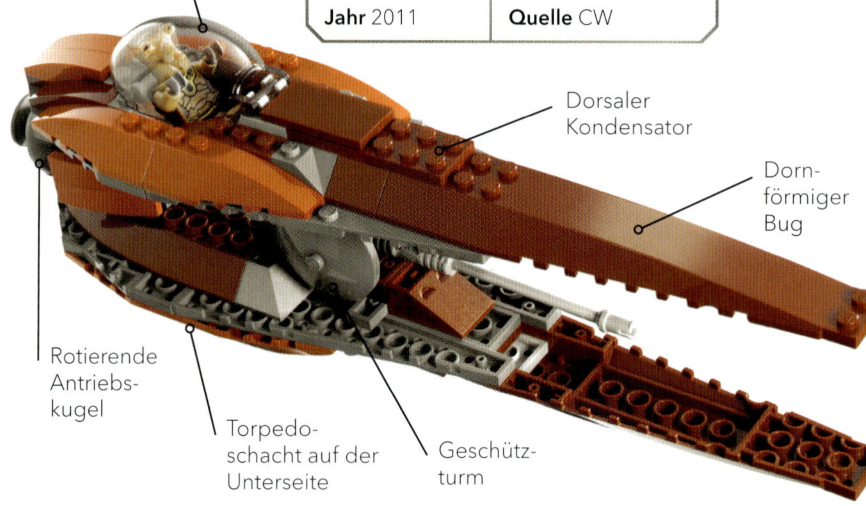

Set-Name Geonosian Starfighter	
Nummer 7959	**Teile** 155
Jahr 2011	**Quelle** CW

▲ Geonosianischer Jäger

Tausende Sternenjäger der *Nantex*-Klasse kommen gegen die Truppen der Republik zum Einsatz. Sie sind speziell auf die Anatomie der geonosianischen Piloten abgestimmt und verfügen über ein aufklappbares Cockpit, eine schwenkbare Laserkanone und einen Protonentorpedo.

Kasten der Geonosianer
Geonosianische Piloten erhalten ihre Befehle über Duftbotschaften, die ins Cockpit geleitet werden. „Zombie"-Soldaten sind eigentlich von parasitären Hirnwürmern kontrollierte Exoskelette. Nur Krieger der Geonosianer haben funktionstüchtige Flügel.

Geonosianischer Pilot

Geonosianischer Zombie

Geonosianischer Krieger

Naboo und Gungans

Eine Invasion der Handelsföderation zwingt den friedlichen Planeten Naboo zur Verteidigung. Seine Bewohner – die menschlichen Naboo und amphibischen Gungans – müssen eng zusammenstehen, um mit ihren Jedi-Beschützern die Kampfdroiden zurückzuschlagen.

▼ Naboo-Sumpf

Die Jedi Qui-Gon Jinn und Obi-Wan Kenobi landen auf Naboo, um den Bewohnern zu helfen. Im dortigen Sumpf wehrt Qui-Gon mit seinem Lichtschwert Salven von Kampfdroiden auf STAPs (Solo-Truppen-Aero-Plattformen) ab und beschützt seinen Gungan-Führer Jar Jar Binks. Die STAPs „schweben" auf durchsichtigen Ständern.

Set-Name Naboo Swamp	
Nummer 7121	**Teile** 81
Jahr 1999	**Quelle** I

Set-Name Gungan Patrol	
Nummer 7115	**Teile** 77
Jahr 2000	**Quelle** I

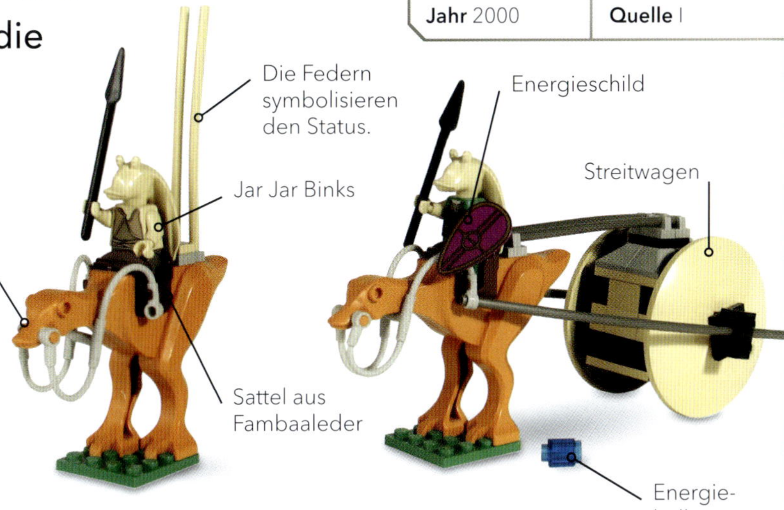

▲ Gungan-Patrouille

Gungans reiten große, flugunfähige Kaadus. Diese Amphibien sind schnell und flink. Neben den größeren, vierbeinigen Falumpasets werden sie oft als Lasttiere benutzt. Eines dieser Kaadus wird von einem Gungan-Soldaten geritten und zieht einen Streitwagen mit Energiebällen ins Gefecht gegen die Droidenarmee. Die Bälle rollen hinten aus dem Wagen heraus.

Set-Name Gungan Sub	
Nummer 9499	**Teile** 465
Jahr 2012	**Quelle** I

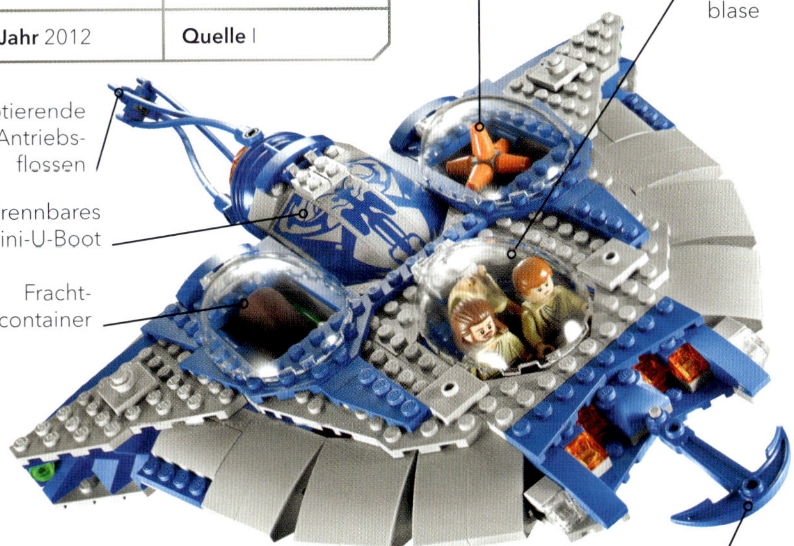

▲ Gungan-U-Boot

Qui-Gon, Obi-Wan und Jar Jar Binks fahren mit einem Bongo – einem U-Boot der Gungans – von der Unterwasserstadt Otoh Gunga nach Theed. In den Gewässern Naboos lauern gefährliche Ungeheuer. Das Modell von 2012 hat im Film nicht gezeigte Abwehrfunktionen: eine Mine, Raketen und ein abtrennbares Mini-U-Boot. Dieses LEGO Set war auch das erste mit einer Minifigur von Königin Amidala in Thronsaalrobe.

▼ Flash-Gleiter

Diese Repulsorliftgleiter werden meist von Sicherheitsoffizieren der Naboo gefahren. In Zeiten des Friedens dienen sie für Patrouillen, bei der Invasion Naboos zur Verteidigung des Palastes von Theed.

Set-Name Flash Speeder	
Nummer 75091	**Teile** 312
Jahr 2015	**Quelle** I

Jar Jar Binks
Der gutmütige, aber tollpatschige Jar Jar wurde aus Otoh Gunga verbannt. Trotzdem hilft er dabei, seine Welt von der Handelsföderation zu befreien. Jar Jar zieht mit Energieschild und Cesta ins Gefecht. 1999 war seine Minifigur die erste mit einem speziell geformten Kopf.

Umbaraner und Mandalorianer

In den Klonkriegen stellt sich die Republik im Äußeren Rand vielen Gefahren. Die Schattenwelt Umbara ist Heimat von Verbündeten der Separatisten, die über einzigartige Technik verfügen. Mandalore ist neutral und ergreift offiziell keine Partei. Aber skrupellose Mitglieder der Death Watch wollen ihre Herrscherin, die pazifistische Herzogin Satine, stürzen.

Die Death Watch

Herzogin Satine beteuert, dass Mandalores konfliktreiche Zeiten Vergangenheit sind. Eine Geheimgruppe Rüstung tragender Männer, die Death Watch, steht jedoch mit den Separatisten im Bunde und will an die Macht.

Gleiter

Geschützturm

Set-Name Mandalorian Battle Pack	
Nummer 7914	**Teile** 68
Jahr 2011	**Quelle** CW

Heckcockpit

Umbaranische Kanone

Besonders macht den Klonen auf Umbara dieses mobile Schwergeschütz des Gegners zu schaffen. Ein Treffer des sechsbeinigen Monstrums kann ganze Trupps der Republik erledigen. Zu diesem Modell von 2013 gehören Minifiguren von Ahsoka Tano, ein Klontruppler des 212. Bataillons und zwei umbaranische Soldaten.

Set-Name Umbaran MHC	
Nummer 75013	**Teile** 493
Jahr 2013	**Quelle** CW

Umbaranischer Soldat

Mandalorianer
Die mandalorianischen Superkommandos der Death Watch werden von Pre Vizsla angeführt. Er besitzt das Dunkelschwert, ein uraltes Lichtschwert mit schwarzer Klinge. Als Maul die Death Watch übernimmt, lackiert die Gruppe ihre Rüstungen rot-schwarz.

Mandalorianischer Superkommandosoldat
Pre Vizsla

Mandalorianischer Gleiter

Als Maul und die Death Watch die Macht auf Mandalore an sich reißen, nutzen sie diese Polizeigleiter für Patrouillen. Der Flitzer steckt voller Überraschungen: Vorne verbergen sich Raketen und unter dem Geschützturm ist ein Geheimfach.

Set-Name Mandalorian Speeder	
Nummer 75022	**Teile** 211
Jahr 2013	**Quelle** CW

Set-Name Mandalorian Starfighter	
Nummer 75316	Teile 544
Jahr 2021	Quelle CW

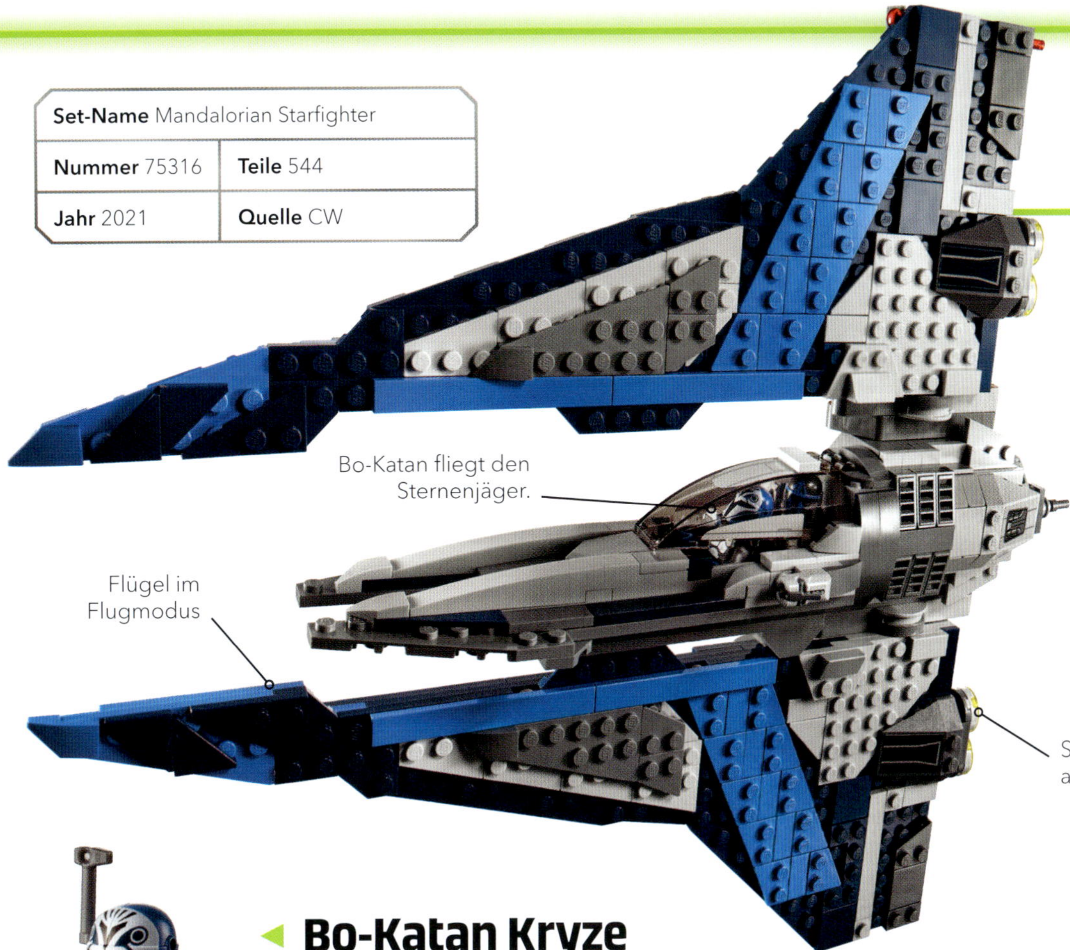

Mandalorianischer Sternenjäger

Die aggressive Death Watch benutzt Sternenjäger der *Kom'rk*-Klasse, um Mandalore einzunehmen. Maul findet diese so gut, dass er sie auch für sein Schattenkollektiv einsetzt. Dank LEGO Technic Teilen hält der Schiffsrumpf die Lage, wenn die Flügel sich drehen. So verfügt der Jäger über höchste Wendigkeit und Präzision.

Mandalorianischer Loyalist

Bo-Katan Kryze

Bo-Katan aus dem Haus Kryze ist Herzogin Satines Schwester und rechtmäßige Anführerin Mandalores. Mit ihrer Elitetruppe, den Nachteulen, will sie ihren Planeten zurückerobern. Zwei gelbe Streifen an der Brustplatte künden vom Dienst in den Klonkriegen. Neben dem Helm hat sie auch ein rotes Haar-Element.

Gar Saxon

Als mandalorianischer Superkommandosoldat schließt Gar Saxon sich Mauls kriminellem Schattenkollektiv an. Seine Treue zu Maul zeigt er mit zabrakartigen Hörnern am Helm und Verzierungen der Rüstung, die an Mauls Male erinnern. Er ist der Erzfeind von Bo-Katan, die ihren Planeten zurückerobern will.

Geschützturm

Swoopschlitten

Set-Name Mandalorian Battle Pack	
Nummer 75267	Teile 102
Jahr 2020	Quelle M

Leben im Exil

Das Imperium lässt Mandalore völlig verwüstet zurück. Nach der Flucht von der unbewohnbaren Welt sind ihre Einwohner in der Galaxis versprengt. Ein Clan findet Zuflucht auf einem Planeten mit einer kürzlich entdeckten mandalorianischen Siedlung und macht in der einfachen Umgebung das Beste aus der Lage. Das LEGO Battle Pack enthält neben vier Mandalorianern auch ein altes Balutar-Swoop und einen Geschützturm.

Geheimer Unterschlupf
Ein im Exil lebender Clan von Mandalorianern hält seine Traditionen hoch, indem er dem alten „Weg" folgt. Jede Minifigur hat eine andersfarbige Rüstung.

Mandalorianer (grau)

Mandalorianer (grün)

Mandalorianer (orange)

Mandalorianer (blau)

Kopfgeldjäger

Kopfgeldjäger spüren andere auf und ergreifen sie, um eine Prämie zu kassieren, das Kopfgeld. In der Regel arbeiten diese skrupellosen Jäger für den, der die meisten Credits bezahlt – und am liebsten allein. Aber manchmal heuern sie auch andere Profis an, um bei einer Mission zu helfen.

▸ Jango Fett

Einer der legendärsten Kopfgeldjäger aller Zeiten ist der in der Galaxis wohlbekannte Jango Fett. Als die Kaminoaner die Klonarmee erschaffen, benutzen sie dessen DNA als Genvorlage für die Klonsoldaten. Einen dieser Klone zieht Jango als seinen Sohn auf: Boba Fett. Jango trägt eine mandalorianische Rüstung aus Beskar und fliegt ein umgebautes Jagdschiff, das nur so vor Geschützen starrt. Später erbt sein Sohn Boba das Schiff.

Jango Fett

Der junge Boba
Jango Fett zieht einen unveränderten Klon als Sohn auf und bildet ihn zum Kopfgeldjäger aus. Im Adventskalender 2013 (Set 75023) hatte die Minifigur des jungen Boba erstmals keinen gelben Hautton.

▾ Hutt-Sternenhüpfer

Sternenhüpfer vom Typ HH-87 sind kleine Kanonenboote, die gern von gesetzlosen Gruppen in finsteren Ecken der Galaxis eingesetzt werden, darunter zygerrianische Banden, Piraten und Hutts. Auf Nal Hutta, der Heimatwelt der Hutts, fliegen deren Handlanger sie, um Kopfgeldjäger Cad Bane zu jagen, der mit dem getarnten Obi-Wan dorthin geflohen ist.

Rako Hardeen
Rako ist eigentlich der getarnte Obi-Wan Kenobi! Der Jedi-Meister nimmt die Identität eines Kopfgeldjägers an, um sich bei einer Bande einzuschleusen und ein Attentat auf Kanzler Palpatine zu vereiteln.

Set-Name HH-87 Starhopper	
Nummer 75024	**Teile** 362
Jahr 2013	**Quelle** CW

▾ Zam Wesell

Die Attentäterin Zam Wesell wird engagiert, um Padmé Amidala zu verfolgen. Sie fliegt einen Luftgleiter, mit dem sie sich auf riskanten Missionen zügig davonstehlen kann. Für Anakin und Obi-Wan ist es nicht leicht, sie in einem geliehenen Luftgleiter zwischen Coruscants Wolkenkratzern zu verfolgen. Zams Cockpit ist aufklappbar und ein Geheimmechanismus lässt die Flügel abfallen, um die Bruchlandung am Ende der rasanten Verfolgungsjagd im Film nachzustellen.

Zam Wesell
Die Minifigur der gestaltwandelnden Clawditin Wesell hat einen Kopf mit zwei Gesichtern – ihrem natürlichen und einem menschlichen, mit dem sie sich unbemerkt durch die Straßen Coruscants bewegt.

Set-Name Bounty Hunter Pursuit	
Nummer 7133	**Teile** 253
Jahr 2002	**Quelle** II

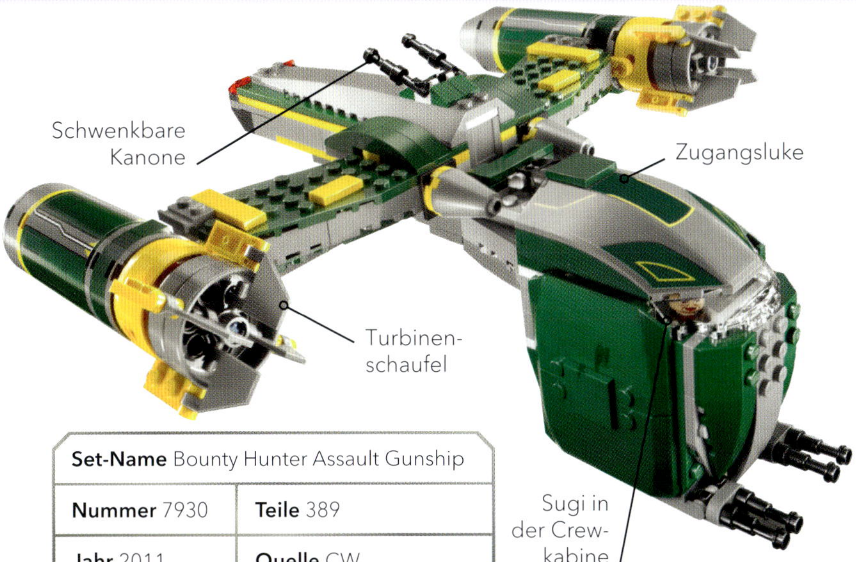

Set-Name Bounty Hunter Assault Gunship	
Nummer 7930	**Teile** 389
Jahr 2011	**Quelle** CW

▲ Sugis Kanonenboot

In den Klonkriegen ist die Kopfgeldjägerin Sugi, eine Zabrak, Captain der *Halo*. Das Schiff wurde für militärische Zwecke entworfen, aber Sugi hat es für längere Missionen umgebaut. Schiebt man den oberen Teil des Rumpfs nach hinten, drehen sich die Triebwerke und man erhält Zugang zu einem Geheimfach für wertvolle Fracht. Das Set enthält drei exklusive Kopfgeldjäger-Minifiguren: Aurra Sing, Embo und Sugi.

Sugi

Embo

Aurra Sing

▼ Cad Banes Gleiter

Cad Bane und seine Crew schätzen dieses Repulsorliftfahrzeug wegen seiner Schnelligkeit. Ein riskanter Auftrag führt Bane und seine Leute ins Senatsgebäude auf Coruscant. Dort nehmen sie einige Senatoren als Geiseln und fordern von der Republik, den Verbrecherlord Ziro den Hutt freizulassen. Im Anschluss fliehen Bane und die anderen, darunter der Weequay Shahan Alama und ein Attentäterdroide, mit ihrem Gleiter.

Cad Bane
Der Duros Cad Bane ist in der Galaxis als zwar skrupelloser, aber auch äußerst erfolgreicher Kopfgeldjäger bekannt. Er arbeitet oft für den Sith-Lord Darth Sidious.

Set-Name Cad Bane's Speeder	
Nummer 8128	**Teile** 318
Jahr 2010	**Quelle** CW

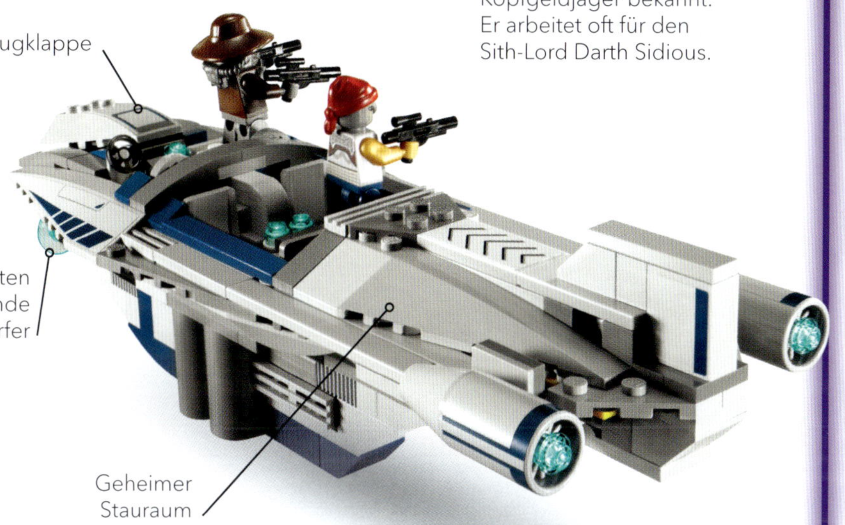

▼ Piratenpanzer

Die von Hondo Ohnaka angeführten Weequay-Piraten verteidigen ihre Basis auf dem Planeten Florrum mit Raumschiffen, Düsenschlitten und Panzern. Am Boden setzt Hondo auf seine mächtigen WLO-5-Panzer.

Turk Falso

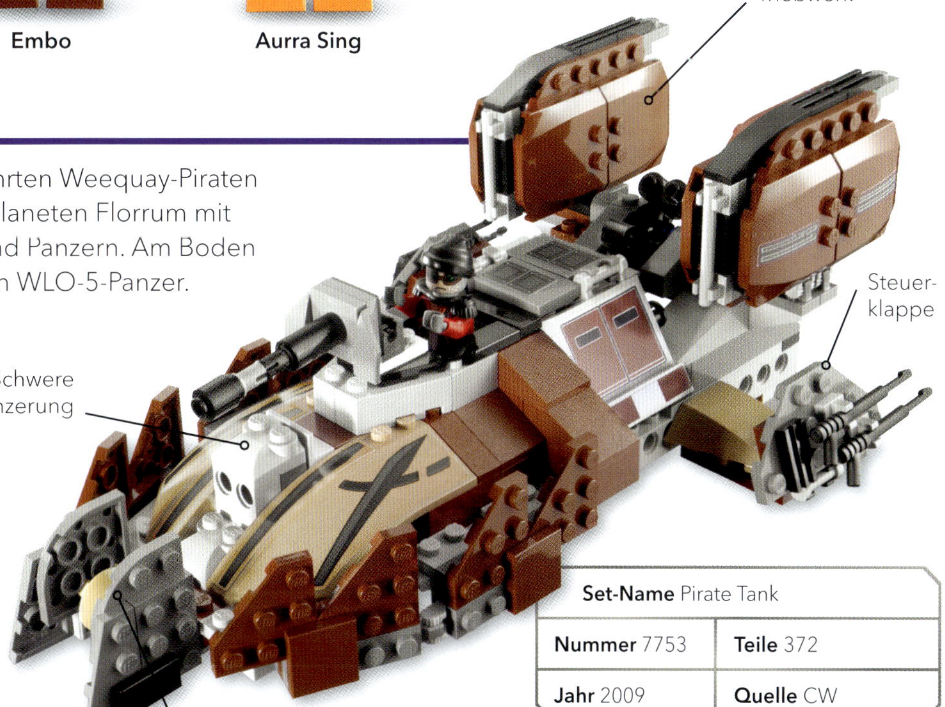

Set-Name Pirate Tank	
Nummer 7753	**Teile** 372
Jahr 2009	**Quelle** CW

Hondo Ohnaka
Hondo Ohnaka mag Grog, Beute und Unterhaltung, hat aber auch Ehrgefühl. Seine schwarzen Schulterklappen teilt er sich mit dem Kopfgeldjäger Embo und einem LEGO Raumpolizisten.

Gefallener Jedi

Als Anakin Visionen quälen, in denen Padmé Amidala etwas zustößt, wendet er sich an Kanzler Palpatine. Der behauptet, dass die Macht mehr vermag, als die Jedi es lehren, und offenbart sein wahres Ich: Er ist der Sith-Lord Darth Sidious! Da Anakin Padmés Leben retten will, wendet er sich der dunklen Seite zu. Er stürmt den Jedi-Tempel und duelliert sich auf der Vulkanwelt Mustafar mit seinem alten Meister Obi-Wan.

Palpatines Gefangennahme

Mace Windu schart einige der besten Jedi um sich, um den Kanzler in dessen Büro zu verhaften. Doch der Sith-Lord hat einige Tricks auf Lager: Rechnet Mace mit dem versteckten Lichtschwert? Stürzt er gar aus dem lockeren Fenster des Modells? Anakin eilt im Luftgleiter herbei, um zu helfen. Nun muss er sich entscheiden: Steht er treu zu den Jedi oder ist sein Verlangen nach den Geheimnissen der dunklen Seite größer?

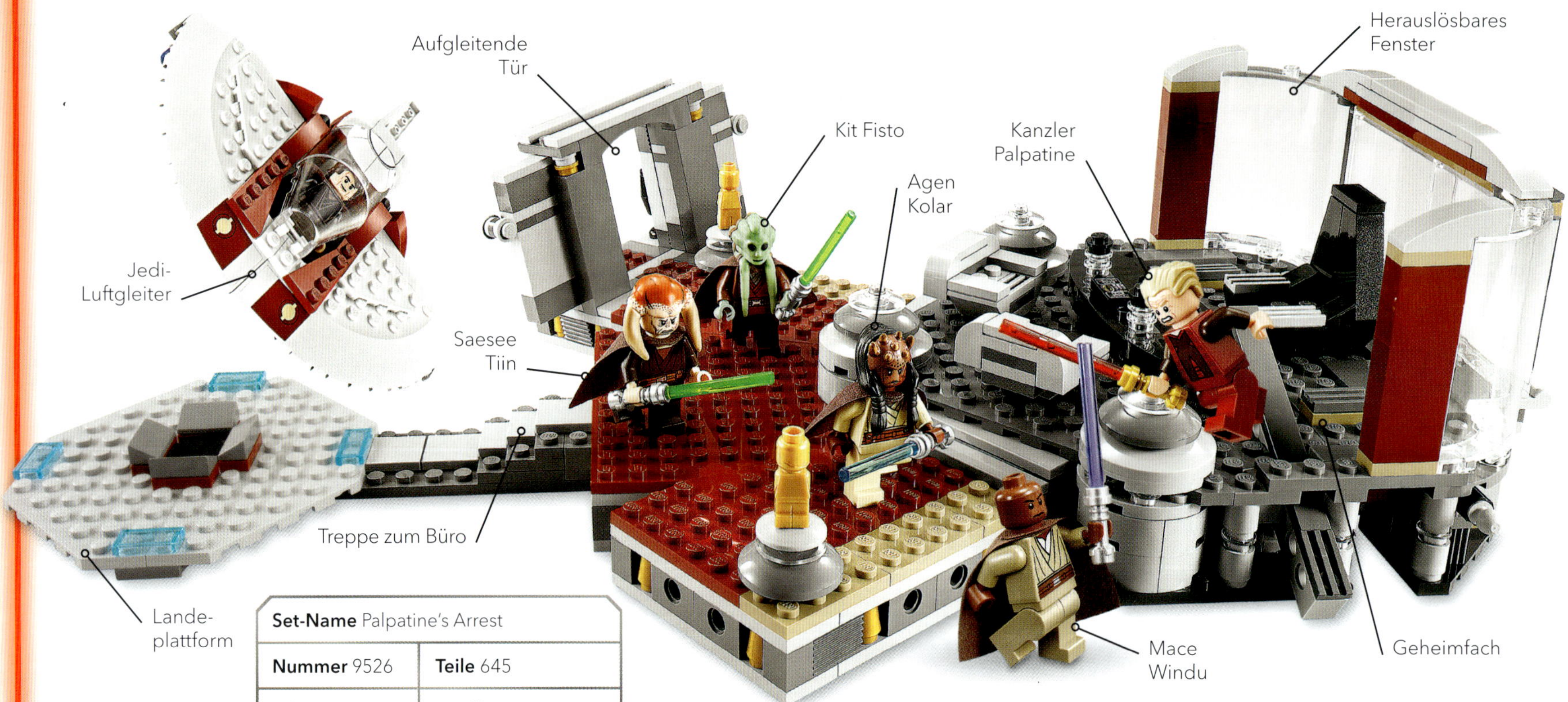

Set-Name Palpatine's Arrest	
Nummer 9526	**Teile** 645
Jahr 2012	**Quelle** III

Jedi-Abfangjäger

Sobald er Sidious die Treue geschworen hat, wird Anakin sein Schüler. Er stürmt den Jedi-Tempel und verabschiedet sich von Padmé. Mit dem Jedi-Abfangjäger fliegt er nach Mustafar, um die Anführer der Separatisten auszuschalten. Aber Padmé und Obi-Wan folgen ihm. So kommt es zum Duell – mit tragischen Folgen. Dieses Set von 2012 enthält fünf Minifiguren, darunter Nute Gunray und ein Kampfdroide.

Alternatives Gesicht

Anakin als Sith
Die Bürde der Klonkriege lastet schwer auf Anakins *Die Rache der Sith*-Minifigur. Dreht man den Kopf, hat er gelbe Sith-Augen.

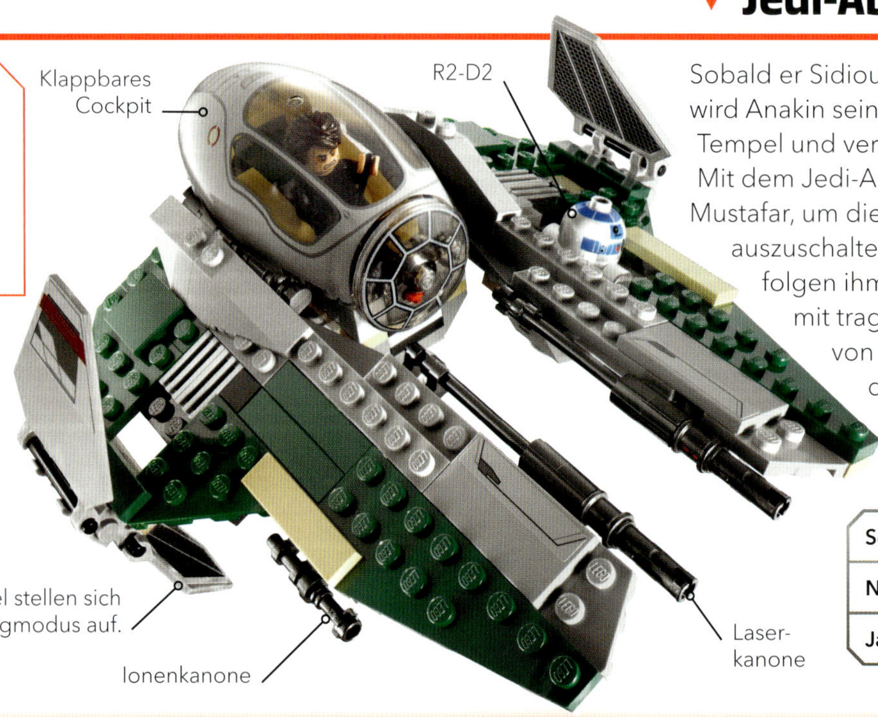

Set-Name Anakin's Jedi Interceptor	
Nummer 9494	**Teile** 300
Jahr 2012	**Quelle** III

▶ Duell auf Mustafar

Obi-Wan liefert sich auf Plattformen und Stegen über der heißen Lava Mustafars ein Duell mit seinem einstigen Padawan Anakin Skywalker. Dieser ist nun der Sith Darth Vader! Beide werden an langen Stäben geführt und ihre Lichtschwerter leuchten. Aber Vorsicht! Jederzeit könnten Säulen umstürzen.

Set-Name Ultimate Lightsaber Duel	
Nummer 7257	**Teile** 282
Jahr 2005	**Quelle** III

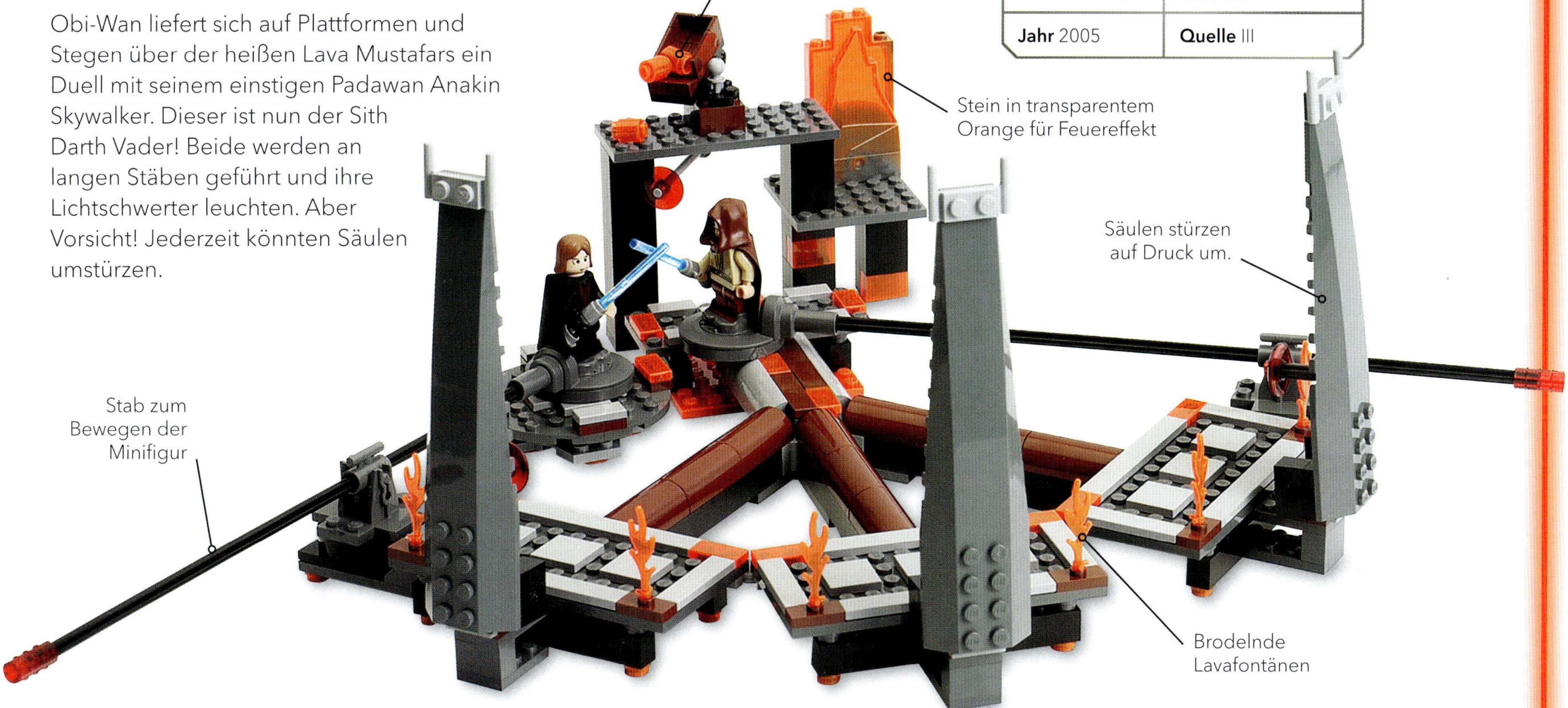

Duell auf Mapuzo
Das Set *Obi-Wan Kenobi vs. Darth Vader* (75334) stellt das Duell aus der Realserie *Star Wars: Obi-Wan Kenobi* nach. Das Modell umfasst rotierende Plattformen und eine versteckte Feuerbarriere. Die imperiale Offizierin Tala Durith und ein NED-B-Lastendroide helfen Obi-Wan.

▶ Wiederherstellungszentrum

Nach dem Duell mit Obi-Wan wäre Vader gestorben, hätte Palpatine ihn nicht nach Coruscant gebracht. Ein Medidroide stabilisiert den verbrannten Körper und schließt ihn in eine lebenserhaltende schwarze Rüstung ein.

Darth Vader
Darth Sidious überwacht Anakins Verwandlung in einen Cyborg. Von nun an kennt man ihn nur noch als Sith-Lord Darth Vader. Und er ist gefährlicher denn je!

Set-Name Darth Vader Transformation	
Nummer 75183	**Teile** 282
Jahr 2017	**Quelle** III

Wookiees

In den Klonkriegen findet auf der Wookiee-Heimatwelt Kashyyyk ein großes Gefecht statt. Die Droidenarmee stößt dort auf den erbitterten Widerstand der stolzen Wookiees um Häuptling Tarfful und Chewbacca. Wookiees nutzen traditionelle Fahrzeuge aus Holz und kennen sich gut in den Sümpfen und Wäldern ihres Planeten aus. So sind sie gegenüber den rücksichtslosen Droiden im Vorteil.

Kampf-, Spinnen- und Panzerdroiden der Separatisten fallen über Kashyyyk her! Die Wookiees schlagen sich tapfer in ihren Ornithoptern, Katamaranen und anderen Fahrzeugen und erhalten Unterstützung von den Klonen und Jedi der Republik.

Ornithopter

Die auch Schwirrflügler genannten Ornithopter sind leichte, zweisitzige Flieger für Patrouillenflüge in den Sümpfen Kashyyyks. Im Gefecht sitzen ein Pilot und ein Schütze in diesen offenen Fluggeräten, von denen viele mit Laserkanonen am Heck ausgestattet wurden. Den Gegnern weichen sie flink aus.

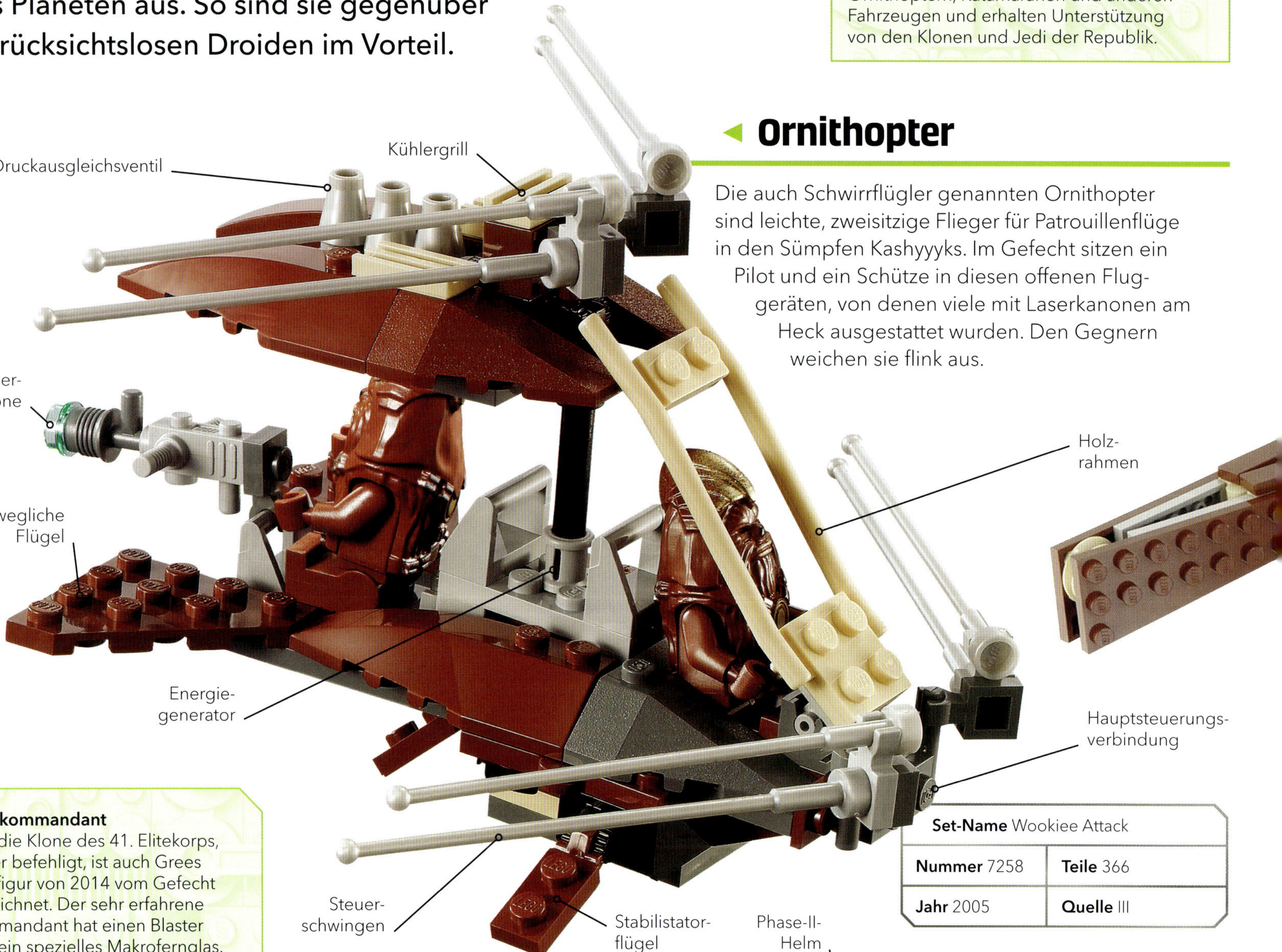

Set-Name Wookiee Attack	
Nummer 7258	**Teile** 366
Jahr 2005	**Quelle** III

Klonkommandant
Wie die Klone des 41. Elitekorps, die er befehligt, ist auch Grees Minifigur von 2014 vom Gefecht gezeichnet. Der sehr erfahrene Kommandant hat einen Blaster und ein spezielles Makrofernglas.

Commander Gree

Kashyyyk-Truppler

Das für Einsätze im Dschungel getarnte 41. Elitekorps kommt den Wookiees von Kashyyyk zu Hilfe. Die Rüstung dieser Minifiguren wirkt wegen ihres langen Dienstes in unwirtlicher Umgebung verkratzt und stark abgenutzt.

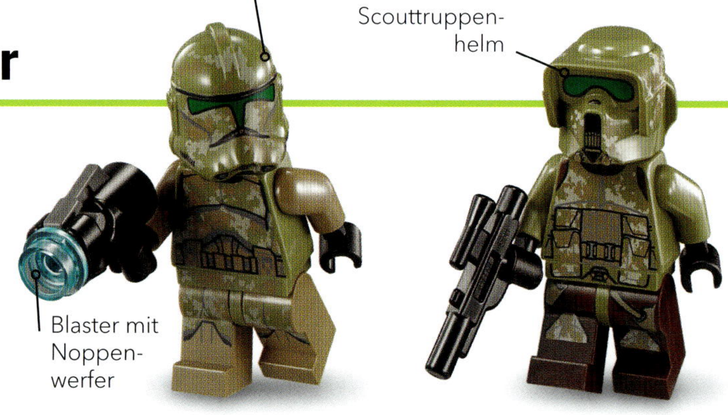

Klonsoldat (Kashyyyk) **Scouttruppler (Kashyyyk)**

Wookiee-Krieger
Clanhäuptling Tarfful, ein alter Freund von Chewbacca, steht den Klontruppen der Republik auf Kashyyyk zur Seite. Er hilft auch dabei, Yoda zu retten, als die Klone sich rätselhafterweise gegen ihre Jedi-Generäle wenden. Tarfful hat ein Gewehr mit langem Lauf und einen Gurt mit seinem Clanemblem.

Häuptling Tarfful

Katamaran

Die Katamarane der Wookiees preschen mit hoher Geschwindigkeit über die Gewässer Kashyyyks. Im Gefecht sitzen Chewbacca, Yoda und Luminara Unduli an Bord eines solchen Fluggefährts. Sie wollen die Linien der Separatisten durchbrechen! An sich haben Katamarane keine Geschütze, doch dieser hat einen schweren Raketenwerfer in der Mitte und Sprengsätze zum Abwurf an den Rümpfen. Katamarane verfügen über Repulsoren sowie Düsen- oder Propellerantrieb.

Set-Name Wookiee Catamaran	
Nummer 7260	**Teile** 376
Jahr 2005	**Quelle** III

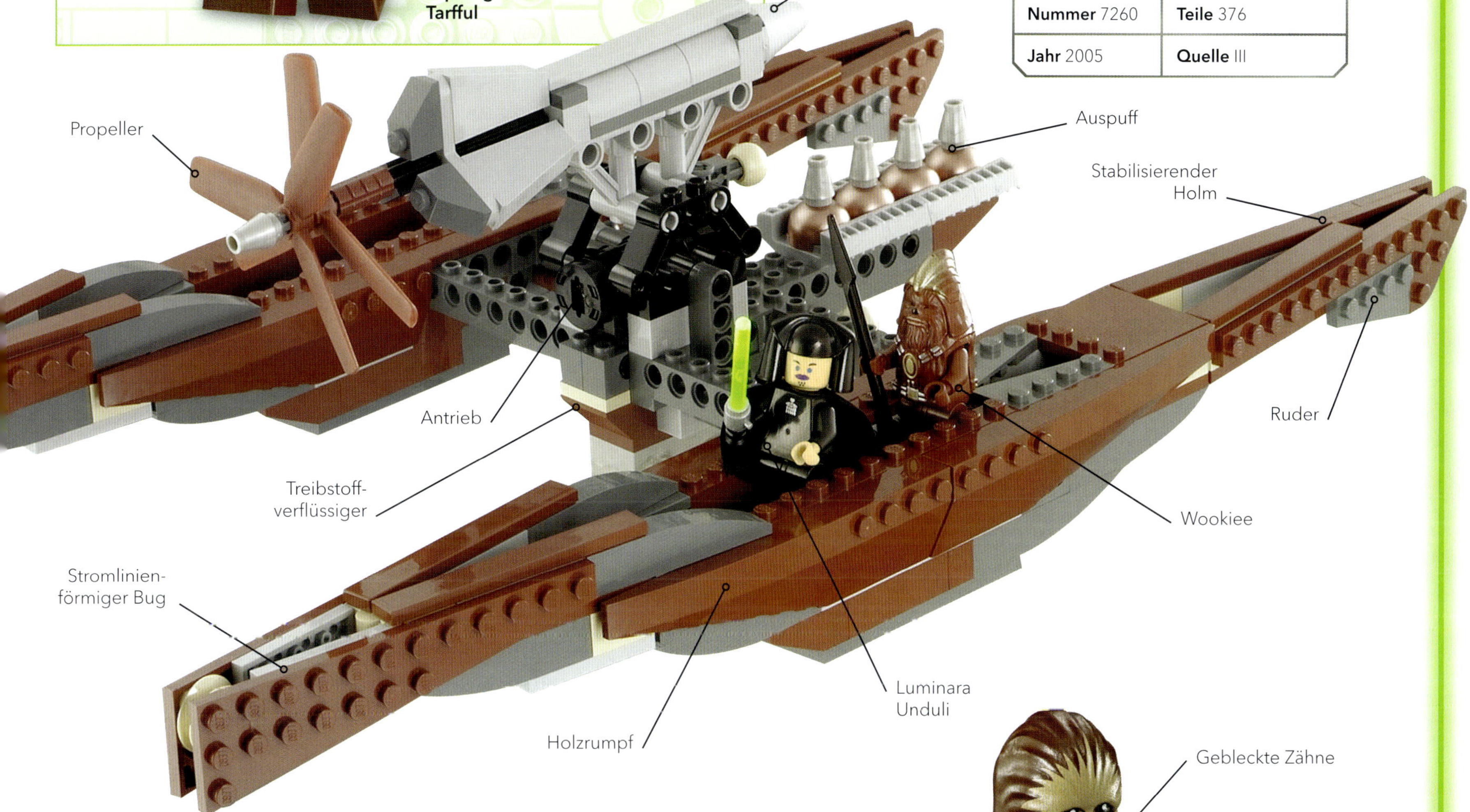

Chewbacca (rotbraun)

LEGO Fakten

Dieser rotbraune Chewie steckt in mehreren Sets aus der Zeit des Imperiums: *Death Star* (10188), *Millennium Falcon* (4504 und UCS 10179) sowie *X-wing Fighter* (6212). Eine braune Figur ist Teil der Sets *Imperial AT-ST* (7127), *Millennium Falcon* (7190) und dem Minifiguren-Pack *Star Wars #3* (3342).

Chewbacca

Der für einen Wookiee kleine und schmächtige Chewbacca stellt sich auf Kashyyyk den Kampfdroiden der Separatisten entgegen. Für die Minifigur von 2014 wurde eine neue Gussform erstellt. Chewie hat nun sichtbare Zähne, seine Augen und das mehrfarbige Fell zeigen mehr Details und der Bogenspanner ist schwarz. Er ist Teil des Sets *Droid Gunship* (75042).

Die Schadencharge

Die Kloneinheit 99 – auch als Schadencharge bekannt – ist eine Spezialeinheit experimenteller Klone. Durch ihre genetischen Variationen sind sie weniger gehorsam. Als das Imperium die Kontrolle über die Klonarmee übernimmt, setzen sie sich ab und ziehen auf eigene Faust los.

▸ Die *Marauder*

Die *Marauder*, ein modifiziertes Shuttle der *Omikron*-Klasse, dient der Schadencharge für verdeckte Einsätze in den Klonkriegen – und zur Flucht vor dem Imperium. Mit vielen seltenen sandblauen LEGO Elementen wird sie auf ihren Reisen durch die Galaxis zur mobilen Basis des Teams.

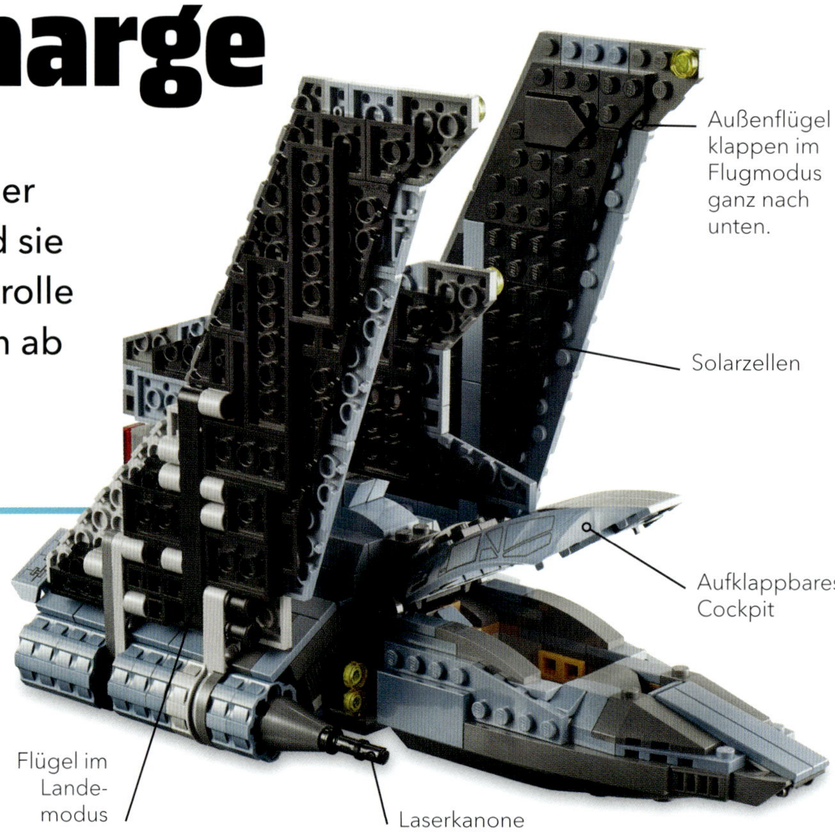

Set-Name The Bad Batch Attack Shuttle	
Nummer 75314	**Teile** 969
Jahr 2021	**Quelle** BB

Gonk-Droide

▾ Imperialer Düsenschlitten

Auf der Flucht zu sein, ist nicht leicht, wenn das Imperium überall seine Handlanger hat. Imperiale Truppen patrouillieren am Boden auf Düsenschlitten. Diese sind den BARC-Gleitern der Klone der Schadencharge sehr ähnlich, aber nun in imperialem Grau gehalten.

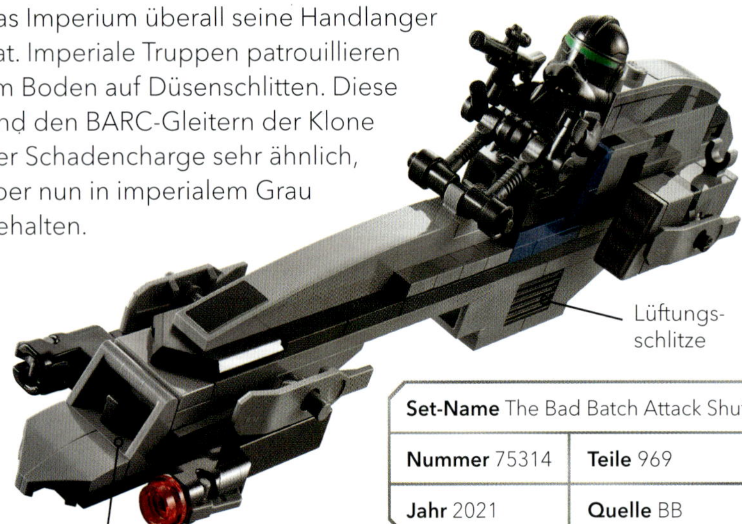

Set-Name The Bad Batch Attack Shuttle	
Nummer 75314	**Teile** 969
Jahr 2021	**Quelle** BB

▾ Ziviler Düsenschlitten

Anführer Hunter schnappt sich auf Pantora einen Flitzer des Typs Rawlings TK5. Er springt auf und setzt in den Straßen der Stadt zu einer rasanten Verfolgungsjagd an, um seine entführte Teamkameradin Omega zu retten. Die Kaminoaner haben Kopfgeldjäger angeheuert, um sie zurückzuholen.

Set-Name The Bad Batch Attack Shuttle	
Nummer 75314	**Teile** 969
Jahr 2021	**Quelle** BB

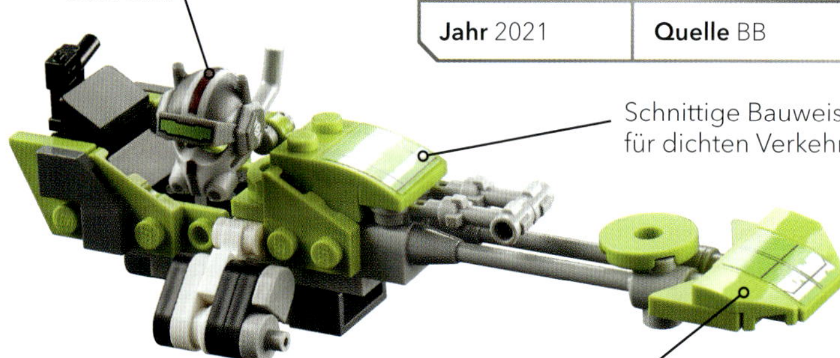

Flüchtige Klone
In der Schadencharge haben alle Klone durch ihre Genmutationen einzigartige Fähigkeiten und Eigenheiten – die sich auch in ihrer individuellen Rüstung zeigen. Klon-Sergeant Hunter ist ihr Anführer.

Hunter · Wrecker · Tech · Echo · Crosshair

Cad Bane

Der blauhäutige Kopfgeldjäger Cad Bane vertreibt sich die Zeit am liebsten mit der Jagd auf Jedi. Unter dem Imperium gibt es nicht mehr viele, aber trotzdem noch genug Chaos, aus dem man Profit schlagen kann. Bane gerät mit der Schadencharge aneinander, als er den Auftrag erhält, Omega zu entführen.

Gerissener Duros

Nach zwei Minifiguren aus der Zeit der Klonkriege kehrt Cad Bane im Rahmen der Sets zur TV-Serie *Star Wars: The Bad Batch* in LEGO Gestalt zurück! Aufdrucke, Atemschläuche und Hut sind neu, aber der Ruf des berüchtigten Söldners ist ganz der alte.

Todo 360

Banes treuer Wartungsdroide Todo 360 besteht aus nur einem LEGO Element. Obwohl Bane ihn nicht gut behandelt, hilft er ihm mit allem – ob Technikproblem, Entführung oder Diebstahl. Wenn es ihnen Credits einbringt, lässt er sich sogar in die Luft jagen!

Die *Justifier*

Ein starker Kopfgeldjäger braucht ein starkes Raumschiff! Stets auf der Jagd nach Zielpersonen und hoch dotierten Aufträgen fliegt Cad Bane mit seiner *Justifier* durch den Hyperraum. Der LEGO Triebwerksausleger am Heck ist um 90 Grad schwenkbar, um zwischen Flug- und Landemodus zu wechseln. Das Modell bietet eine Menge Platz für Diebesgut und es gibt sogar eine Gefängniszelle mit transparent roter Lasertür für Banes Gefangene.

Set-Name The *Justifier*	
Nummer 75323	**Teile** 1022
Jahr 2022	**Quelle** BB

Omega
Der weibliche Klon Omega entwischt aus der Klonanlage auf Kamino und schließt sich der Schadencharge an. Doch die Kaminoaner wollen sie zurück und heuern Bane an.

Kapitel 2: Der Galaktische Bürgerkrieg

Han Solo

Revolverheld
Diese Minifigur von 2018 hat einen Gürtel mit Halfter, aus dem Han blitzschnell den Blaster ziehen kann.

Han ist ein Held der Rebellion, aber früher war er einmal ein Soldat des Imperiums – wenn auch kein guter. Deshalb ist er nun lieber Schmuggler. Der Schlüssel zum Erfolg sind für ihn zwei Dinge: sein schnelles Schiff, der *Millennium Falke,* und sein mutiger Co-Pilot und bester Freund Chewbacca. Han und er sind zufrieden mit ihrem Leben als Kleinganoven, aber das Schicksal will es, dass sie in die größten Gefechte der Galaxis verwickelt werden!

Flugmodus

▶ Millennium Falke

Als Han Solo zum ersten Mal den *Millennium Falken* fliegt, gehört er noch Lando Calrissian, einem anderen Schmuggler. Lando hat den Frachter in einen strahlend weißen Sportflitzer verwandelt und Han holt alles aus dem Schiff heraus, als er in weniger als 12 Parsec den gefährlichen Kossal-Flug macht. Danach fordert er Lando zu einem Kartenspiel heraus und gewinnt den *Falken.*

Set-Name Kessel Run *Millennium Falcon*	
Nummer 75212	**Teile** 1414
Jahr 2018	**Quelle** S

Keine Solo-Mission
Han und Chewie tun sich für ihren ersten Schmugglerjob mit einer bunten Truppe von Halunken zusammen – wie dem großspurigen Lando und dem vierarmigen Rio Durant.

Rio Durant **Lando Calrissian** **Val** **Tobias Beckett** **Qi'ra**

Chewbacca

Treues Pelzvieh
Der Wookiee Chewbacca steht Han treu zur Seite, seit sie gemeinsam aus imperialer Haft fliehen konnten. Chewie hat die Klonkriege erlebt, weiß seinen Bogenspanner einzusetzen und trägt einen Munitionsgurt quer über der haarigen Brust.

▶ Han und Qi'ra

Han wächst auf Corellia auf und sehnt sich danach, den imperialen Fabriken und kriminellen Banden dort zu entfliehen. Eines Tages stiehlt er einen M-68-Landgleiter und hofft, mit seiner Freundin Qi'ra von dem Planeten zu entkommen.

Set-Name Han Solo's Landspeeder	
Nummer 75209	**Teile** 345
Jahr 2018	**Quelle** S

▼ Moloch und die Weißwürmer

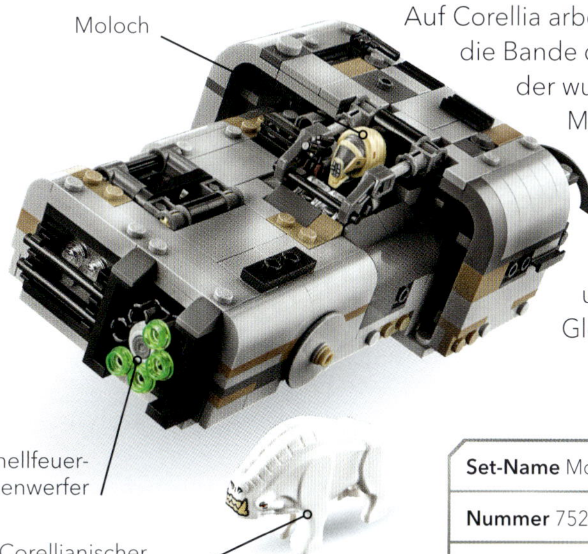

Auf Corellia arbeiten Han und Qi'ra für die Bande der Weißwürmer. Auch der wurmartige Grindalid Moloch gehört dazu. Er verfolgt die beiden, als sie versuchen zu fliehen. Sein A-A4B ist leistungsstärker und größer als Hans Gleiter.

Set-Name Moloch's Landspeeder	
Nummer 75210	**Teile** 464
Jahr 2018	**Quelle** S

LEGO Fakten

Das LEGO® *Star Wars™ Lexikon der Minifiguren* (DK, 2012) enthielt diese exklusive Minifigur von Han, der für seine Hilfe gegen den ersten Todesstern ausgezeichnet wurde.

Festlicher Han

Helfender Han
Um Prinzessin Leia vom Todesstern zu retten, legt Han eine Rüstung der Sturmtruppen an. Er mag Leia so sehr, dass er sich flugs ihrer Rebellion anschließt!

Han auf Hoth
Auf der Eiswelt Hoth trägt Han wärmende Kleidung, als er loszieht, um den im Schnee vermissten Luke Skywalker zu suchen.

Han mit Plan
General Solo hilft bei dem Plan, den zweiten Todesstern zu zerlegen. Seine Taten auf Endor tragen dazu bei, endlich das Imperium zu stürzen.

Solider Solo
Eine Han-Solo-Minifigur passt in dieses Spezialelement, das bis jetzt in vier Sets enthalten war. Es zeigt Han, nachdem er in Karbonit eingefroren und Jabba dem Hutt übergeben wurde!

Han Solo in Karbonit

Millennium Falke

„Die Mühle macht zwar von außen nicht viel her, aber sie hat echt was los“, meint Captain Han Solo. Der *Falke* ist schnell und bestens ausgestattet, aber etwas anfällig für Fehlfunktionen. Han und die Vorbesitzer haben mit der Zeit viel an den Systemen gebastelt. So verfügt das Schiff nun über eine starke Panzerung, Vierlingslaserkanonen, eine große Sensorschüssel und andere Extras – die oft repariert werden müssen!

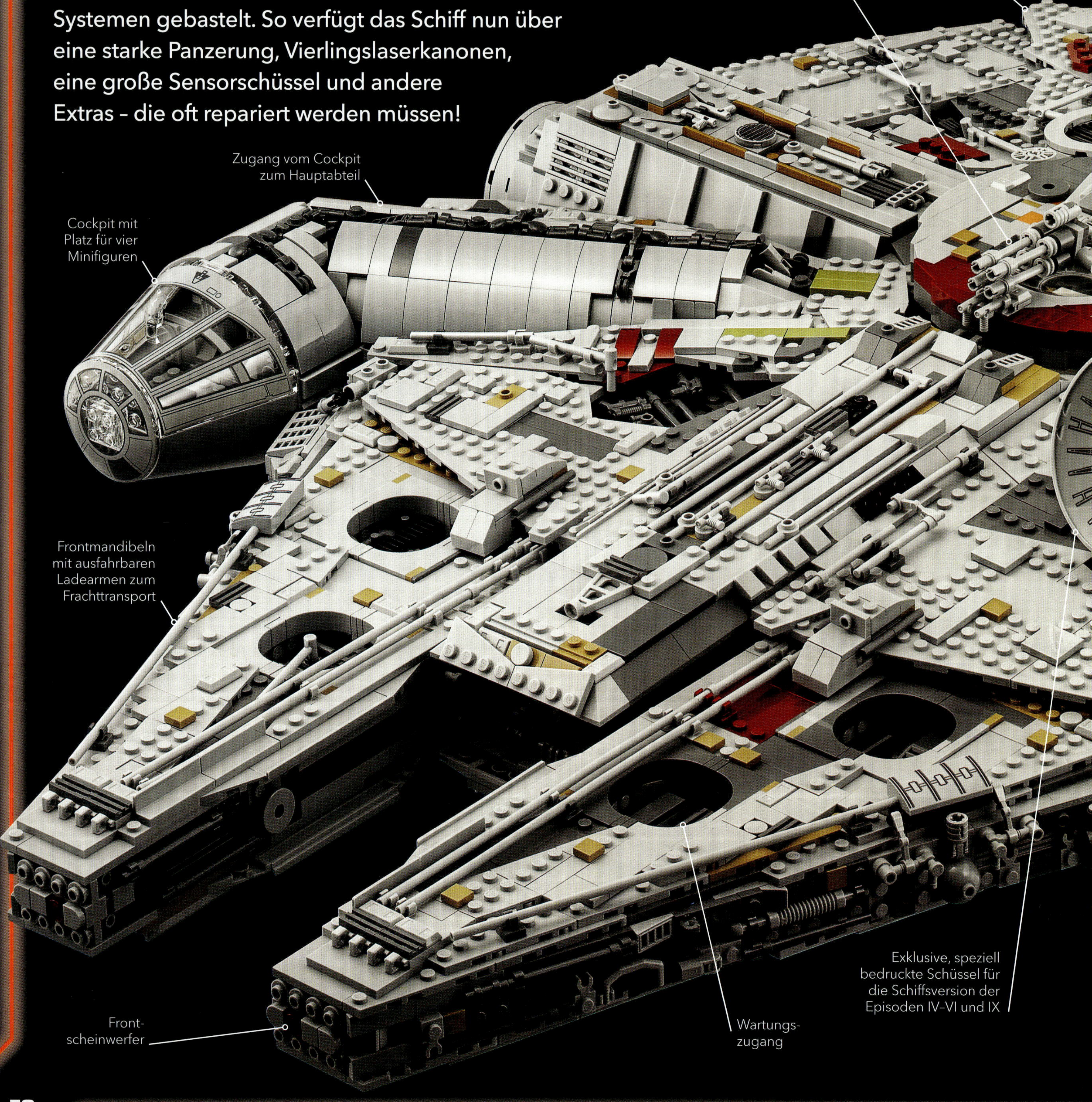

Antrieb

Bei Unterlichtgeschwindigkeit setzt der *Falke* auf zwei modifizierte SRB42-Triebwerke von Girodyne, die blaue Abgase ausstoßen. Der Sublichtantrieb wird innerhalb von Sternensystemen benutzt – und um für Hyperraumsprünge weit genug vom Planeten wegzukommen.

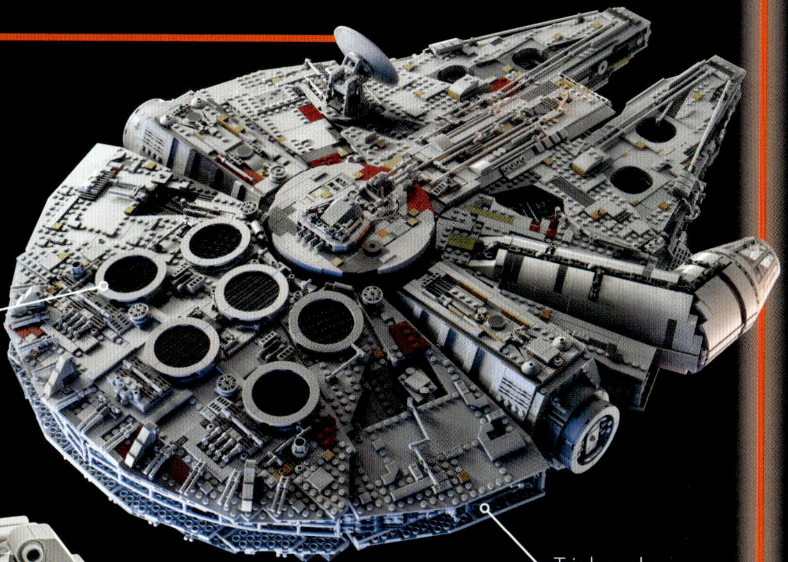

Von hinten

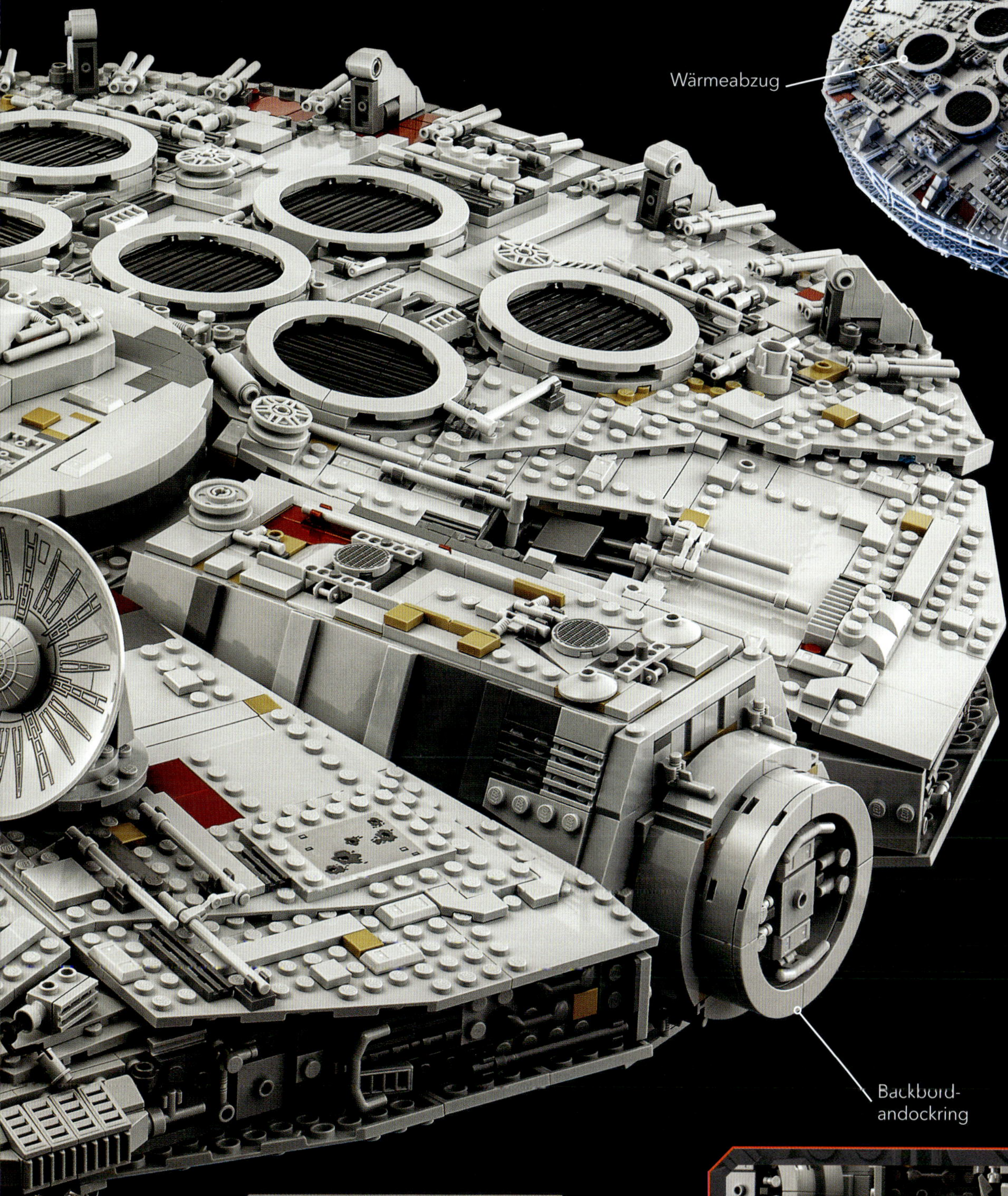

LEGO Fakten

2017 war der *Millennium Falke* der Ultimate Collector Series mit über 7500 Elementen und 494-seitiger Bauanleitung das größte bis dahin veröffentlichte LEGO Set. Das Modell wartet auch mit einer austauschbaren Radarschüssel auf, mithilfe der man das klassische Schiff in die Version aus der Sequel-Trilogie verwandeln kann.

Set-Name *Millennium Falcon*	
Nummer 75192	**Teile** 7541
Jahr 2017	**Quelle** IV–IX
Maße Über 84 cm lang, über 56 cm breit, über 21 cm hoch	
Charaktere 8 – C-3PO, Chewbacca, Finn, Han Solo (jung), Han Solo (älter), Prinzessin Leia und Rey sowie BB-8	

Einstiegsrampe

Die Crew des *Falken* steigt über eine ausfahrbare Rampe unterhalb des Andockrings an Steuerbord ins Schiff ein. Han und Leia sind abflugbereit!

Luke Skywalker

Der Farmerjunge Luke Skywalker wächst auf dem abgelegenen Planeten Tatooine auf und sehnt sich nach Abenteuern. Als er Obi-Wan Kenobi trifft, erfährt er mehr über seine wahre Herkunft als heimlicher Sohn von Anakin Skywalker. Er wird zum Piloten der Rebellenallianz und später zum Jedi-Ritter, versöhnt sich mit seinem Vater – und befreit so die Galaxis von der Herrschaft des Imperiums.

Luke auf Tatooine
Auf dem öden Wüstenplaneten Tatooine trägt Luke einfache Farmerkleidung, einen Gürtel für sein Werkzeug und Beinwickel, die den Sand abhalten. Er trinkt Banthamilch – die ist blau!

LEGO Fakten

Die LEGO Gruppe stellte für das *Lexikon der Figuren, Raumschiffe und Droiden* 2009 eine exklusive Minifigur von Luke Skywalker her. Die Erstausgabe dieses Buchs erschien zur Feier von 10 Jahren LEGO® *Star Wars*™, daher ist Luke hier wie in der Siegesfeier am Ende von *Star Wars: Eine neue Hoffnung* gekleidet.

Festlicher Luke

T-16-Lufthüpfer

Jugendliche suchen den Nervenkitzel bei Lufthüpferrennen durch Tatooines enge Schluchten, wo sie mit angebauten Geschützen auf Wompratten zielen. Luke hat einen Incom T-16 (obwohl sein Onkel nichts davon hält). Das Modell von 2003 hat ein offenes Cockpit, das von 2015 wurde um ein schräges Verdeck erweitert. Beide Sets enthalten einen nicht näher benannten Piloten, was außergewöhnlich für die zentrale Minifigur eines Sets ist.

Set-Name T-16 Skyhopper	
Nummer 75081	**Teile** 247
Jahr 2015	**Quelle** IV

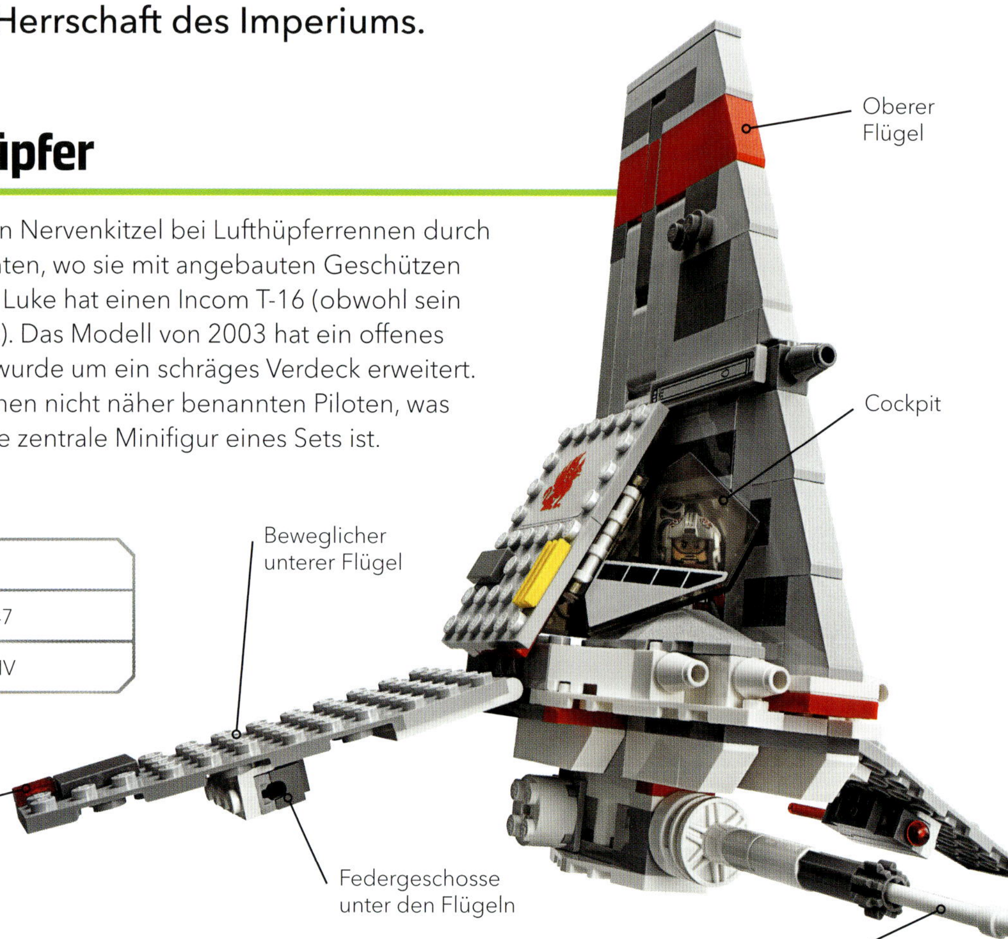

Lukes Landgleiter

Luke und seine neuen Freunde flitzen in diesem ramponierten X-34 durch die Wüsten seiner Heimatwelt. Die Repulsoren lassen den Gleiter über dem Boden schweben und drei Turbinen sorgen für Schub. Landgleiter sind auf Tatooine durchaus verbreitet, aber Hitze und Sand machen die Wartung zur Qual.

Set-Name Luke's Landspeeder	
Nummer 75173	**Teile** 149
Jahr 2017	**Quelle** IV

X-Flügel-Sternenjäger

Als die Rebellen sich dem ersten Todesstern entgegenstellen, fliegt Luke als „Rot Fünf" einen X-Flügler. Der Jäger von 2021 hat ein aufklappbares Cockpit, einen Astromechdroidensockel, Landestützen mit LEGO Kufen und einen Hebel, um die Flügel aufzustellen. Das Set enthält Minifiguren von Luke Skywalker, Prinzessin Leia, General Jan Dodonna und R2-D2.

Set-Name Luke Skywalker's X-Wing Fighter	
Nummer 75301	**Teile** 474
Jahr 2021	**Quelle** IV

R2-D2

Dieser schlaue und tapfere Astromechdroide fliegt mit Luke an Bord von „Rot Fünf". Er ist ein guter Freund und hat Luke und seinen Kameraden schon oft aus der Patsche geholfen. Diese Variante mit neuer silberner Kuppel und dunkelblauem Aufdruck gibt es seit 2020 und ist in sechs Sets enthalten. Tatsächlich ist R2-D2 eine so beliebte Figur, dass er in 25 Jahren LEGO *Star Wars* nur in einem einzigen Jahr in keinem der jeweils veröffentlichten Sets enthalten war.

Rebellenpilot
Die 2021 erschienene Minifigur von Luke als X-Flügler-Pilot hat zwei Gesichter. Das zweite zeigt ihn selbstbewusst lächelnd. Der Helm ist kleiner als der von 2018, Visier und Kinnriemen sind aufgedruckt.

Trautes Heim
In der unterirdischen Küche auf der Farm der Familie Lars (Set 40531) bereitet Lukes Tante Beru das Essen zu. Gar nicht so leicht, wenn Wasser Mangelware ist!

Falle in der Wolkenstadt
Luke unterbricht seine Ausbildung zum Jedi, um in der Wolkenstadt Han und Leia zu retten. Doch Darth Vader nutzt Lukes Freunde, um ihn in eine Falle zu locken.

Jedi-Ritter
Luke übersteht seine Begegnung mit Vader, benötigt aber für die Hand, die er im Duell verliert, eine mechanische Prothese. Im schlichten Gewand eines Jedi begibt er sich zum Waldmond Endor, ehe er sich ein letztes Mal Darth Vader stellt.

Tatooine

Der Wüstenplanet Tatooine ist eine gesetzlose Welt. Als Anlaufhafen für Schmuggler, Piraten und Gangster findet sich nirgends in der Galaxis mehr Verkommenheit. Das harte Leben der Bewohner ist geprägt von extremer Hitze, Wasserknappheit und Sandstürmen. Wilde Tusken-Räuber und Schrott sammelnde Jawas haben jeweils ihre eigene Art zu überleben, indem sie mit ihren Lagern von Ort zu Ort ziehen oder auf der Suche nach Altmetall die Wüste durchstreifen.

▼ Rettungskapsel

C-3PO und R2-D2 fliehen in einer kleinen Rettungskapsel vor Darth Vader, als er den Blockadebrecher der Rebellen entert. Nach ihrer Bruchlandung auf Tatooine greifen Jawas die Droiden auf und verkaufen sie an Owen Lars.

Set-Name Droid Escape Pod	
Nummer 75136	**Teile** 197
Jahr 2016	**Quelle** IV

Innen

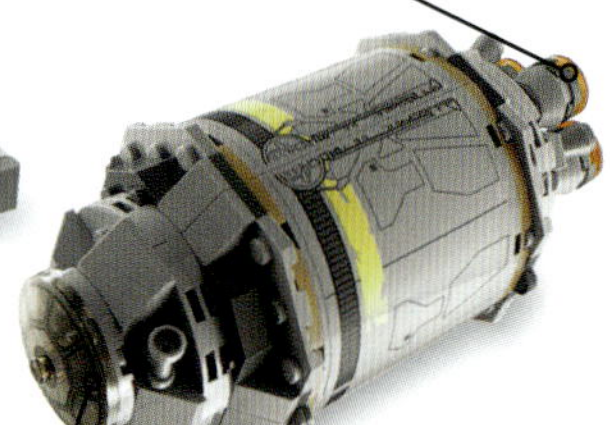

Außen

▼ Sandkriecher

Jawas haben diese alten Bergbauraupen umfunktioniert, um Droiden, Fahrzeugwracks und alles, was sie noch nutzen und verkaufen können, zu sammeln. In einem Sandkriecher lebt ein ganzer Jawa-Clan, dem dieser als Transporter, Werkstatt, mobiler Laden und zum Schutz vor Raubtieren und wütenden Tusken dient.

Set-Name Sandcrawler	
Nummer 75220	**Teile** 1239
Jahr 2018	**Quelle** IV

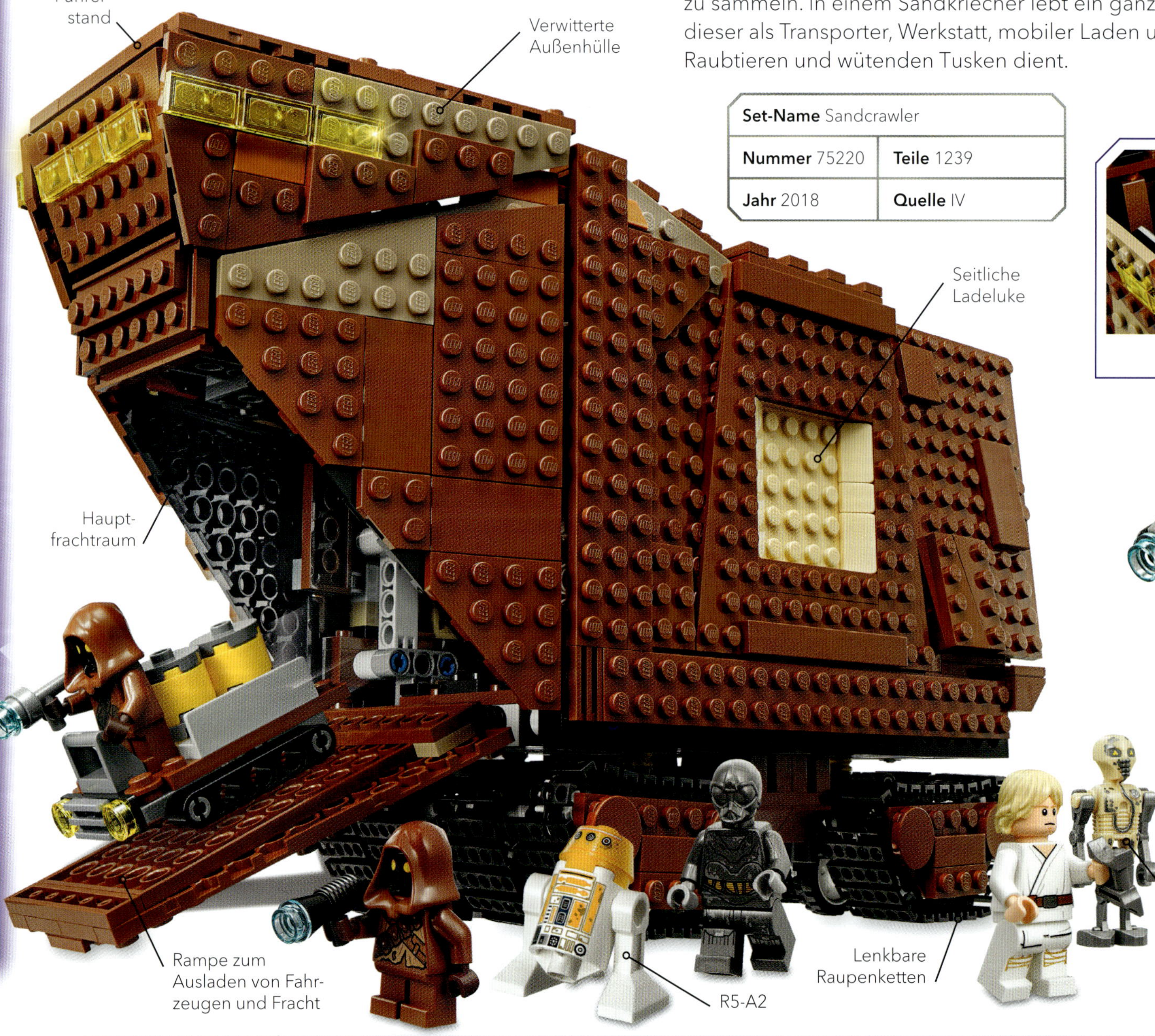

Geöffnetes Cockpit

Jawa
Die kleinen Kapuzenträger reparieren mit Teilen abgestürzter Raumschiffe defekte Geräte und Droiden. Nach dem Verkauf verschwinden sie schnell, da ihr Flickwerk selten lange hält.

▼ Tusken-Lager

In den unwirtlichen Wüsten Tatooines leben die auch als Sandleute bekannten Tusken in Urtya genannten Zelten. Sie bauen auch Ballisten – hölzerne Geschosswerfer, die großen Armbrüsten ähneln. Die Sandleute feuern damit an Seilen befestigte Bolzen ab, um einen Kraytdrachen zu bändigen, der ihr Lager bedroht.

Set-Name Trouble on Tatooine	
Nummer 75299	**Teile** 276
Jahr 2021	**Quelle** M

▲ Tusken-Überfall

Die Tusken machen Jawas und Tatooines Siedlern das Leben schwer. Die Jawas verteidigen sich und ihr kleines Fahrzeug mit Ionenblastern. Bei dem Modell dienen LEGO® Technic Liftarme als Kettenfahrwerke.

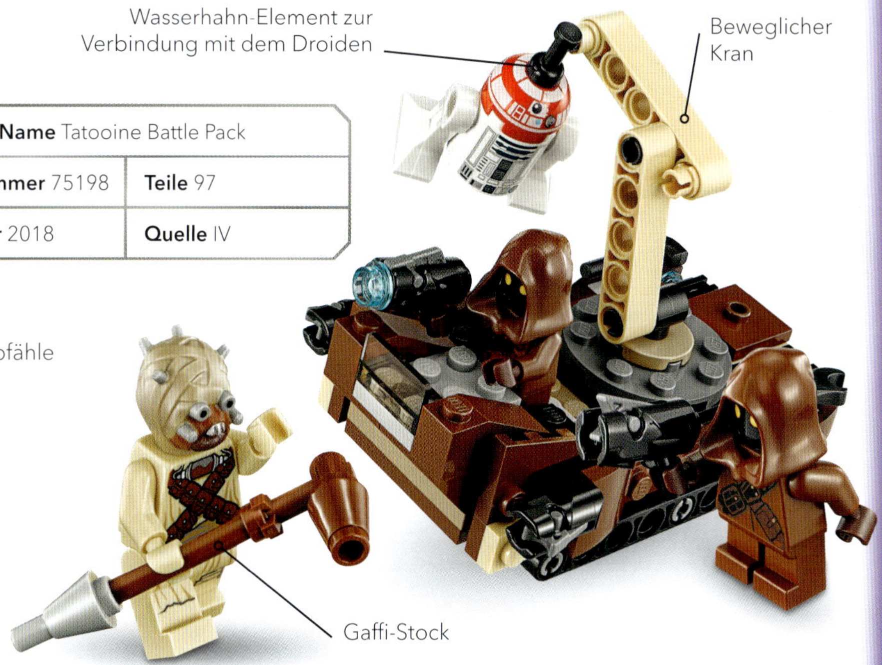

Set-Name Tatooine Battle Pack	
Nummer 75198	**Teile** 97
Jahr 2018	**Quelle** IV

► Cantina von Mos Eisley

Die Cantina ist ein wahrer Pfuhl von Schmugglern, unabhängigen Piloten und Sonderlingen. Mit dieser vierten LEGO Version der Bar kann Hans angespannte Begegnung mit Greedo nachgestellt werden – beide Sitze haben eine Kippfunktion! Das Set der Master Builder Series enthält einen V-35-Kurier-Landgleiter, einen ubrikkianischen Landgleiter 9000, einen Taurücken, zwei Evaporatoren und 21 Minifiguren.

Set-Name Mos Eisley Cantina	
Nummer 75290	**Teile** 3187
Jahr 2020	**Quelle** IV

Imperiale Anführer

Der gefürchtete Sith-Lord Darth Sidious herrscht als Imperator Palpatine mit harter Hand über die Galaxis. Sein Schüler, einst bekannt als Anakin Skywalker, war einer der größten Jedi, bevor er der dunklen Seite verfiel und Darth Vader wurde. Nun vollstreckt er im ganzen Imperium den Willen seines finsteren Meisters. Aber Palpatine ist nie zufrieden mit dem, was er hat. Er plant, Darth Vader durch dessen eigenen Sohn zu ersetzen, den mächtigen Jedi Luke Skywalker.

Imperator Palpatine
Palpatine ist von der Energie der dunklen Seite entstellt. Gelbe Augen künden von seinem Zorn und er verhüllt sein Gesicht meist mit einer schwarzen Kapuze. Selbst den eigenen Offizieren zeigt er sich nur selten.

LEGO Fakten

Im Modell des imperialen Sternenzerstörers von 2006 (Set 6211) ist unter Deck ein Raum, in dem Darth Vader mit einem Hologramm des Imperators spricht. Ein transparenter Stein mit Aufkleber sorgt für den Holo-Effekt.

Palpatines Thronsaal

An Bord des zweiten Todessterns erteilt der Imperator hoch oben vom Thronsaalturm aus seine Befehle. Als Palpatine seine Machtblitze entfesselt, schreitet Darth Vader ein, um seinen Sohn Luke zu retten

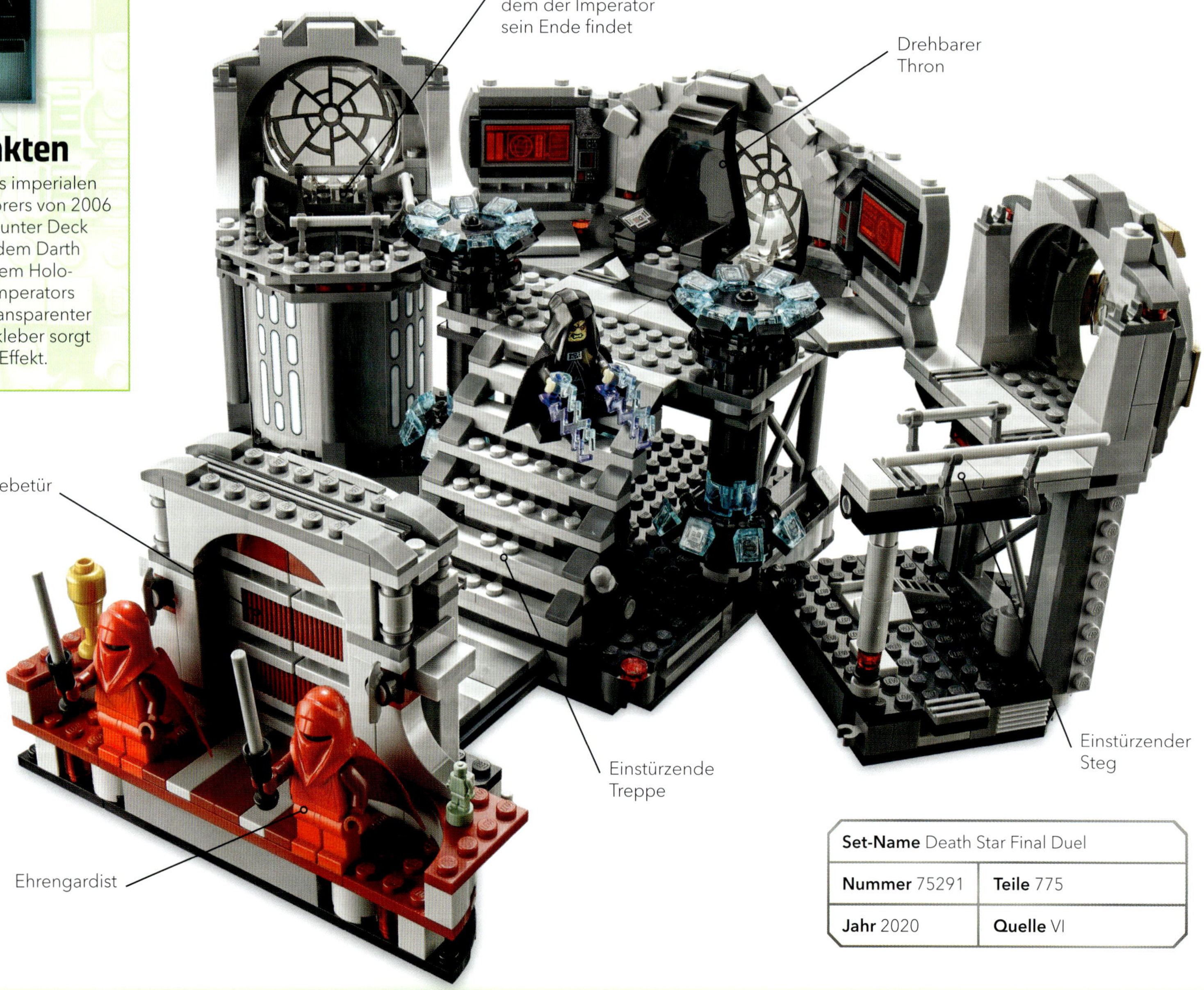

Set-Name Death Star Final Duel	
Nummer 75291	**Teile** 775
Jahr 2020	**Quelle** VI

Eine Kultfigur
Darth Vaders ursprüngliche Minifigur von 1999 hat ein schlichteres Torsodesign als spätere Varianten, aber den typischen schwarzen Helm trug der Sith-Lord von Beginn an.

Im Dienst des Imperiums
Hochrangige Amtsträger sorgen dafür, dass Palpatines und Vaders Befehle ausgeführt werden. Nur die Gerissensten und Ehrgeizigsten unter ihnen werden alt in diesem Job.

Tarkin
Der rücksichtslose Großmoff Wilhuff Tarkin ist ein Furcht einflößender imperialer Gouverneur.

Krennic
Direktor Orson Krennic hat das Sagen auf dem Todesstern – bis Tarkin übernimmt.

Yularen
Admiral Wullf Yularen ist ein führender Offizier an Bord des Todessterns.

Thrawn
Thrawn ist kein Mensch – äußerst selten für einen Offizier in Reihen des Imperiums.

Der Inquisitor
Der Inquisitor jagt noch lebende Jedi. Er erhält seine Befehle direkt von Darth Vader.

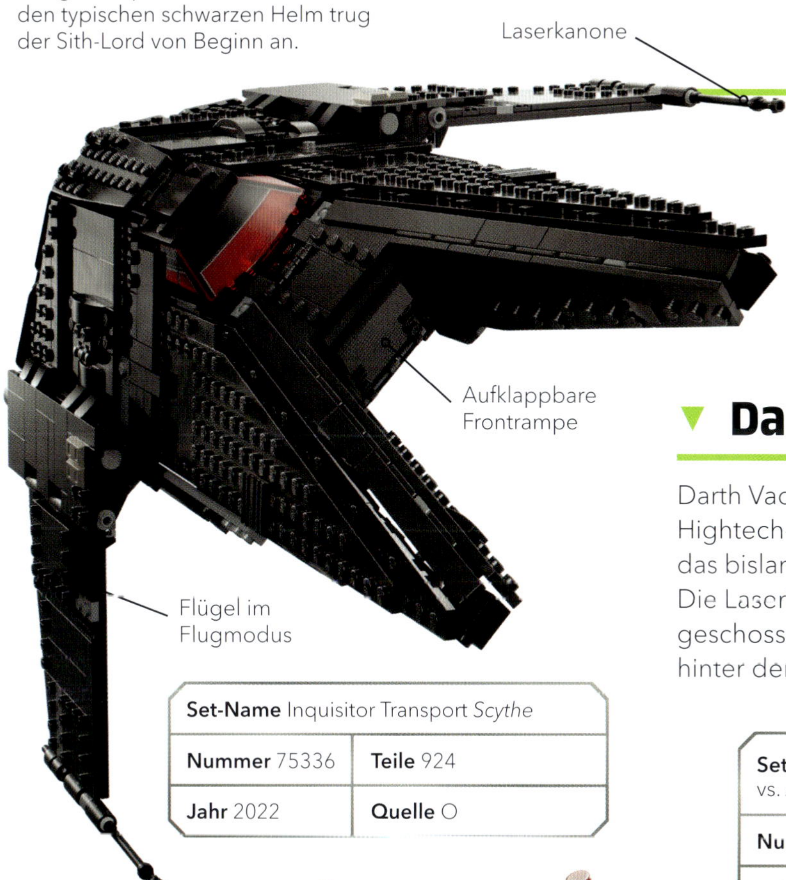

Scythe

Dieser Transporter der Inquisitoren ist ein gefürchteter Anblick für jeden Jedi, der die Order 66 überlebt hat: Er befördert die von der dunklen Seite erfüllten Jedi-Jäger! Diese Handlanger des Imperiums sind Darth Vader unterstellt und durchstreifen in der *Scythe* die Galaxis, um Jedi zu erledigen und machtsensitive Kinder zu finden, die Diener des Imperiums werden könnten.

Set-Name Inquisitor Transport *Scythe*	
Nummer 75336	**Teile** 924
Jahr 2022	**Quelle** O

Darth Vaders TIE-Turbojäger

Darth Vader ist ein begabter Pilot und hat seinen eigenen Hightech-Sternenjäger. Der TIE-Turbojäger von 2016 ist das bislang detaillierteste Modell im Minifiguren-Maßstab. Die Laserkanonen unterhalb des Cockpits sind Federgeschosse, deren Auslöser sich oben hinter der Einstiegsluke befindet.

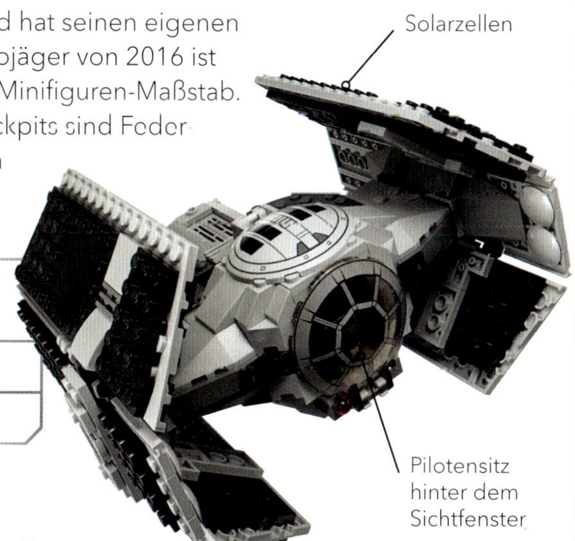

Set-Name Vader's TIE Advanced vs. A-wing Starfighter	
Nummer 75150	**Teile** 702
Jahr 2016	**Quelle** REB

Großinquisitor **Fünfter Bruder** **Dritte Schwester**

Inquisitoren

Der oberste Jedi-Jäger, der Großinquisitor, ist ein Pau'aner mit mattweißer Haut und Gesichtsmalen. Der Fünfte Bruder trägt einen ausladenden Hut aus Metall mit breiten Riemen, die einen Großteil seines Gesichts schützen. Die besser als Dritte Schwester bekannte Reva Savander sollte Vader im Auge behalten: Ihre Loyalität ist fraglich! Alle haben sie rote Lichtschwerter mit zwei Klingen und kreisförmigem Griff.

Todesstern

Die als Todesstern bekannte Raumstation des Imperiums soll mögliche Aufstände durch die Demonstration ihrer schrecklichen Macht im Keim ersticken. Der erste Todesstern zerlegt mit seinem Superlaser Prinzessin Leias Heimatwelt Alderaan. Der zweite wirkt unfertig, ist aber voll einsatzbereit – und soll die Rebellen in die Falle locken.

Mutiger Sprung
Bei Luke und Leias Flucht vom Todesstern (Set 75229) gibt es ein Problem: Die Tür hinter ihnen ist zu und der Laufsteg eingezogen! Also schnappen sie sich eine LEGO Schnur und schwingen sich über den Abgrund!

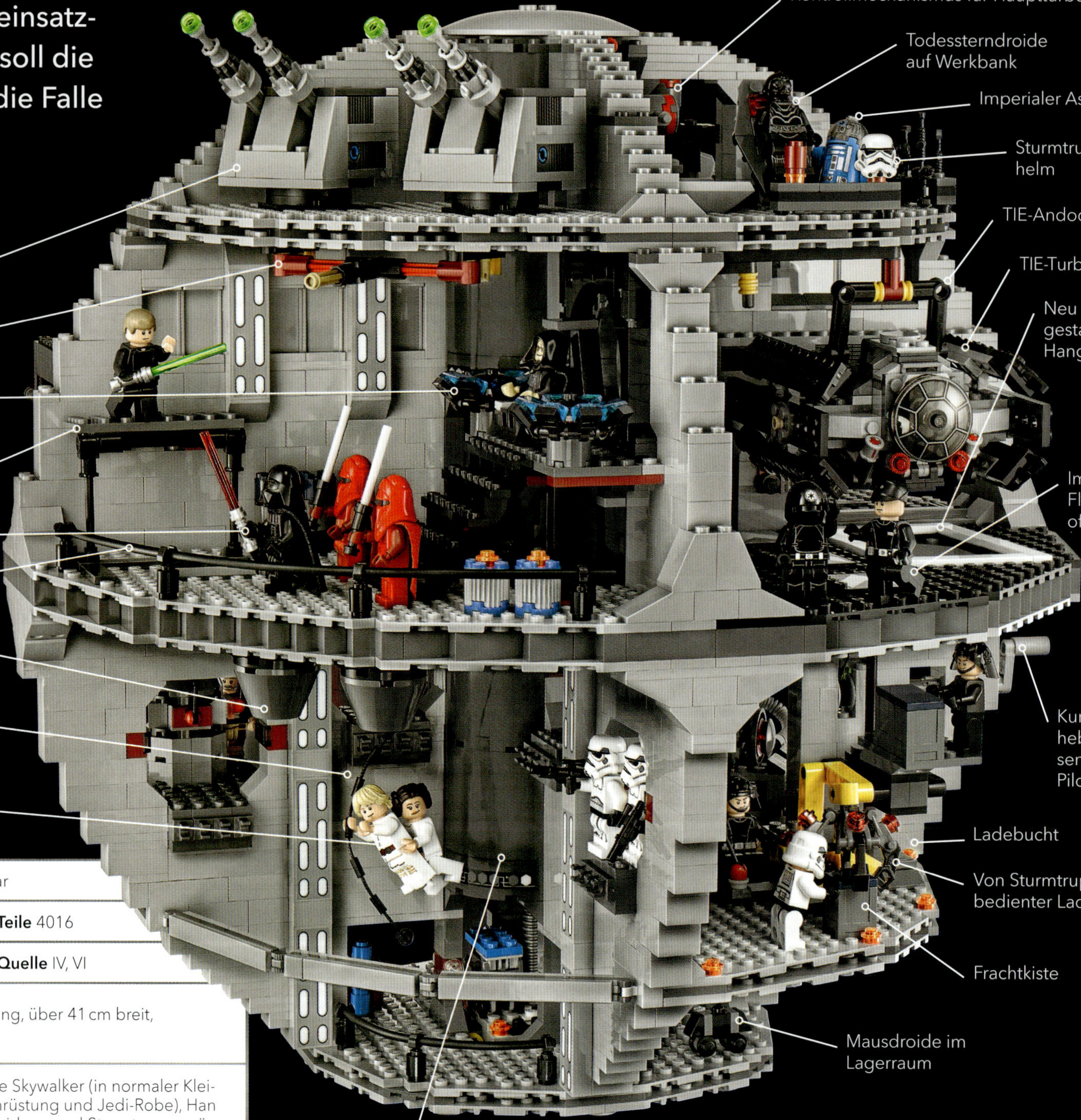

Set-Name Death Star	
Nummer 75159	**Teile** 4016
Jahr 2016	**Quelle** IV, VI
Maße Über 41 cm lang, über 41 cm breit, über 40 cm hoch	
Charaktere 28 – Luke Skywalker (in normaler Kleidung, Sturmtruppenrüstung und Jedi-Robe), Han Solo (in normaler Kleidung und Sturmtruppenrüstung), Obi-Wan Kenobi, Prinzessin Leia, Chewbacca, Darth Vader, Imperator Palpatine, Großmoff Tarkin, imperialer Offizier, 2 Ehrengardisten, 2 Sturmtruppler, 2 imperiale Flottensoldaten, Todessterndroide, 2 imperiale Schützen, imperialer Flottenoffizier und C-3PO sowie R2-D2, imperialer Astromechdroide R3-M3, Dianoga, Verhördroide und Mausdroide	

Film-Action
Mehr als ein Dutzend verschiedene Szenen können mit diesem Spielset nachgestellt werden – so auch das Duell zwischen Obi-Wan und Vader.

Zwei Todessterne in einem

Der erste LEGO Todesstern (Set 10188) erschien 2008. Das Modell von 2016 wartet mit etlichen neuen Minifiguren und Details auf. Dabei verbindet es Elemente des ersten und zweiten Todessterns. Luke taucht so gleich dreimal auf: als Sturmtruppler getarnt, um Leia zu befreien, in normaler Kleidung, als er sich mit ihr durch den Luftschacht schwingt, und als Jedi-Ritter im Duell mit Darth Vader.

Gefängniszelle
In ihrer Zelle weigert sich Prinzessin Leia, Vader zu verraten, wo sich der Stützpunkt der Rebellen befindet. Selbst dem Elektroschocker des Verhördroiden hält sie stand. Als Luke und Han zur Rettung herbeieilen, landen sie schon bald allesamt in einer Müllpresse!

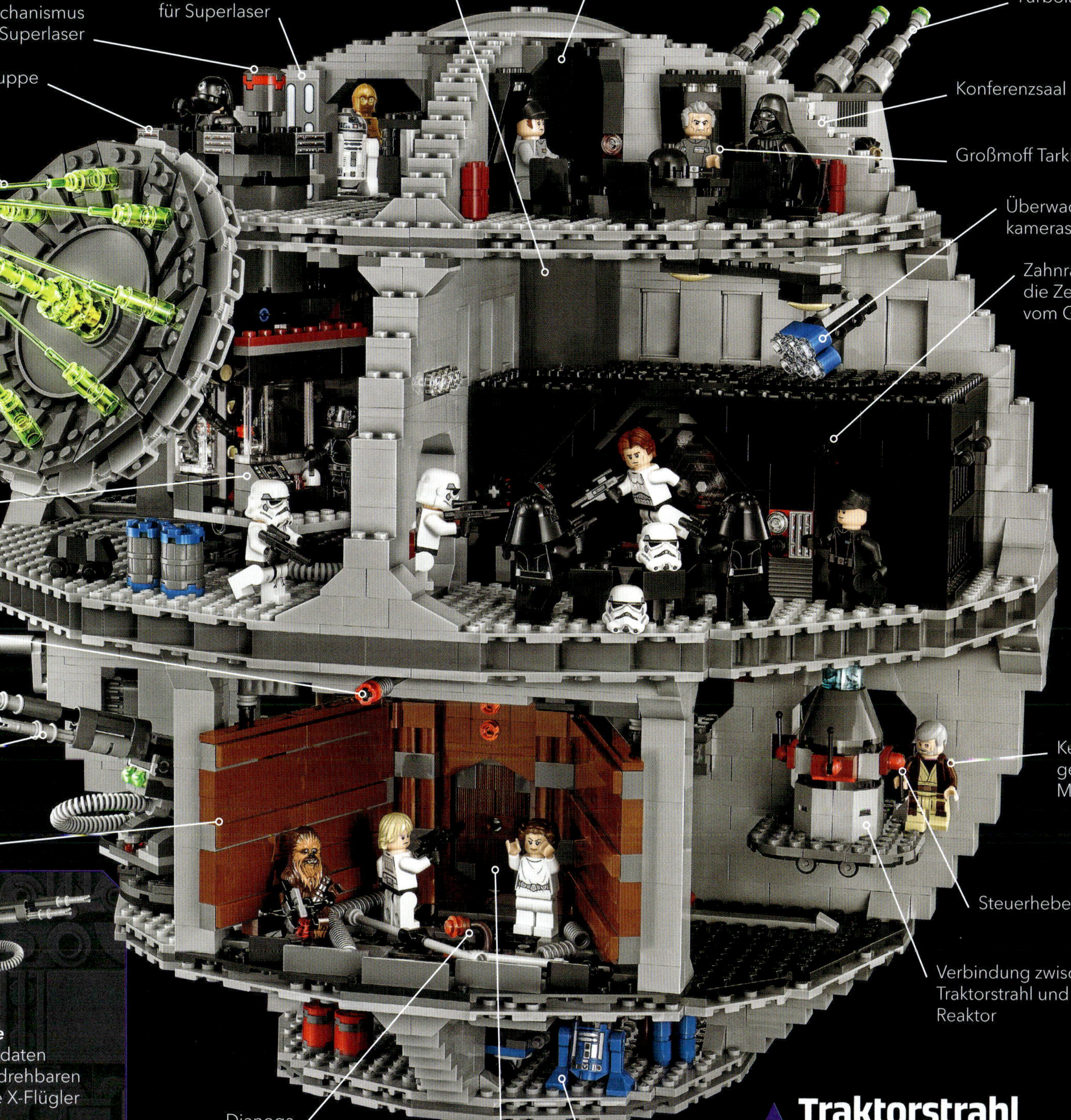

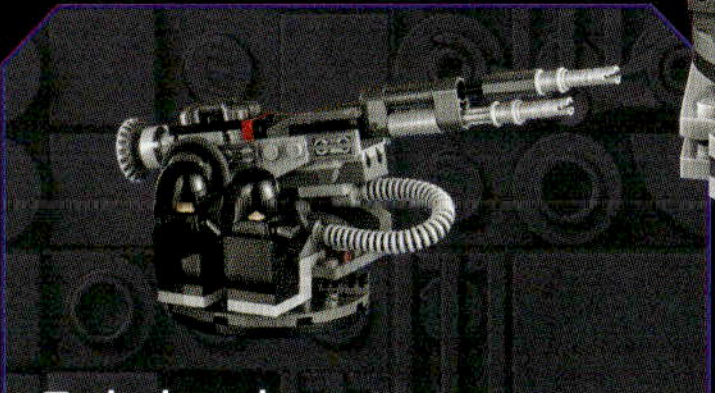

Turbolaserkanone
Die Todessternsoldaten wehren mit einer drehbaren Turbolaserkanone X-Flügler der Rebellen ab.

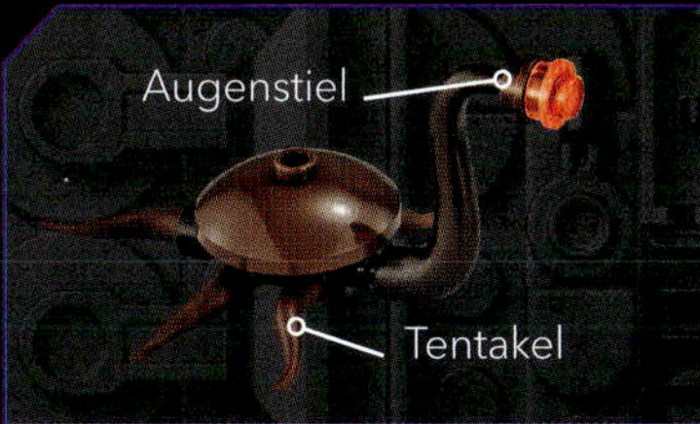

Dianoga
Auch „Müllkraken" genannte Dianogas leben in Müllpressen und Abwasserkanälen überall in der Galaxis. Sie ernähren sich von verrottender Materie.

Traktorstrahl

Obi-Wan Kenobi schaltet den Fangstrahl ab, mit dem der *Millennium Falke* an Bord gezogen wurde. Doch dann stellt sich ihm Vader in den Weg und es kommt zum Lichtschwertduell.

Darth Vaders Festung

Vaders bedrohliche Festung steht auf dem Vulkanplaneten Mustafar, dem Schauplatz seiner größten Niederlage. Hier verlor sein früheres Ich, Anakin Skywalker, das Duell mit Obi-Wan Kenobi und bekräftigte seine Wandlung zum Dunklen Lord. In seiner Festung meditiert Darth Vader über die dunkle Seite und trifft sich mit imperialen Anführern.

Blaster-pistole

Transporterpiloten
Imperiale Transporterpiloten wurden zuerst 2017 im Virtual-Reality-Erlebnis *Star Wars: Secrets of the Empire* gezeigt. Die Spielenden tragen dabei eine VR-Brille und nehmen die Rolle von Rebellen ein, die in geheimer Mission in eine imperiale Anlage auf Mustafar eindringen.

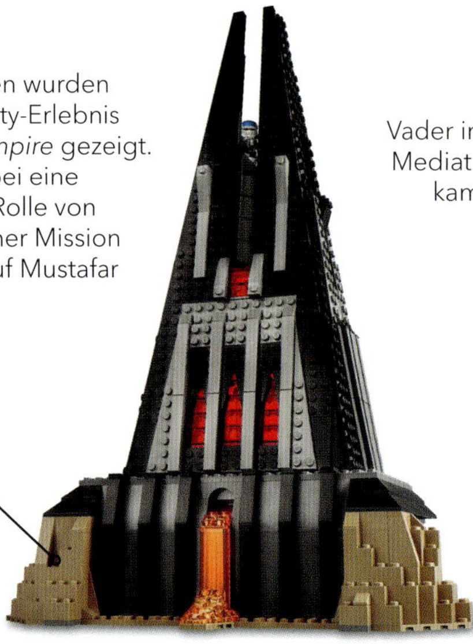

Die Festung steht am Rand einer Klippe.

Außen

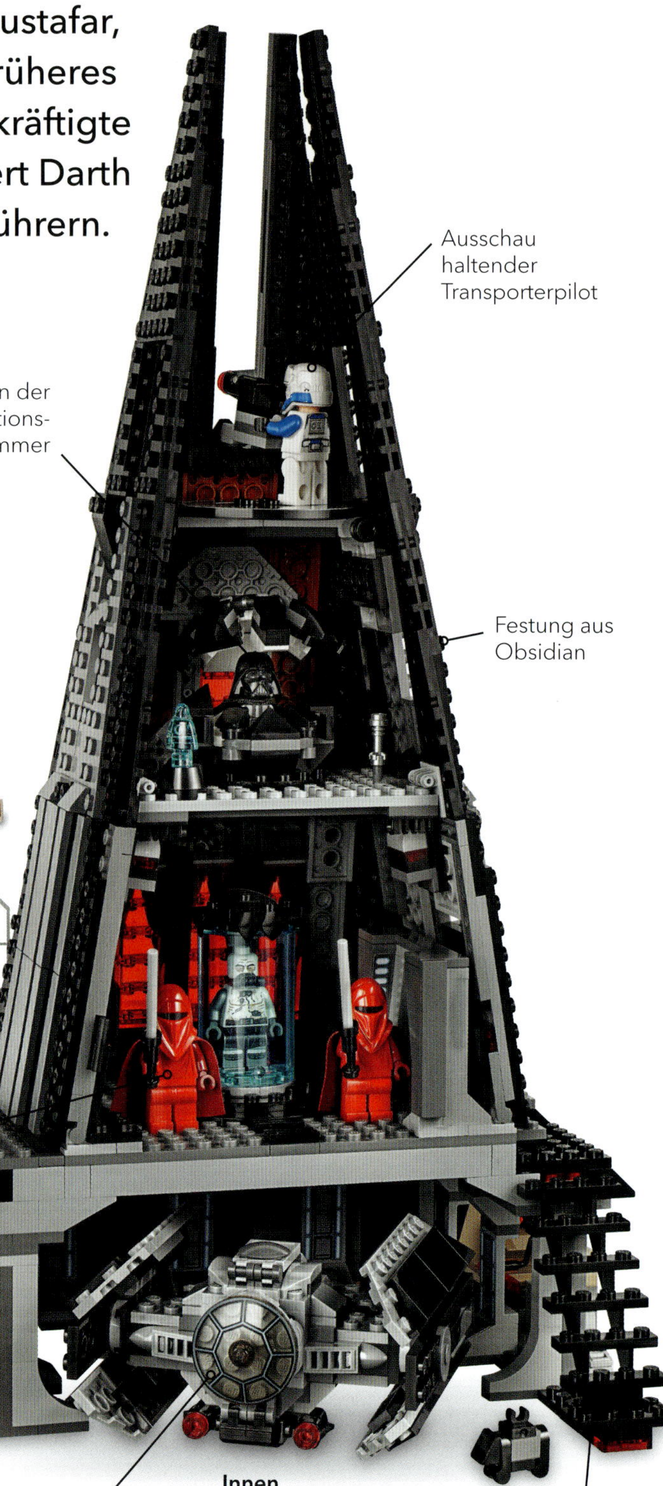

Ausschau haltender Transporterpilot

Vader in der Mediations-kammer

Festung aus Obsidian

Ehrengardisten schützen Darth Vader aufmerksam.

TIE-Jäger im Untergrundhangar

Treppe zum Untergeschoss der Festung

Innen

Set-Name Darth Vader's Castle	
Nummer 75251	**Teile** 1060
Jahr 2018	**Quelle** R1

Ehrengarde
Die imperiale Ehrengarde besteht nur aus den Besten der Besten. Die rot gewandeten Wachen sind gefürchtet für ihre Intelligenz, Stärke und unbedingte Loyalität. Minifiguren von Ehrengardisten tragen eine lange Robe, einen geschlossenen Spezialhelm und eine Energiepike.

Bacta-Tank
Im Bacta-Tank kann sich Darth Vader ohne seine lebenserhaltende Rüstung erholen. Der LEGO Tank lässt sich vorne öffnen, um die Minifigur des vernarbten Vader hineinzustellen.

Bacta-Tank-Vader
Zum Set gehören zwei Figuren von Darth Vader, darunter eine für seinen Bacta-Tank. Sie zeigt ihn mit seinen Verletzungen vom fast tödlichen Duell auf Mustafar und ohne Rüstung. Sein Körper ist mit Narben überzogen und er hat künstliche Arme und Beine.

▲ Innenräume

Im Keller der Festung befindet sich ein unterirdischer Hangar mit einem Mausdroiden und einer Andockstelle für Vaders TIE-Turbojäger. Im Hauptturm gibt es neben einem uralten Sith-Schrein mit Holocron, Gestellen für Munition und einem Geheimfach mit einem Lichtschwert auch einen Bacta-Tank und eine Meditationskammer sowie eine holografische Kom-Einheit.

Imperiale Sturmtruppen

Die glänzend weißen Bodentruppen des Galaktischen Imperiums finden sich auf Tausenden von Planeten in der Galaxis. Mit ihren geschlossenen Helmen und schwerer Rüstung stehen sie wie ein Mann zusammen. Allein ihr Anblick hält viele davon ab, es mit ihnen aufzunehmen. Für besondere Aufgaben und Umgebungen gibt es zudem verschiedene Arten von Sturmtruppen.

Sturmtruppen
Die Sturmtruppler sehen alle gleich aus und stehen treu zum Imperium. Für die Minifigur von 2019 wurde zum 20-jährigen Jubiläum der Helm neu gestaltet. Die vorige Gussform war seit 2001 in Gebrauch.

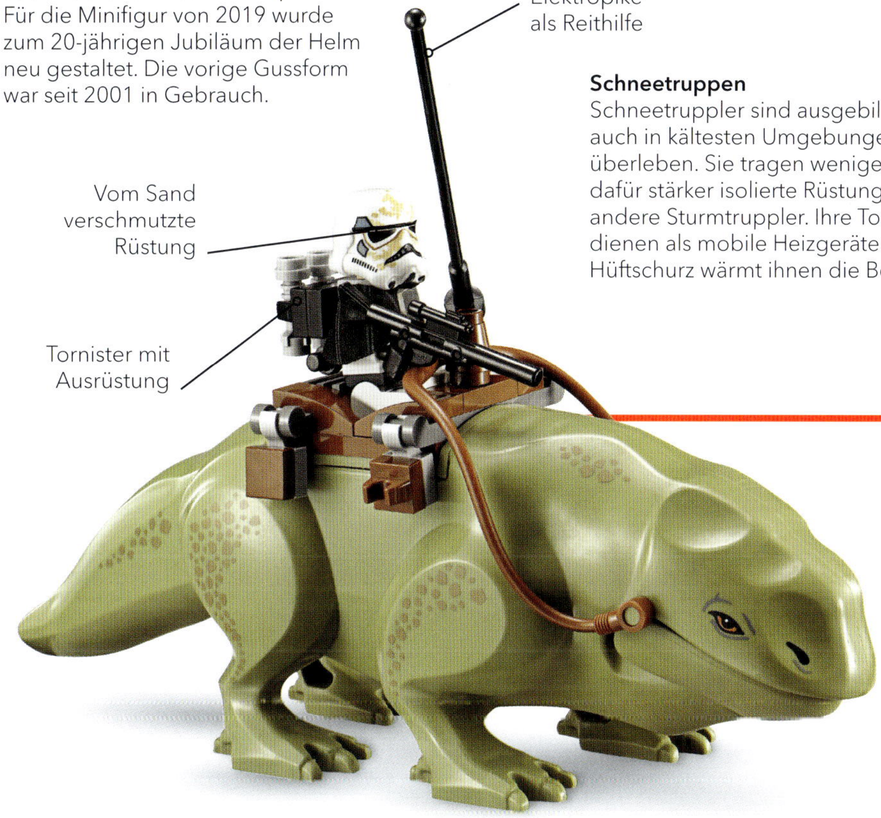

Schneetruppen
Schneetruppler sind ausgebildet, auch in kältesten Umgebungen zu überleben. Sie tragen weniger, aber dafür stärker isolierte Rüstung als andere Sturmtruppler. Ihre Tornister dienen als mobile Heizgeräte und ein Hüftschurz wärmt ihnen die Beine.

Sandtruppen

Mit Essens- und Wasservorräten auf dem Rücken sind Sandtruppler bestens für den Einsatz in Wüstenregionen ausgerüstet. Auf dem Planeten Tatooine reiten sie oft auf grünen Riesenechsen, den Taurücken. Anders als Fahrzeugen macht den Tieren Sand nicht viel aus.

Set-Name Mos Eisley Cantina	
Nummer 75052	**Teile** 616
Jahr 2014	**Quelle** IV

Gebirgstruppen
Diese zähen Truppler dienen auf den rauesten Randwelten des Imperiums.

Sprungtruppen
Mit ihren Jetpacks auf dem Rücken können diese Truppler sogar fliegen!

Küstentruppen
Diese sandfarbenen Truppler sorgen an Stränden für Schutz.

Todestruppen
Diese finsteren Elitetruppler sind in eine schwarze Rüstung gekleidet.

Sturmtruppen-Sergeant
Der weiße Schulterschutz dieses Trupplers verrät, dass er ein Sergeant ist.

Imperiale Armee

Am Ende der Klonkriege wird aus der Galaktischen Republik ein Imperium – die alte Armee wird übernommen. Aus den Klontruppen werden Sturmtruppen, denen nicht mehr nur Klone, sondern auch rekrutierte Menschen angehören. Den Sturmtrupplern stehen mächtige Bodenfahrzeuge zur Verfügung, darunter riesige, nahezu unaufhaltsame Kampfläufer.

Mobiler Taktik-Pod

Robuste Taktik-Pods bringen Sicherheitskräfte des Pre-Mor-Konzerns zu Orten wie für das Imperium interessante Minen, die unter ihrem Schutz stehen. Um den Rebellen Cassian Andor zu verhaften, fliegen sie zum Planeten Ferrix.

Set-Name Ambush on Ferrix	
Nummer 75338	**Teile** 679
Jahr 2022	**Quelle** AN

Imperialer Conveyex-Transportzug

Ein langer Zug, dessen gepanzerte Frachtwaggons ober- und unterhalb der Spur fahren, ist ein imposanter Anblick – sogar für wagemutige Schmuggler! Mit Magnetstiefeln nähern sich Gebirgstruppler auch über die Seiten der schnellen Züge – beim LEGO Conveyex sitzen sie an den Noppen.

Set-Name Imperial Conveyex Transport	
Nummer 75217	**Teile** 622
Jahr 2018	**Quelle** S

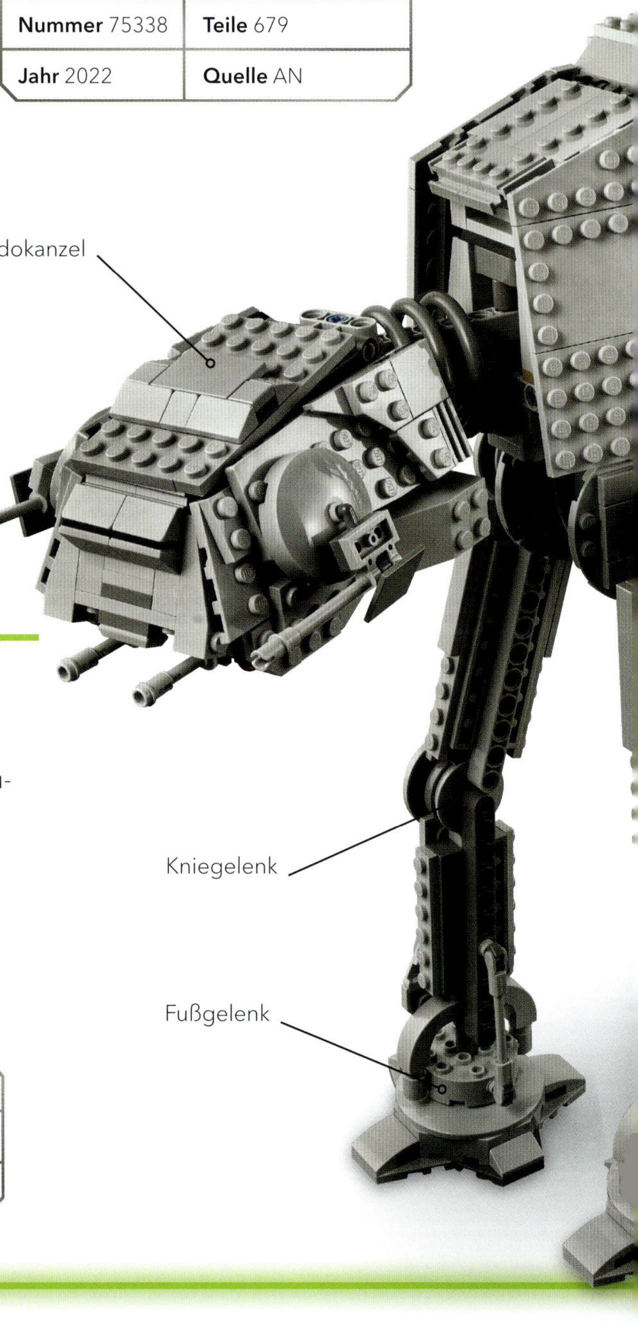

AT-AT-Läufer

Auf Hoth setzt das Imperium Allterrain-Angriffstransporter (AT-ATs) gegen die Rebellen ein. Oft genügt nur der Anblick der wandelnden Panzer, um Gegner einzuschüchtern. Wenn man den AT-AT seitlich öffnet, sieht man die Einsatzplattform für die beiden Schneetruppler-Minifiguren und General Veers, die dort bereitstehen. Ein AT-AT-Pilot steuert den Läufer vom Cockpit in dessen „Kopf" aus.

AT-AT-Pilot
AT-AT-Piloten mit wärmenden Overalls und Systemen zur Lebenserhaltung steuern die Läufer.

General Veers
General Veers befehligt das Vorrücken auf die Echo-Basis vom Cockpit des führenden AT-AT aus.

Set-Name AT-AT	
Nummer 75288	**Teile** 1267
Jahr 2020	**Quelle** V

Imperialer Schwebepanzer

Das Modell der Repulsorliftversion des imperialen Sturmpanzers aus *Rogue One* rollt auf vier versteckten transparenten Rädern. So hat man den Eindruck, als schwebe es über dem Boden. Im Film selbst sieht man das mit Kettenfahrwerken ausgestattete Hauptmodell. Diese Panzer haben starke Kanonen und können am Heck mit Fracht beladen werden.

Panzertruppler

Set-Name Imperial Assault Hovertank	
Nummer 75152	**Teile** 385
Jahr 2016	**Quelle** R1

AT-DP-Läufer

Mit dem Allterrain-Defensivpod (AT-DP) patrouilliert das Imperium auf den Straßen, um die öffentliche Ordnung aufrechtzuerhalten. Der AT-DP ist eine Weiterentwicklung des AT-RT-Läufers aus den Klonkriegen. Er ist ähnlich gut manövrierbar, hat aber ein gepanzertes Cockpit.

Set-Name AT-DP	
Nummer 75083	**Teile** 500
Jahr 2015	**Quelle** REB

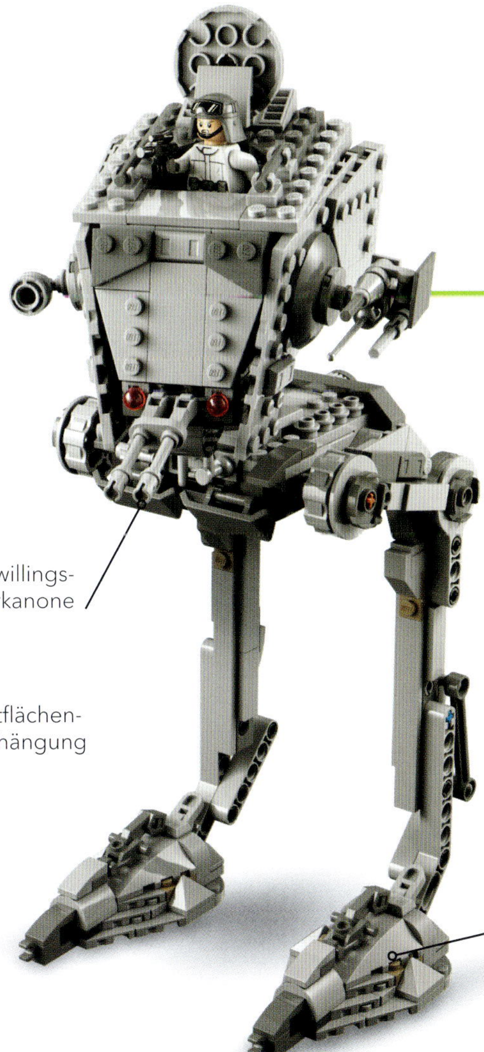

AT-ST-Läufer

Der imperiale Allterrain-Scouttransporter (AT-ST) bewegt sich bei Einsätzen zur Abwehr und Aufklärung auch durch unwegsames Gelände. Er wird vom Cockpit im „Kopf" aus gesteuert und verfügt über Blaster und Granatwerfer.

Set-Name Hoth AT-ST	
Nummer 75322	**Teile** 586
Jahr 2022	**Quelle** V

AT-ST-Pilot

TIE-Modelle

Als Palpatine das Imperium ausruft, macht er sich die gewaltige Flotte der Republik für seine finsteren Zwecke zunutze. Aus den Abfangjägern der Jedi mit ihren Solarflügeln gehen offensive TIE-Jäger hervor. Die Imperiale Flotte wird auch um viele neue Schiffe erweitert, doch TIEs sind ihre wichtigsten Modelle.

R3-J2
Dies ist der einzige LEGO Astromech mit transparenter Kuppel.

TIE-Pilot
Die TIE-Jäger-Piloten sind speziell ausgebildete Eliteflieger.

▼ TIE-Jäger

TIE-Jäger haben starke Laserkanonen, aber weder Deflektorschilde noch Hyperantrieb. Dadurch sind sie sehr leicht und wendig. TIE-Jäger werden vom Imperium in großer Zahl produziert und stellen sich Gegnern in Massen entgegen. Das Modell von 2018 hat viele Details, ein aufklappbares Cockpit und zwei Federgeschosswerfer. Vier Minifiguren sind Teil des Sets: ein TIE-Jäger-Pilot, ein imperialer Schlammtruppler, Han Solo und Tobias Beckett.

Set-Name Imperial TIE Fighter	
Nummer 75211	**Teile** 519
Jahr 2018	**Quelle** S

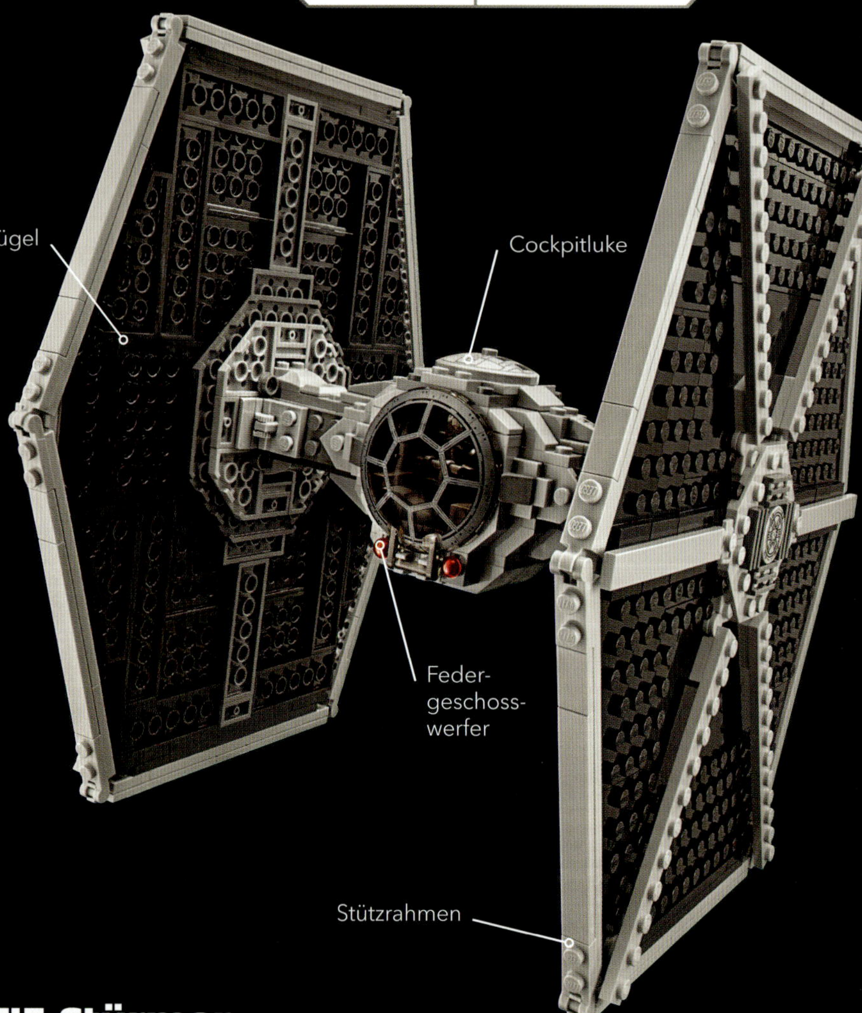

▼ TIE-Abwehrjäger

Dieser im Geheimen vom Imperium entwickelte Prototyp ist wendig und schwer gepanzert. Das LEGO Modell hat ein einzigartiges drehbares Cockpit und sechs Raketengeschosse zur Abwehr von Rebellen.

Set-Name TIE Defender	
Nummer 8087	**Teile** 304
Jahr 2010	**Quelle** L

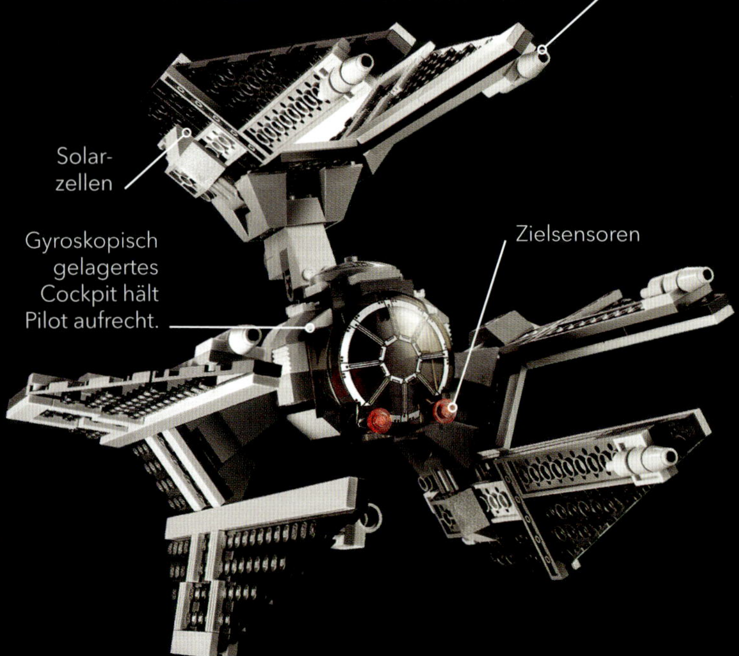

▸ TIE-Stürmer

TIE-Stürmer verteidigen die imperiale Basis auf Scarif. Mit Hebeln hinten am Modell lässt man die Flügel vom Gefechts- in den Flugmodus hochklappen. Unterhalb des Cockpits sitzen zwei Federgeschosse.

Set-Name TIE Striker	
Nummer 75154	**Teile** 543
Jahr 2016	**Quelle** R1

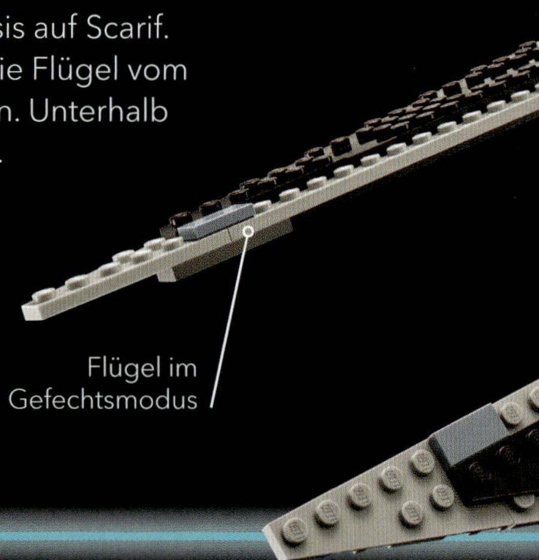

▸ TIE-Abfangjäger

Der TIE-Abfangjäger ist einer der schnellsten, wendigsten und schlagkräftigsten Sternenjäger des Imperiums. Der verbesserte Ionenantrieb sorgt für einen enormen Vorteil im Raumgefecht. Die Kanonen an den Flügelspitzen sind miteinander gekoppelt, um gegenerische Jäger abzuwehren.

Set-Name TIE Interceptor	
Nummer 6206	**Teile** 212
Jahr 2006	**Quelle** VI

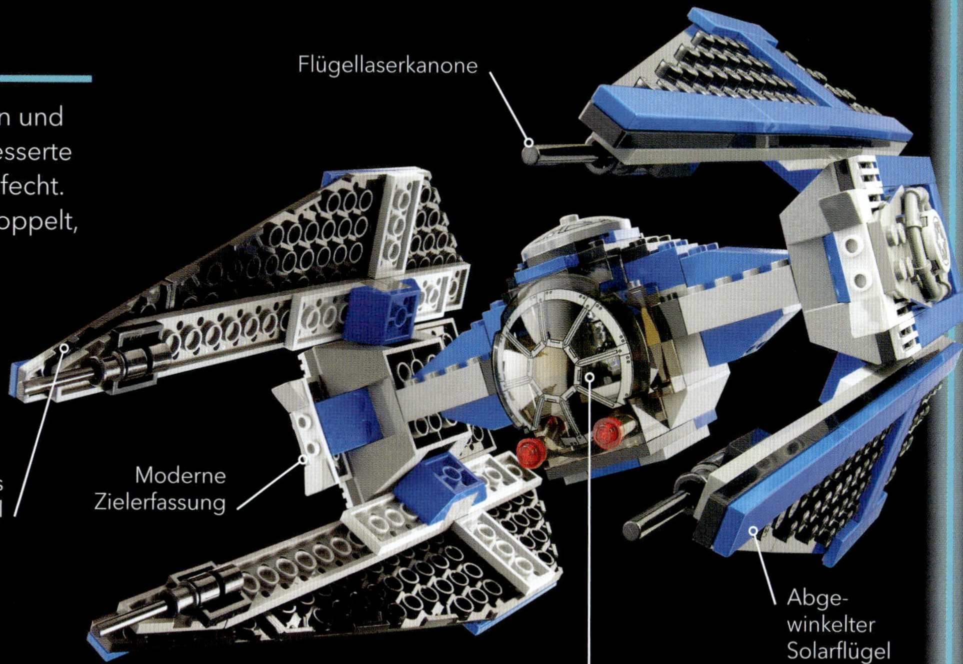

▾ TIE-Turbojäger-Prototyp

Der Großinquisitor fliegt einen neuartigen Prototyp, wenn Darth Vader ihn auf eine Mission entsendet. Das Schiff ist kleiner als Vaders eigener Turbojäger.

Set-Name TIE Advanced Prototype	
Nummer 75082	**Teile** 355
Jahr 2015	**Quelle** REB

Inferno-Trupp
Das von Commander Iden Versio angeführte Inferno-Kommando ist eine Elite-Spezialeinheit, die die kniffligsten Missionen erfüllt. Idens spezieller Torsoaufdruck zeigt ihren hohen Rang.

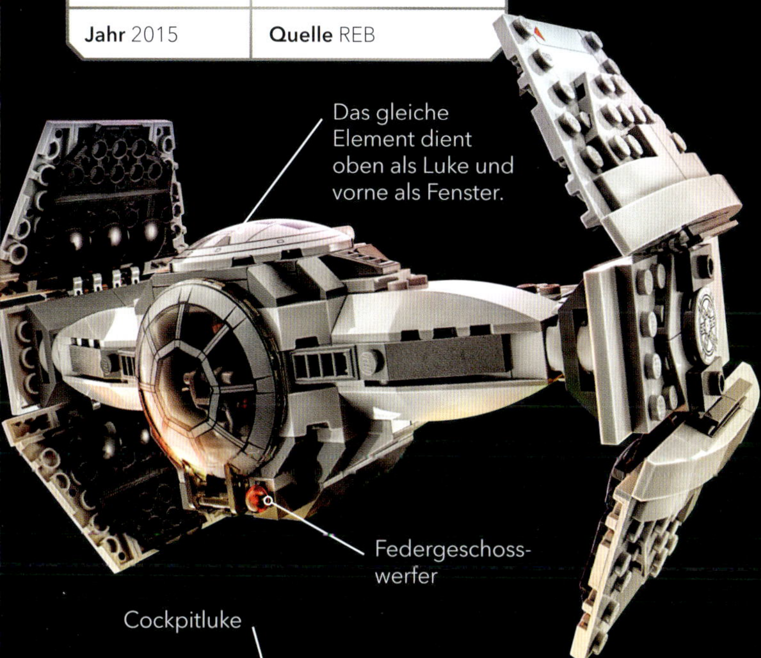

▾ TIE-Bomber

Einsitzige TIE-Bomber dienen für „chirurgische Schläge", die den größeren Schiffen des Imperiums nicht möglich sind. Ihre Laserkanonen und Protonensprengsätze sind hilfreich im Einsatz gegen abgeschirmte Ziele, in denen der Gegner sich verschanzt.

Set-Name TIE Bomber	
Nummer 75347	**Teile** 625
Jahr 2023	**Quelle** V

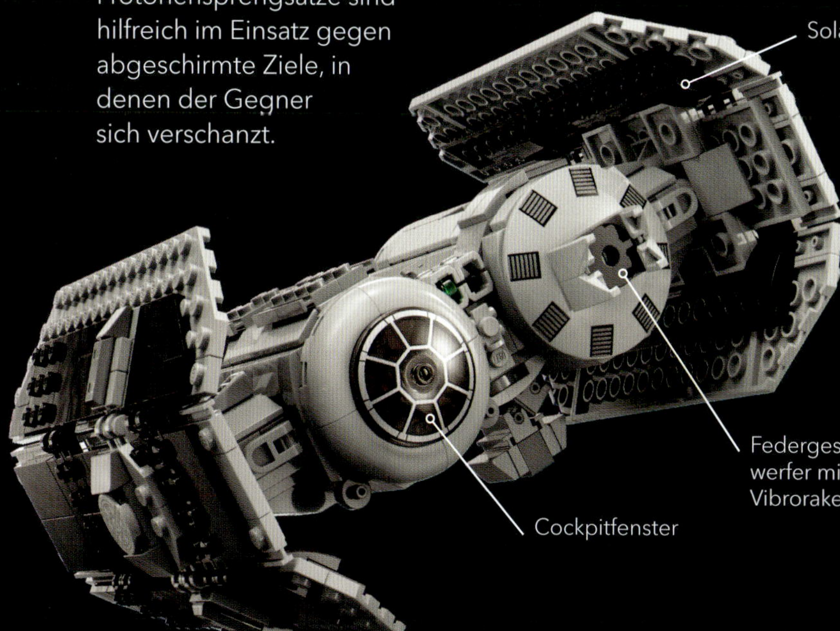

Imperiale Transporter

Das Imperium befördert mit seinen typischen dreiflügligen Raumfähren Truppen, Fracht und hohe Würdenträger. Meist haben sie oben einen festen Stabilisatorflügel und zwei bewegliche an den Seiten. Wenn das Shuttle landet, klappen die Seitenflügel nach oben. Dies hilft nicht nur beim Aufsetzen auf dem Boden, es bietet auch zusätzlichen Schutz für den Hauptteil des Rumpfs.

Imperialer Shuttlepilot
Diese Piloten müssen sehr loyal sein, da sie oft zu geheimsten imperialen Stützpunkten fliegen.

▶ *Tydirium*

T-4a-Fähren der *Lambda*-Klasse wirken eleganter als die meisten anderen Schiffe des Imperiums und befördern oft hohe Würdenträger – bis hin zum Imperator! Die *Tydirium* ist ein Shuttle, das von den Rebellen gestohlen wurde, um auf dem Waldmond Endor heimlich den Schildgenerator des zweiten Todessterns auszuschalten.

Set-Name Imperial Shuttle *Tydirium*	
Nummer 75094	**Teile** 937
Jahr 2015	**Quelle** VI

Getarnte Leia
Mit ihrem Umhang ist Leia bestens für den Einsatz auf dem Waldmond Endor getarnt.

Landemodus

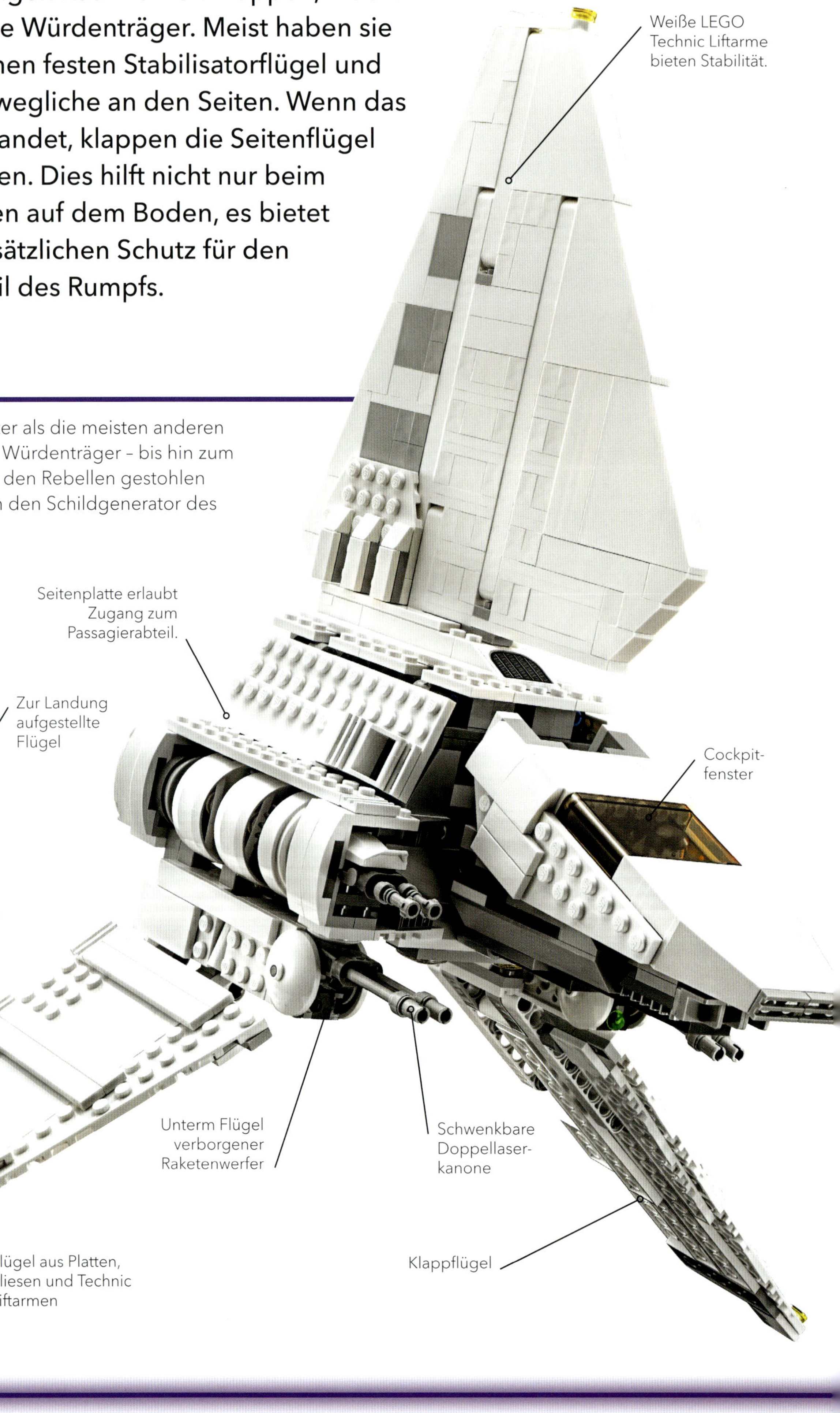

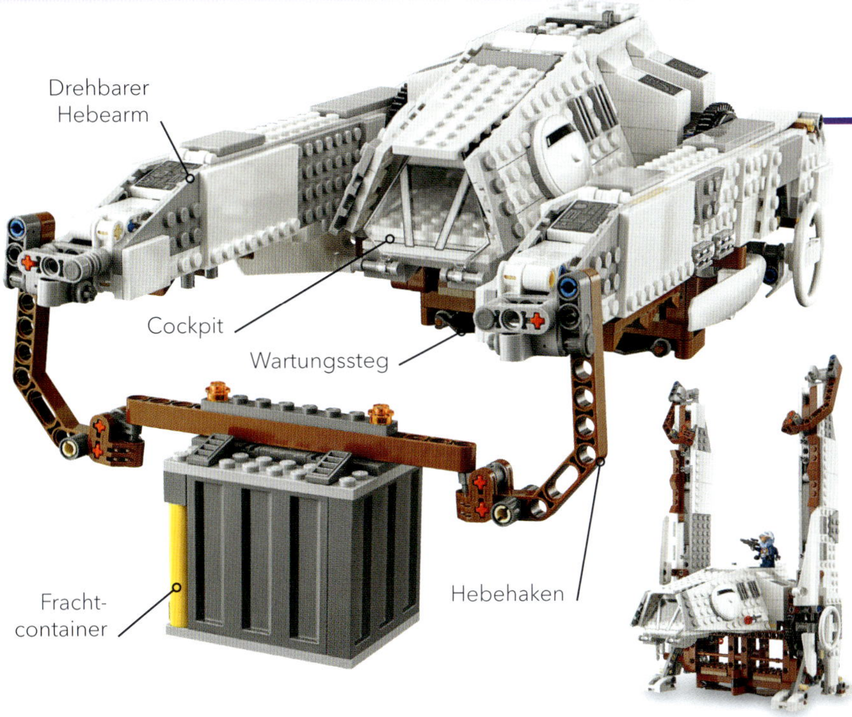

Landemodus

AT-Schlepper

Dieser Angriffstransporter-Schlepper des Typs Y-45 ist kein Shuttle, setzt aber auf ähnliche Technik. Statt Flügeln hat er robuste Arme zum Schleppen von Fracht, die sich nach oben drehen, wenn sie nicht in Gebrauch sind. Die LEGO Version transportiert den Frachtcontainer aus dem imperialen Conveyex-Transportzug (Set 75217).

Set-Name Imperial AT-Hauler	
Nummer 75219	**Teile** 829
Jahr 2018	**Quelle** S

Krennics Shuttle

Landemodus

Als Direktor einer wichtigen Forschungsabteilung des Imperiums hat Orson Krennic Zugriff auf die modernsten Schiffe. Als er Entwürfe für ein neues Tarnschiff, die T-3c-Fähre der *Delta*-Klasse, sah, bestand er darauf, dass eines für ihn selbst gebaut wird. Das Shuttle hat starke Kanonen und ist für die Gegner quasi unsichtbar.

Set-Name Krennic's Imperial Shuttle	
Nummer 75156	**Teile** 863
Jahr 2016	**Quelle** R1

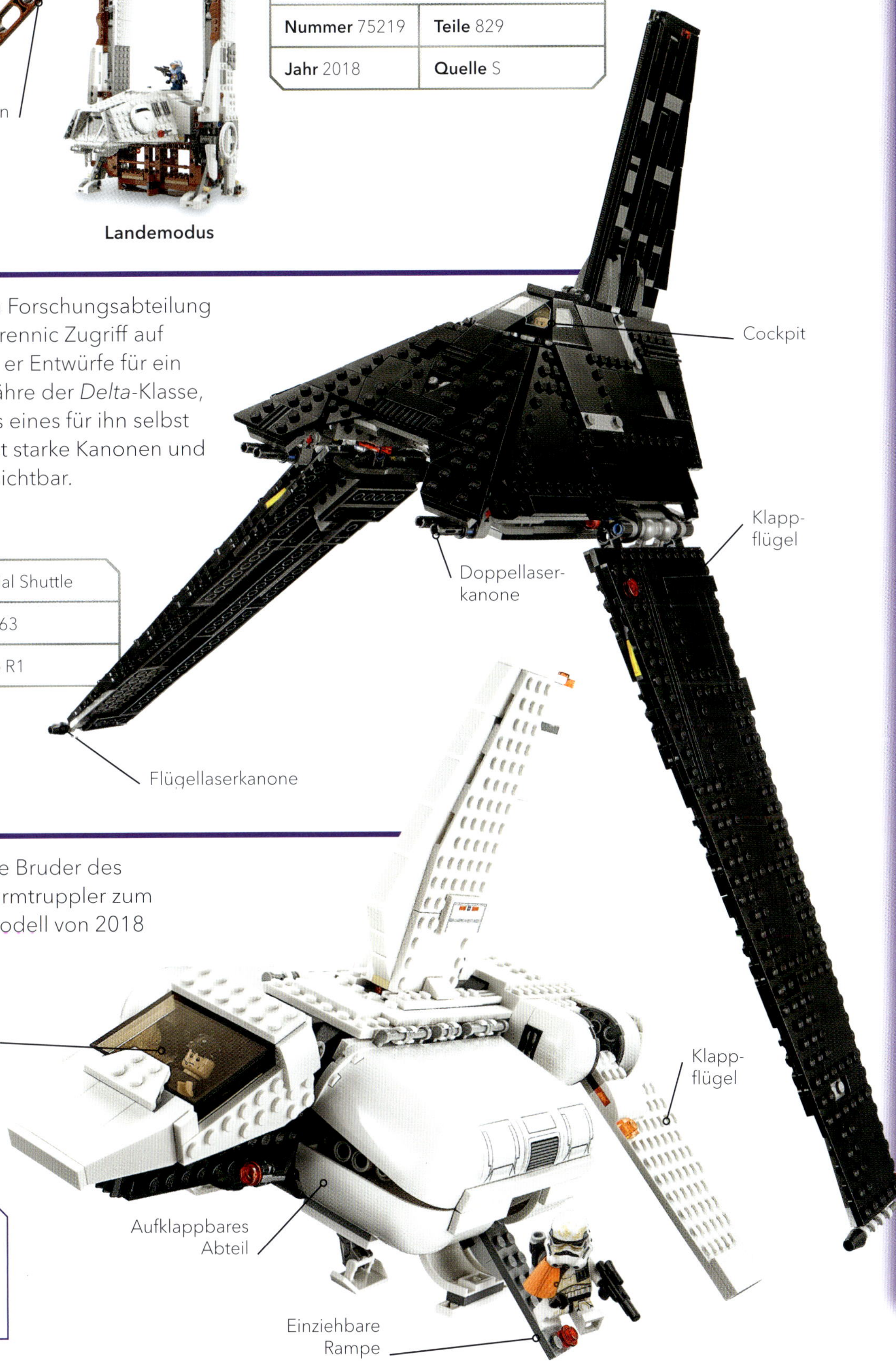

Landungsboot

Das Landungsboot der *Sentinel*-Klasse ist der große Bruder des Shuttles der *Lambda*-Klasse. Es bringt vor allem Sturmtruppler zum Einsatzort, kann aber auch Fracht befördern. Das Modell von 2018 hat eine zu beiden Seiten hin ausfahrbare Rampe.

Set-Name Imperial Landing Craft	
Nummer 75221	**Teile** 636
Jahr 2018	**Quelle** IV

Sternenzerstörer

Die keilförmigen Sternenzerstörer sind das gefürchtetste Symbol imperialer Macht. Sie verfügen über enorme Feuerkraft, starke Scanner und mächtige Traktorstrahlen. Die Galaktische Republik setzt in den Klonkriegen bereits Sternenzerstörer der *Venator*-Klasse ein. Der Imperator erweitert seine Flotte später mit Schiffen der *Imperium*-Klasse, um immer mehr Welten zu unterwerfen.

Kommandobrücke
Die Brücke befindet sich inmitten des Kommandoturms – mit Blick auf jedes nahende Schiff. Großmoff Tarkin und ein imperialer Offizier stehen an den Kontrollpulten.

Meditationskammer
Auf langen Reisen durchs All sitzt Darth Vader in der Meditationskammer, einer hyperbaren Kapsel. Im Überdruck der Kammer kann Vader mithilfe einer Hebevorrichtung seinen Helm abnehmen – und sein schrecklich vernarbter Kopf kommt zum Vorschein.

Rettungskapsel
Der Sternenzerstörer verfügt über eine Rettungskapsel für die Evakuierung in Notfällen. Rettungskapseln enthalten Nahrung und Sauerstoff sowie Signalgeschosse, ein Notzelt und Schutzanzüge.

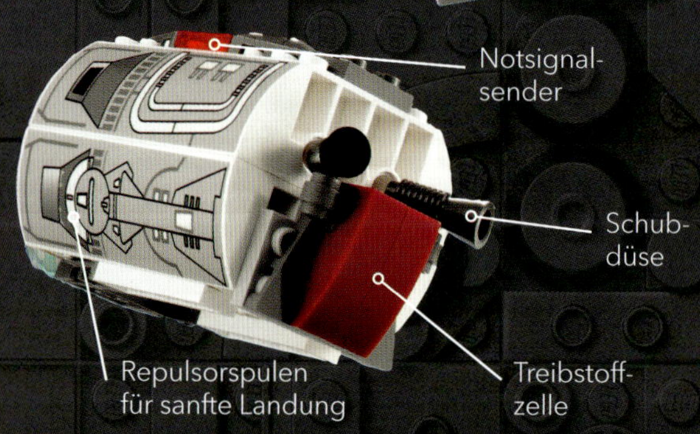

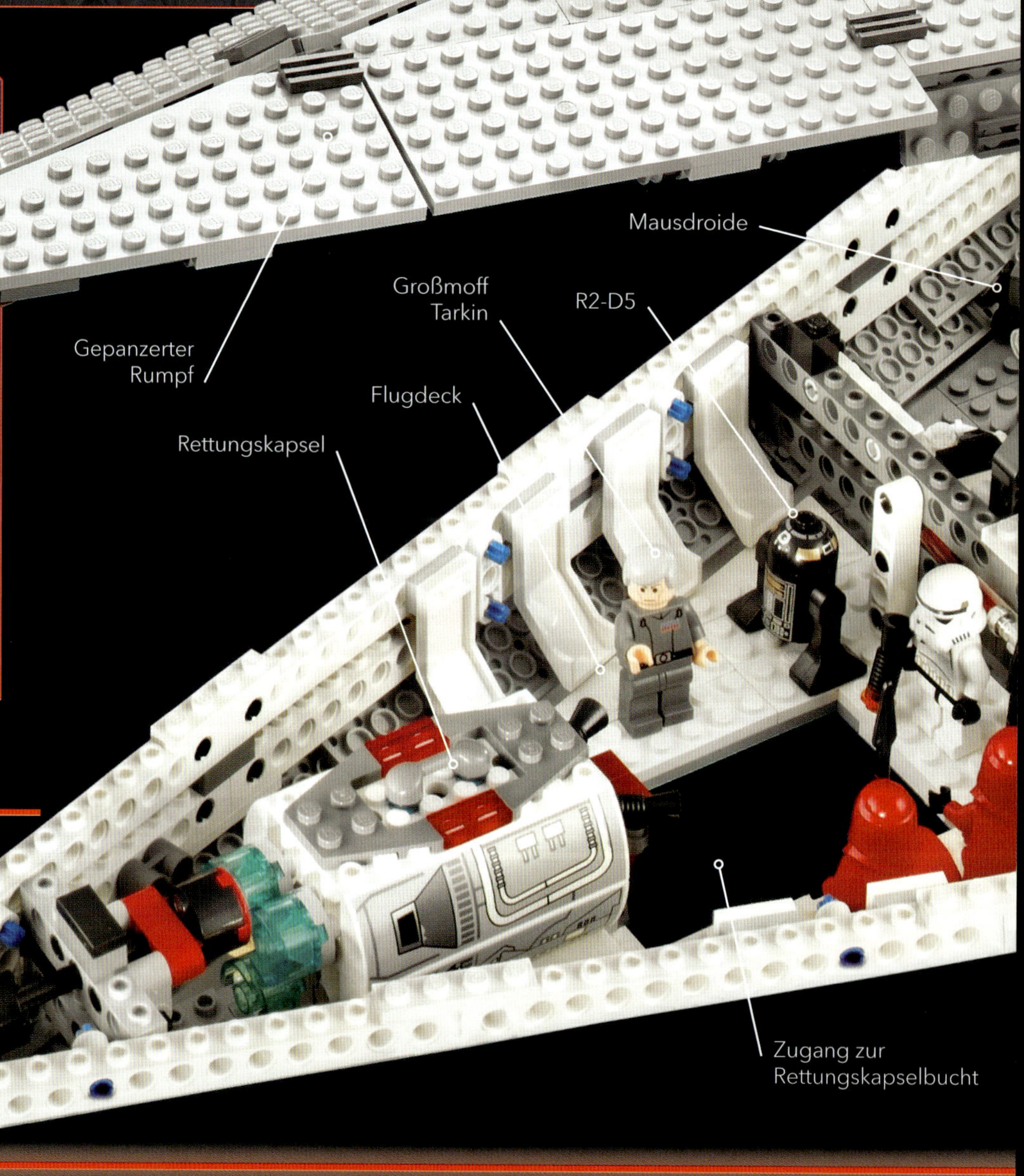

Vordere Systeme

Im Bug eines Sternenzerstörers werden starke Traktorstrahlen erzeugt. Das Modell verfügt über einen Mechanismus, der die Rettungskapsel unten aus einer Luke schleudert.

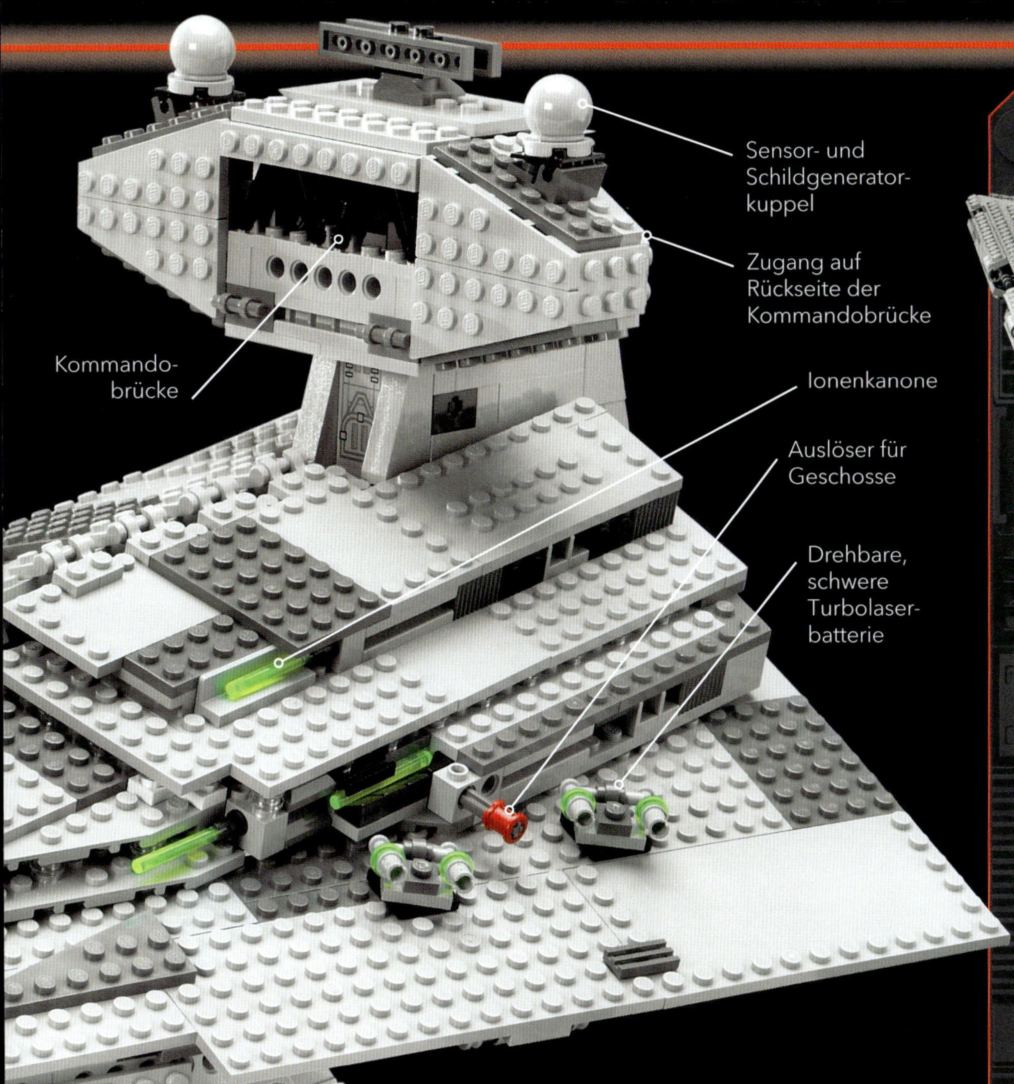

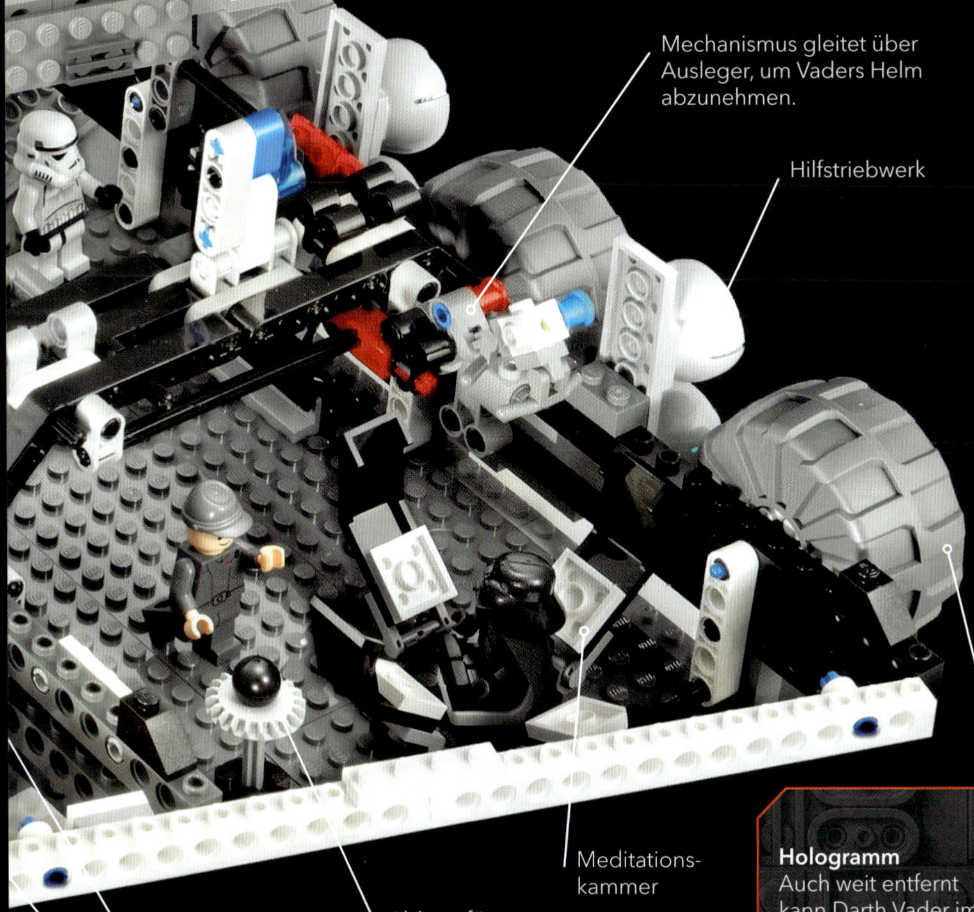

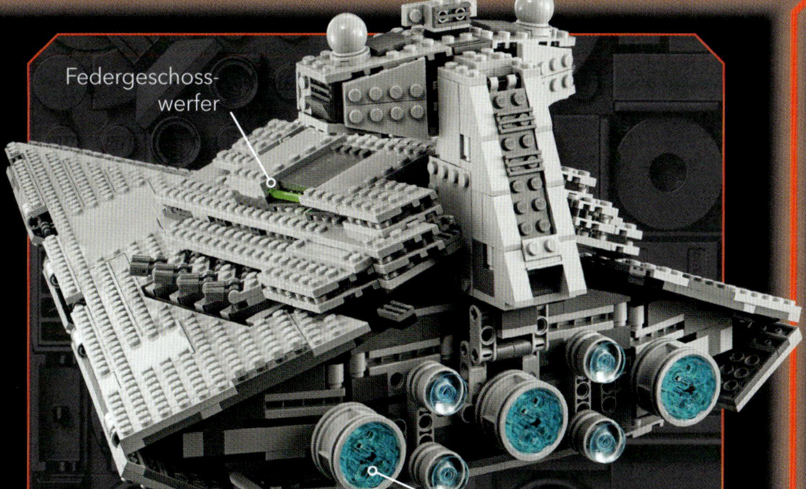

Set-Name Imperial Star Destroyer	
Nummer 75055	**Teile** 1359
Jahr 2014	**Quelle** IV–VI

Sternenzerstörer von 2014
Das gigantische Schiff wurde 2014 neu gestaltet. Im Innern ist die Brücke wie im Film aufgebaut und Aufkleber zeigen die Kontrollen. Außen gibt es brandneue Federgeschosswerfer zur Abwehr gegnerischer Schiffe.

Kom-Station
An der Kommunikationsstation erhalten imperiale Offiziere ihre Befehle – gelegentlich kommt eine Übertragung vom Imperator selbst!

Hologramm
Auch weit entfernt kann Darth Vader im Sternenzerstörer vor dem Hologramm seines Meisters knien und Befehle empfangen.

Set-Name Imperial Star Destroyer	
Nummer 6211	**Teile** 1366
Jahr 2006	**Quelle** IV
Maße Über 74 cm lang, über 38 cm breit, über 9 cm hoch	
Charaktere 9 – Darth Vader, Großmoff Tarkin, imperialer Offizier, 2 Sturmtruppler und 2 imperiale Ehrengardisten sowie R2-D5 und Mausdroide	

Frühe Rebellen

Von Anbeginn des Imperiums gibt es kleine Widerstandsgruppen, die hoffen, eines Tages die Demokratie in der Galaxis wiederherstellen zu können. Nach und nach gewinnen diese Rebellen an Stärke. Für ihre Einsätze nutzen sie verschiedenste Schiffe und Fahrzeuge.

▶ *Ghost*

Dieser stark modifizierte VCX-100-Frachter ist das Zuhause einer kleinen, als „Spectres“ bekannten Rebellengruppe. Die zweite LEGO Version zeigt die *Ghost* aus der Zeit der Realserie *Ahsoka*. Drei Rebellen – Hera Syndulla, ihr Sohn Jacen und der Droide Chopper – sind dort wieder vereint. Außerdem sind der Erste Offizier Hawkins und Lieutenant Beyta enthalten.

Set-Name *Ghost & Phantom II*	
Nummer 75357	**Teile** 1394
Jahr 2023	**Quelle** AH

▶ *Phantom II*

Als das Zusatzshuttle der Spectres, die *Phantom*, zerstört wird, ersetzen sie es durch die *Phantom II*, ein Shuttle der *Sheathipede*-Klasse. Beide können am Heck der *Ghost* andocken.

Set-Name *Ghost & Phantom II*	
Nummer 75357	**Teile** 1394
Jahr 2023	**Quelle** AH

▼ Wookiee-Kanonenboot

Viele Wookiees müssen als Sklaven für das Imperium arbeiten, aber ein paar sind ihren Häschern entkommen und setzen sich für die Freiheit ihrer Spezies ein. Ehemals Versklavte wie Wullffwarro unterstützen andere Rebellen mit ihren Kanonenbooten der *Auzituck*-Klasse.

Set-Name Wookiee Gunship	
Nummer 75084	**Teile** 570
Jahr 2015	**Quelle** REB

Kanan Jarrus **Ezra Bridger** **Hera Syndulla** **Zeb Orellios**

Die Spectres
Diese Rebellenzelle besteht aus dem Jedi Kanan Jarrus, seinem Schüler Ezra Bridger, Hera Syndulla, die Captain der *Ghost* ist, dem Lasat Zeb Orrelios, Graffiti-Künstlerin Sabine Wren und dem Droiden Chopper.

Sabine Wren **C1-10P (Chopper)**

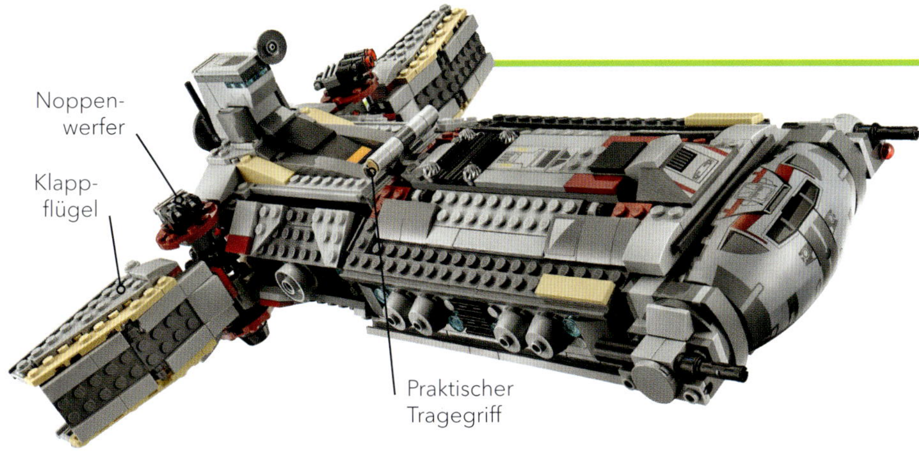

Phönixnest

Die Phönix-Zelle ist eine frühe Rebellengruppe. Angeführt wird sie von Commander Jun Sato und Anakin Skywalkers ehemaliger Schülerin Ahsoka Tano. Diese Fregatte der *Pelta*-Klasse ist ihr Hauptquartier.

Set-Name Rebel Combat Frigate	
Nummer 75158	**Teile** 936
Jahr 2016	**Quelle** REB

Ahsoka Tano

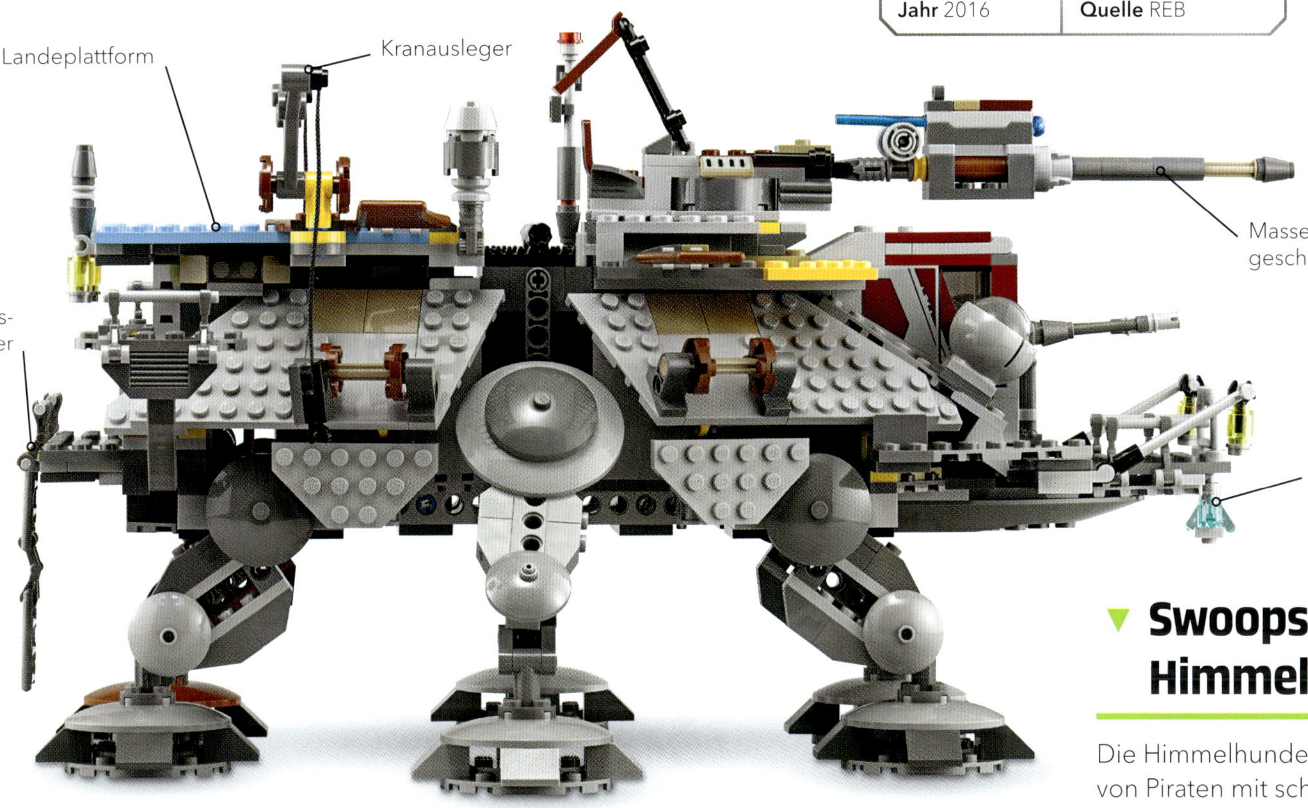

Captain Rex' AT-TE

Nach den Klonkriegen setzen sich die drei Klone Captain Rex, Commander Wolffe und Commander Gregor in einem alten AT-TE auf dem Planeten Seelos zur Ruhe. Sie wollen nichts mit der Rebellion zu tun haben, doch als sie die Spectres treffen, werden sie in den Konflikt mit dem Imperium hineingezogen. Rex schließt sich letztlich auch der Phönix-Rebellenzelle an.

Set-Name Captain Rex's AT-TE	
Nummer 75157	**Teile** 972
Jahr 2016	**Quelle** REB

Captain Rex

Commander Wolffe

Swoops der Himmelhunde

Die Himmelhunde sind eine Bande von Piraten mit schnellen Swoopschlitten. Sie stehen den Rebellen nahe und führen Überfälle auf das Imperium durch. Ihre Anführerin Enfys Nest hat einen Skyblade-330, ihr Kompagnon Weazel ein größeres Modell 221 mit Beiwagen.

Set-Name Cloud Rider Swoop Bikes	
Nummer 75215	**Teile** 355
Jahr 2018	**Quelle** S

Enfys Nest

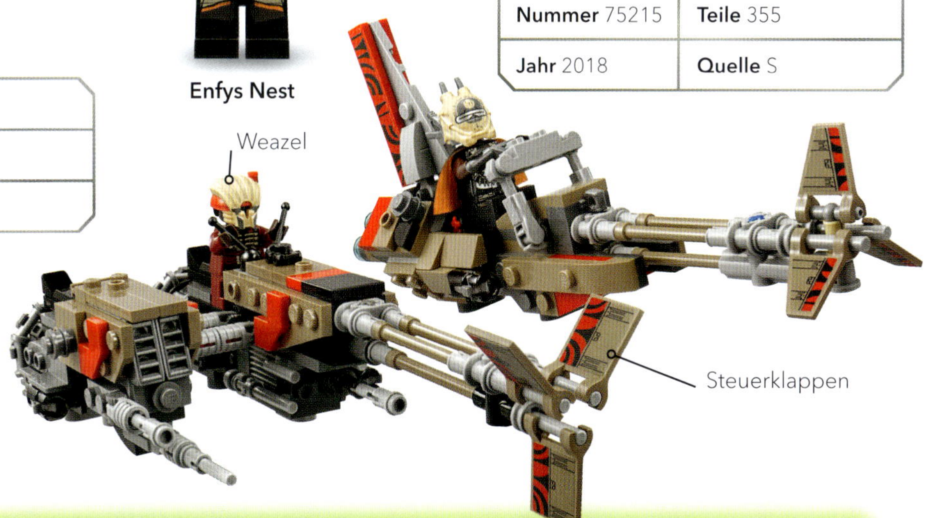

Rebellenallianz

Die Helden der Rebellenallianz widmen sich tapfer dem Sturz des Imperiums. Teils sind ihre Mitglieder Deserteure imperialer Truppen, oft aber auch Freiwillige ohne Einsatzerfahrung. Dank fähiger Anführer und einem bunten Mix aus Schiffen und Ausrüstung sind die Rebellen eine ernste Gefahr für Imperator Palpatines Schreckensherrschaft.

Leia Organa

Prinzessin Leia
Prinzessin Leia ist eine mutige Anführerin der Rebellion. Das Imperium nimmt sie in Haft und bringt sie an Bord des Todessterns. Im LEGO Set *Death Star Escape* (75229) versucht Luke Skywalker, mit Leia von dort zu entkommen.

▼ Y-Flügel-Sternenjäger

Die BTL-A4-Y-Flügler sind alt, leisten den Rebellen aber gute Dienste – nicht zuletzt im Einsatz gegen beide Todessterne. Sie verfügen über Hyperantrieb, Ionentriebwerke und viel Feuerkraft. Über Scarif trägt der robuste Jäger dazu bei, die Todessternpläne zu erbeuten. Dreht man am LEGO Technic Zahnrad, öffnet sich unten der Abwurfschacht.

Set-Name Y-Wing Starfighter	
Nummer 75172	**Teile** 691
Jahr 2017	**Quelle** R1

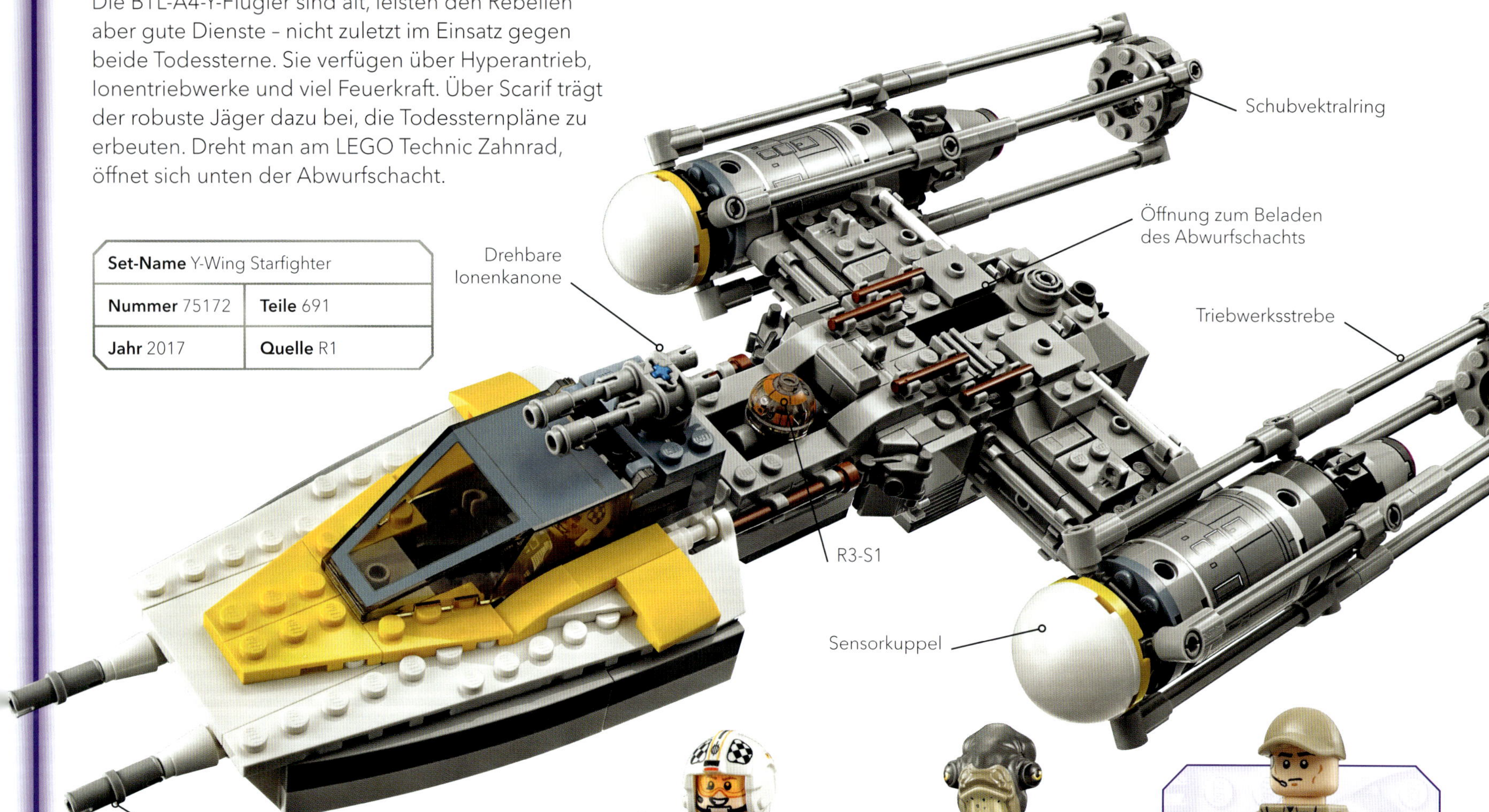

R3-S1
Dieser Astromech ist äußerst ehrgeizig. Der silberne Torsoaufdruck entspricht jedoch dem Standard für LEGO Astromechdroiden.

Y-Flügler-Pilot
Dieser Rebellenpilot hat einen detaillierten Aufdruck mit Gurtzeug von Guidenhauser sowie einer Einheit zur Lebenserhaltung.

Admiral Raddus
Raddus befehligt die Flotte der Rebellen. Über Scarif findet er mitsamt der *Profundity,* seinem Flaggschiff, ein vorzeitiges Ende.

Rebellentechniker

Ingenieurkorps
Mechaniker und Techniker der Rebellen warten und reparieren Raumschiffe und andere Fahrzeuge.

▼ *Tantive IV*

Als Senatorin von Alderaan reist Prinzessin Leia Organa in einem Diplomatenschiff, der *Tantive IV*. Mit ihm führt sie auch geheime Missionen für die Rebellenallianz aus – bis Darth Vader ihr Schiff einholt und an Bord stürmt.

Bail Organa

Captain Antilles

Set-Name *Tantive IV*	
Nummer 75244	**Teile** 1768
Jahr 2019	**Quelle** IV

▼ Rebellenbasis auf Yavin 4

Verborgen im Dschungel des Mondes Yavin 4 liegt das Hauptquartier der Rebellenallianz. Zum Set gehören eine Kommandozentrale, ein Einsatzbesprechungsraum, ein Wachturm und eine Bühne, um Luke und Han nach ihrem Erfolg im Gefecht auszuzeichnen. Ein Y-Flügler bietet Luftunterstützung.

Set-Name Yavin 4 Rebel Base	
Nummer 75365	**Teile** 1066
Jahr 2023	**Quelle** IV

▼ *Heimat Eins*

Mon-Calamari-Sternenkreuzer sind die größten Schiffe der Rebellenflotte. Von seinem Flaggschiff *Heimat Eins* aus führt Admiral Ackbar das Gefecht über Endor an. Das LEGO Modell wartet mit Brücke, Kommandozentrale und A-Flügler-Hangar auf.

Set-Name *Home One* Mon Calamari Star Cruiser	
Nummer 7754	**Teile** 789
Jahr 2009	**Quelle** VI

Admiral Ackbar

Crix Madine

Mon Mothma

Jyns Team

Als Jyn Erso vom Todesstern des Imperiums erfährt, wird ihr klar, dass das Schicksal der Galaxis davon abhängt, seine Schwachstelle zu finden. Sie überzeugt eine bunte Truppe von Rebellen, ihr dabei zu helfen, die Pläne der Raumstation zu stehlen. Ihrem Schiff geben sie den Rufnamen *Rogue One,* dann setzen Jyn, Cassian Andor, der Droide K-2SO und der Rest des Teams Kurs auf den imperialen Archivturm auf dem Planeten Scarif.

Jyn Erso

Allzeit bereit
Jyns praktische Schutzkleidung zeigt, in welch rauer Umgebung sie sich oftmals bewegt. Ihr warmer Poncho erweist sich auf der verregneten Welt Eadu als sehr nützlich.

Flucht mit dem Flitzer

Cassian Andor wird in die Rebellion verwickelt, als er sich mit Kontaktmann Luthen Rael trifft. Die zum Imperium gehörenden Pre-Mor-Sicherheitskräfte treiben Cassian auf Ferrix in die Enge. Luthen rettet Cassian das Leben und hilft ihm, mit einem Düsenschlitten zu fliehen.

Set-Name Ambush on Ferrix	
Nummer 75338	Teile 679
Jahr 2022	Quelle AN

Repulsorlift-antrieb

Steuerklappe

Ausleger

Imperialer Droide
Der umprogrammierte Rebellendroide K-2SO war einst dem Imperium treu – bis er Cassian Andor traf! Als Rebell ist er viel glücklicher, obwohl er es nicht gerne zeigt. Er steckt nur im Set *Krennic's Imperial Shuttle* (75156).

K-2SO

Cassian Andor
Obwohl er von der Rebellion anfangs nicht überzeugt ist, wird Cassian einer ihrer engagiertesten Streiter.

Luthen Rael
Luthen Rael handelt nicht nur mit Antiquitäten, er ist auch Rebell! Er setzt sein Leben aufs Spiel, um ein Netzwerk von Agenten zu leiten.

U-Flügler

Der U-Flügler ist ein Sternenjäger, der groß genug ist, um Truppen zu befördern – sie werden am Einsatzort abgesetzt und erhalten Deckung. Als die Rebellenallianz erfährt, dass das Rogue-One-Team erfolgreich auf Scarif gelandet ist, schickt man U-Flügler zur Verstärkung.

Cockpit

Rebell Bistan

Laserkanone

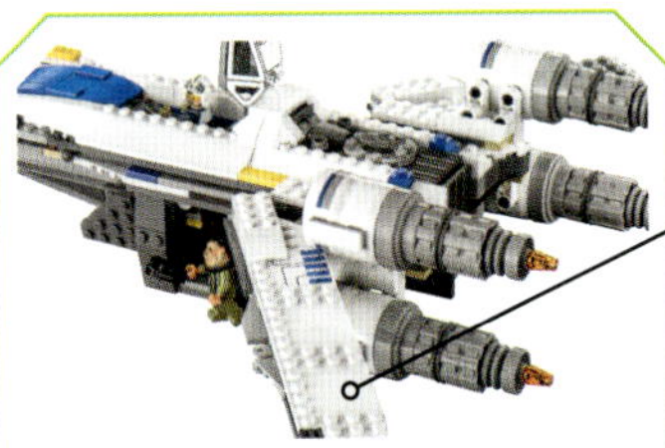

Gefechtsmodus

Die Flügel klappen zum Gefecht nach hinten.

Set-Name Rebel U-Wing Fighter	
Nummer 75155	Teile 659
Jahr 2016	Quelle R1

Variabler A280-VFE-Blaster

Auf Jedha getragene Jacke mit Pelzbesatz

Cassian Andor

Echte Renegaten
Jyn, Cassian und K-2SO werden bei ihrer Mission vom blinden Mönch Chirrut Îmwe und seinem Freund Baze Malbus sowie dem ehemaligen imperialen Piloten Bodhi Rook und dem Drabataner Pao unterstützt. Paos voller Name lautet an sich Paodok'Draba'-Takat Sap'De'Rekti Nik'Linke'Ti' Ki'Vef'Nik'NeSevef'Li'Kek!

Einsatz auf Scarif

Auf dem tropischen Scarif dringt das Team ins geheime Archiv ein, in dem die Pläne des Todessterns verwahrt werden. Im LEGO Set halten sich schließende Eingangstüren zum Archivturm, berstende Bodenplatten und zwei Küstentruppler Jyn und Cassian von ihrem Ziel fern.

Set-Name Battle on Scarif	
Nummer 75171	**Teile** 419
Jahr 2017	**Quelle** R1

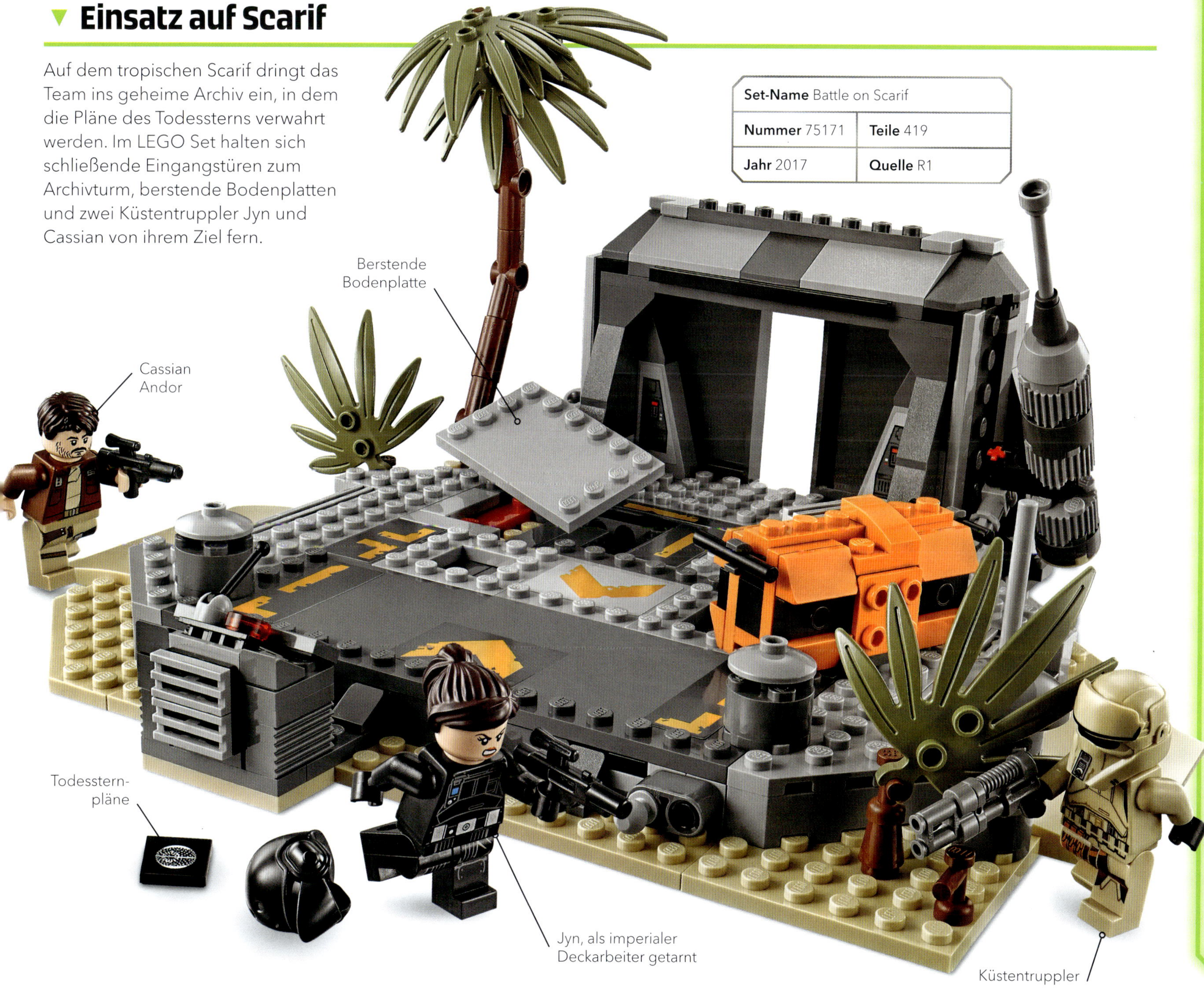

Echo-Basis

Auf der Eiswelt Hoth errichtet die Rebellenallianz ihre geheime, von einem enormen Energieschild geschützte Echo-Basis. Als das Imperium den Stützpunkt entdeckt, werden AT-ATs und AT-STs entsandt, um den Schildgenerator lahmzulegen. Mit Geschütztürmen und Schneegleitern geben die Rebellen alles, um sich zu verteidigen – dennoch muss die Allianz eine ihrer empfindlichsten Niederlagen hinnehmen.

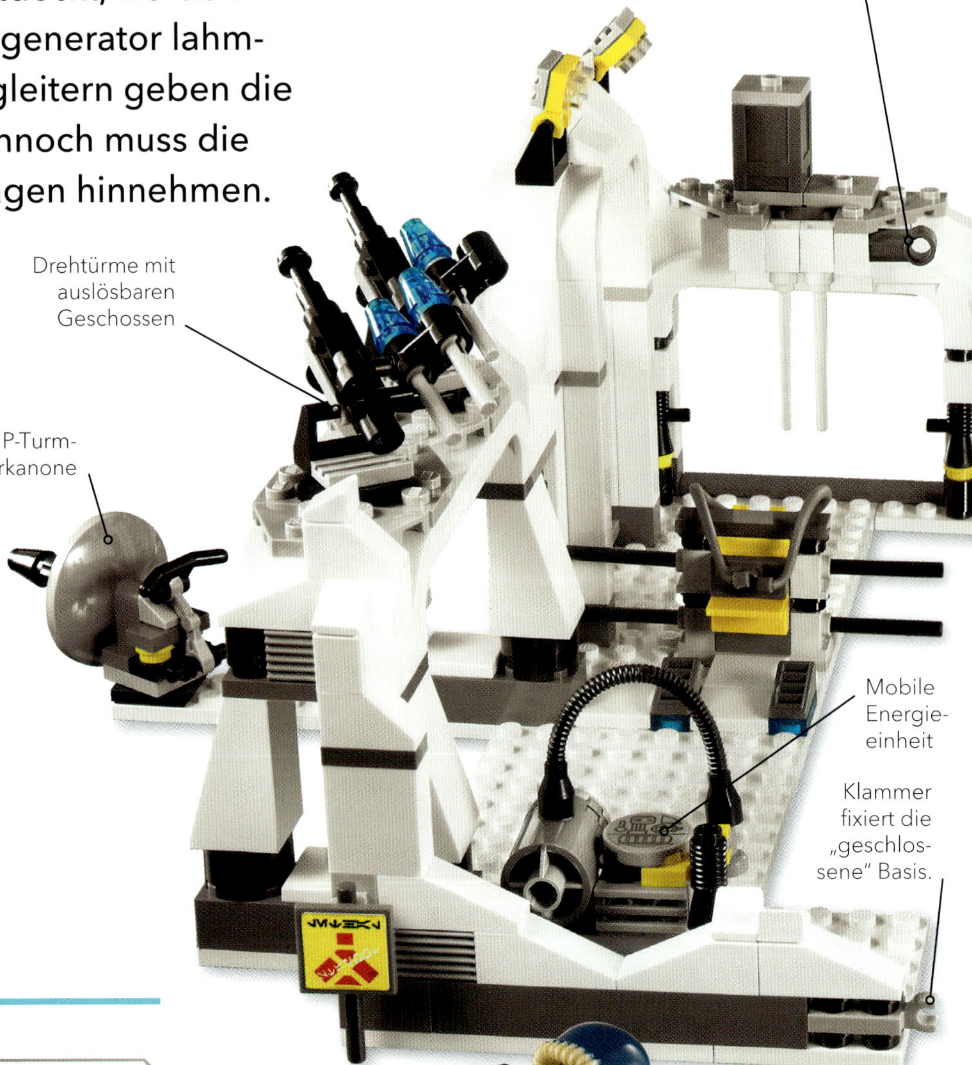

Protokolldroiden
K-3PO ist ein weißer Protokolldroide, der im Set *Hoth Rebel Base* (7666) den Rang eines Lieutenants erhält. Der exklusiv im Set *Hoth Echo Base* (7879) enthaltene R-3PO ist programmiert, imperiale Spione aufzuspüren.

K-3PO R-3PO

▼ Wampa-Höhle

Um den Fängen des Wampas zu entkommen, muss Rebellenheld Luke die Macht nutzen. Mit seiner Pranke kann das Eismonster eine Minifigur packen! Falls seine Beute entwischen sollte, hat es immer noch eine riesige Putenkeule.

Set-Name Hoth Wampa Cave	
Nummer 8089	**Teile** 297
Jahr 2010	**Quelle** V

Wampa

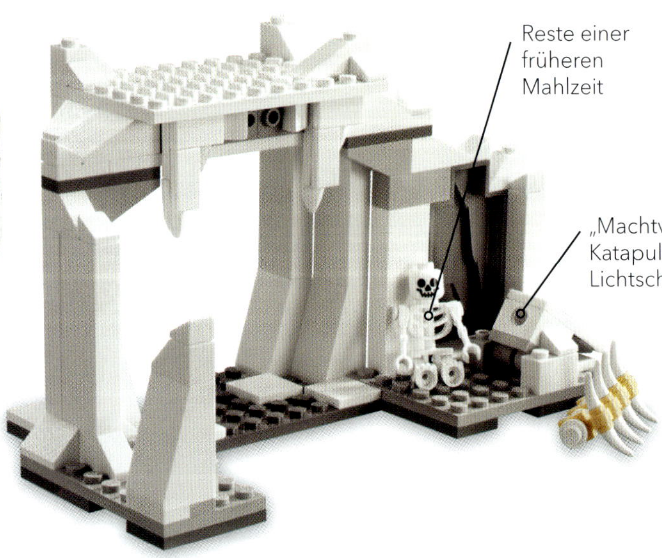

Tauntaun
Die Rebellen patrouillieren auf Hoth auf gezähmten Schneeechsen. Diese sogenannten Tauntauns trotzen eisigen Winden, riechen aber nicht sonderlich angenehm!

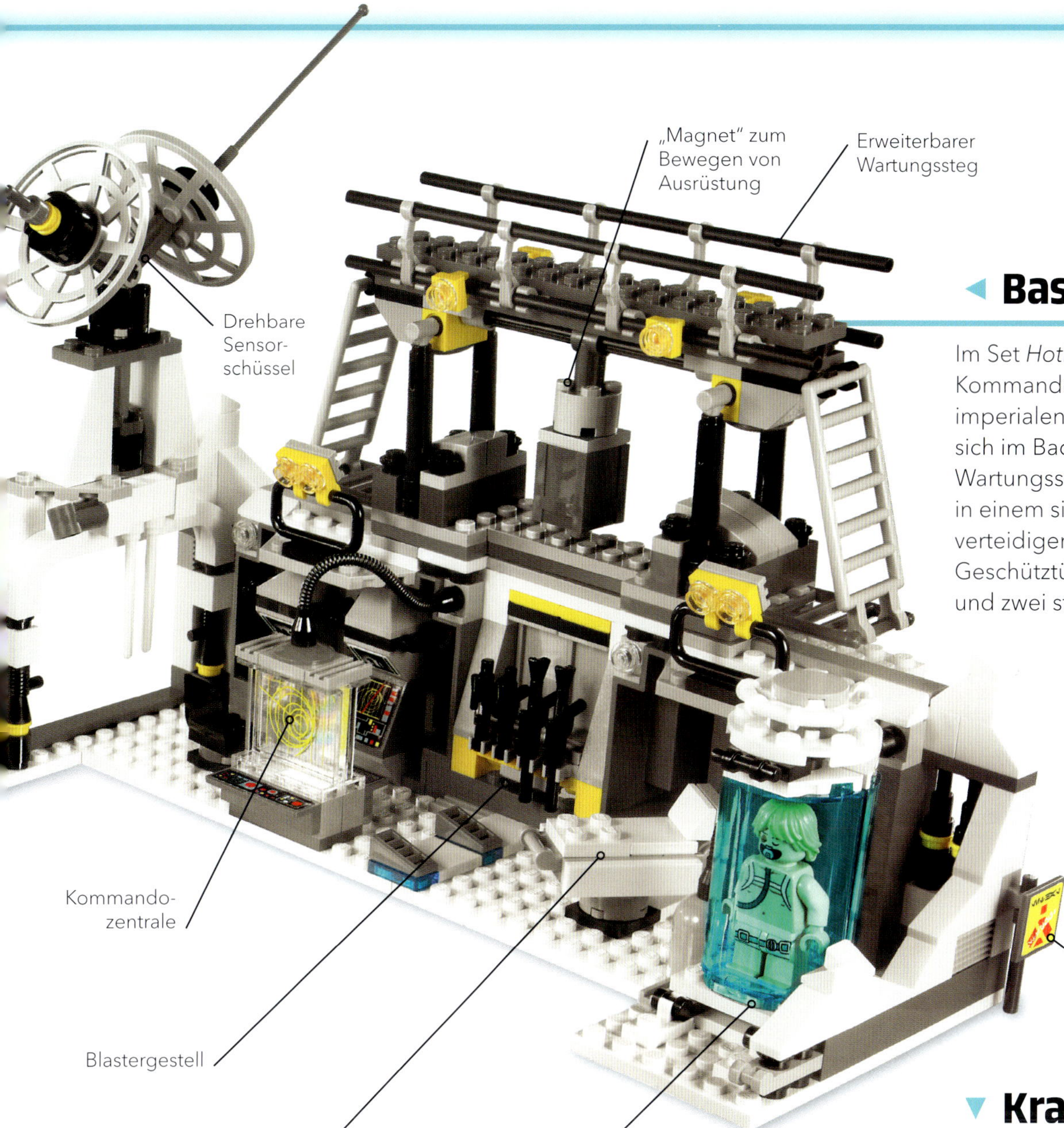

Basis auf Hoth

Im Set *Hoth Echo Base* (7879) ist einiges los: In der Kommandozentrale halten Droiden Ausschau nach imperialen Spionen, verwundete Rebellen erholen sich im Bacta-Tank, Techniker reparieren Schiffe vom Wartungssteg aus und Tauntauns tummeln sich in einem sicheren Stall. Als das Imperium anrückt, verteidigen die Rebellen ihren Stützpunkt mit Geschütztürmen, Blastern aus dem Wandgestell und zwei strategisch platzierten Eiszapfenfallen!

Set-Name Hoth Echo Base	
Nummer 7879	**Teile** 773
Jahr 2011	**Quelle** V

Krankenstation

Nachdem Luke von einem Wampa verletzt worden ist, bringt Han ihn zurück zur Echo-Basis. Leia und die Medidroiden 2-1B und FX-7 kümmern sich um ihn, während im Bacta-Tank seine Wunden heilen. Mit im Set enthalten sind auch ein Waschbecken und ein Behandlungsstuhl.

Set-Name Hoth Medical Chamber	
Nummer 75203	**Teile** 255
Jahr 2018	**Quelle** V

Rebellen auf Hoth

Nachdem die Rebellen heimlich die Echo-Basis auf Hoth errichtet haben, ist es nur eine Frage der Zeit, bis imperiale Suchdroiden sie finden. Schon bald müssen die Rebellen alle Kraft aufbieten, um sich dem Imperium entgegenzustellen.

Rebellensoldat (Hoth)
Die ersten Hoth-Soldaten von 1999 hatten gelbe Köpfe und braune Visiere. Die neuesten Minifiguren sind näher an der Filmversion. Sie tragen eine Schneebrille und haben einen detaillierten Torso mit aufgedruckten Granaten.

Set-Name Rebel Trooper Battle Pack	
Nummer 8083	**Teile** 79
Jahr 2010	**Quelle** V

▼ Lasereisbrecher

In der Eiseskälte von Hoth versagen die Fahrzeuge der Rebellen oft. Daher reiten sie auf Tauntauns und nutzen einsitzige Lasereisbrecher, während sie ihre Luftgleiter ans kalte Klima anpassen. Lasereisbrecher sind kleine Gleiter mit Drehgeschützen und Frontramme, um durch Eis und Schnee zu pflügen.

Rebellenoffizier (Hoth)

▼ Schneegleiter

Die Schneegleiter der Rebellen sind zivile T-47-Luftgleiter, die von ihnen für ihre Zwecke mit Laserkanonen an den Flügeln, frisiertem Antrieb und Panzerplatten (aber keinen Schilden) ausgestattet wurden. Der Schneegleiter von 2014 ähnelt vorherigen Modellen, hat aber neu gestaltete Flügel und Triebwerke, wobei der hintere Teil der Laserkanonen größer ist. Mit der Harpune kann ein Enterhaken mit Schleppseil ausgeworfen werden.

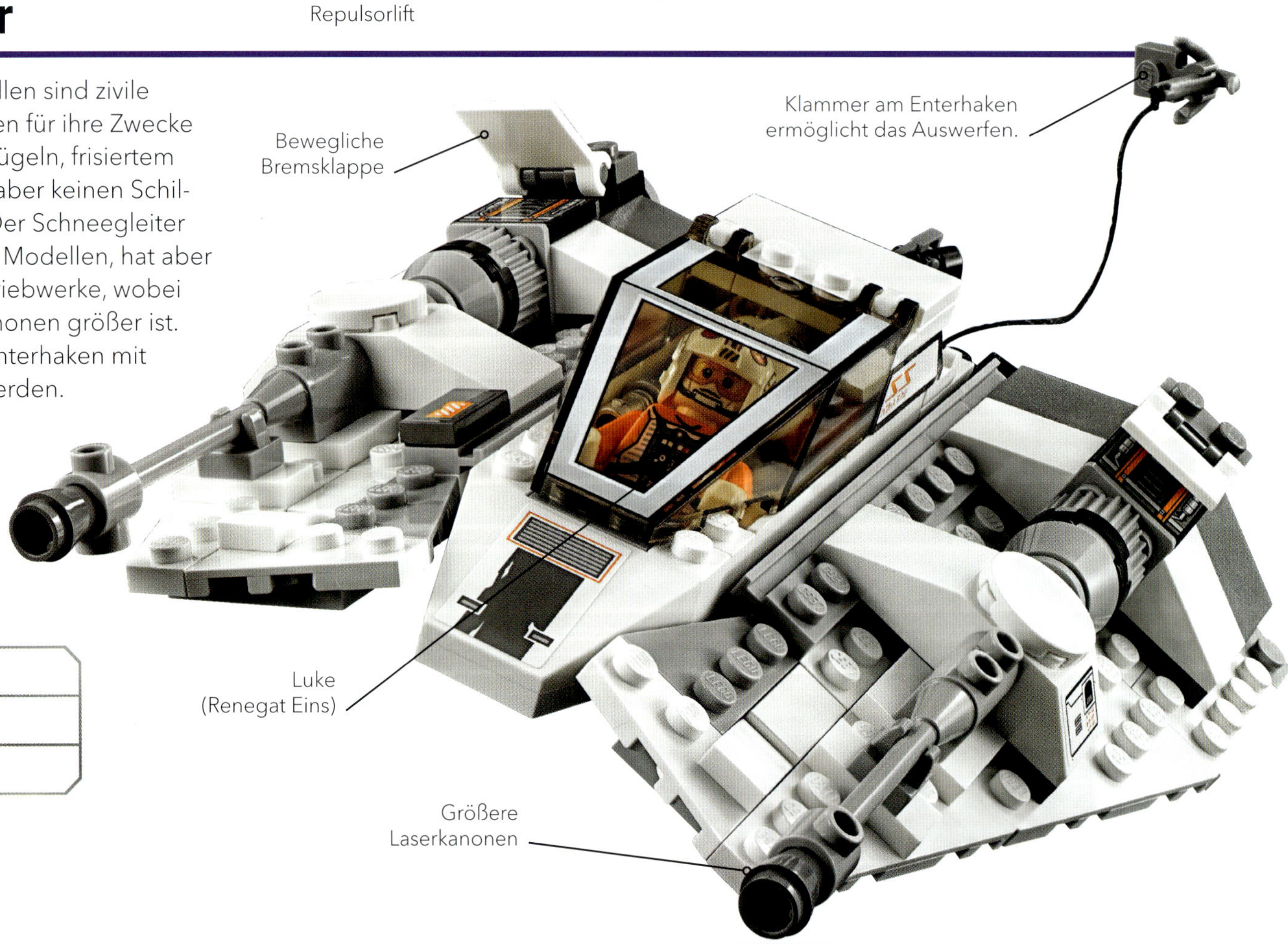

Set-Name Snowspeeder	
Nummer 75049	**Teile** 279
Jahr 2014	**Quelle** V

Gute Laune
Zev Senesca wirkt glücklich – vielleicht weil er Luke und Han nach eisiger Nacht im Freien gefunden hat. Seine Minifigur ist eine von vielen im orangen Fliegeranzug der Rebellen, aber die neueste Variante hat einen einmaligen, metallisch grauen Helm mit Kratzern.

Zev Senesca

▼ Imperiale Geschützstellung

Das Imperium rückt mit riesigen AT-ATs auf die Rebellenbasis auf Hoth vor – unterstützt von Einheiten mit mobiler Ausrüstung wie drehbaren Geschütztürmen und Sensoren.

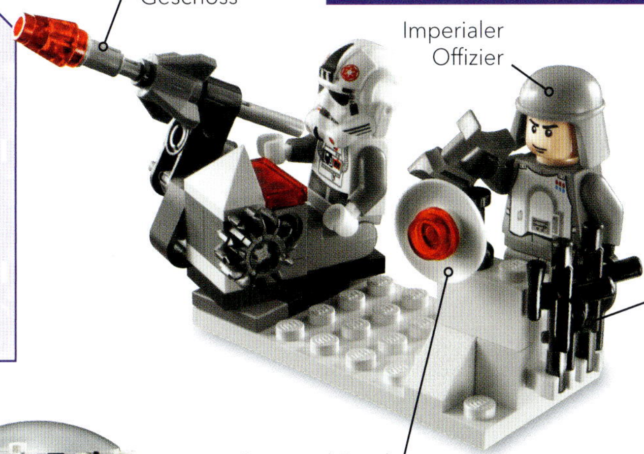

Set-Name Snowtrooper Battle Pack	
Nummer 8084	**Teile** 74
Jahr 2010	**Quelle** V

▶ Abwehrturm

In Gräben hinter verschneiten Felsgraten bilden Rebellensoldaten die erste Verteidigungslinie gegen die imperialen Truppen – unterstützt von hohen Abwehrtürmen.

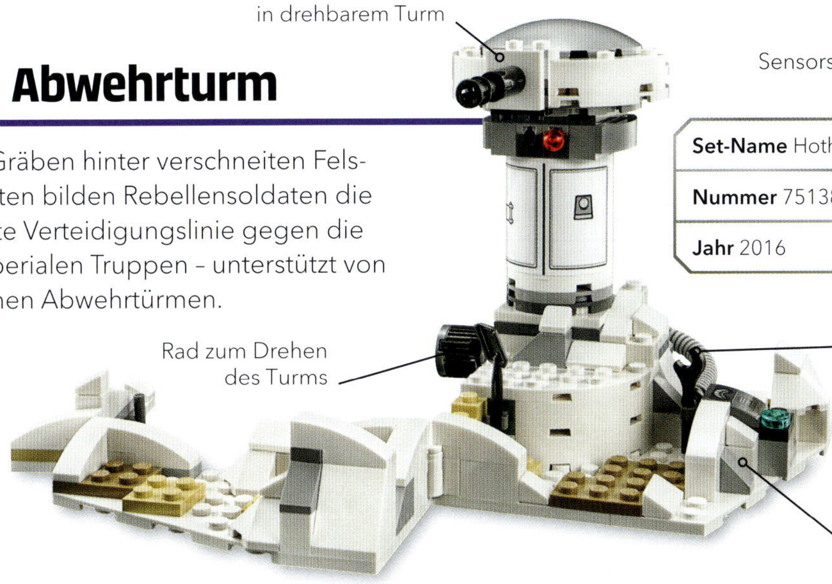

Set-Name Hoth Attack	
Nummer 75138	**Teile** 233
Jahr 2016	**Quelle** V

Imperialer Suchdroide
Sondendroiden (kurz Sobots) sind darauf programmiert, die Rebellen zu suchen und an imperiale Offiziere zu melden. Ein Sobot entdeckt Anzeichen dafür, dass Hoth bewohnt ist, woraufhin Vader seine Truppen entsendet.

▼ Geschützturm und Graben

Die von einem Energieschild geschützte Echo-Basis ist zusätzlich von Gräben und Geschützen umringt. Dort verteidigen Soldaten der Rebellen tapfer ihre Basis vor AT-AT-Läufern und anderen imperialen Einheiten auf Düsenschlitten und mit mobilen Geschützstellungen.

General Rieekan
Rieekan befehligt die Echo-Basis. Das Haar-Element kann gegen eine Mütze getauscht werden.

Set-Name Battle of Hoth	
Nummer 75014	**Teile** 426
Jahr 2013	**Quelle** V

Jedi im Exil

Nachdem er Darth Sidious die Treue geschworen hat, hilft Anakin Skywalker dem Sith, die Jedi zu jagen und die Republik ins Imperium zu verwandeln. Die wenigen überlebenden Jedi sind fortan auf der Flucht vor dem Imperator und Darth Vader. Obi-Wan Kenobi übergibt den kleinen Luke Skywalker auf Tatooine der Familie Lars und lässt sich in der Wüste nieder. Yoda versteckt sich auf einer kaum bekannten Randwelt.

Yoda (Dagobah)
Fast 900 Lebensjahre haben Yoda Geduld gelehrt und sein Aussehen verändert. Es gibt einige Varianten seiner Minifigur mit im Wesentlichen drei verschiedenen Kopftypen. Der Torso mit zerschlissener Robe und Blissl-Pfeife als Aufdruck findet sich nur im Set *Yoda's Hut* (75208).

Ben Kenobi

Junger Ben Kenobi
Obi-Wan Kenobi sieht mit seinem rotbraunen Haar noch relativ jung aus, als er als „Ben" ins Exil gehen muss. Nach der Rettung der jungen Prinzessin Leia versteckt Kenobi sein Lichtschwert wieder und zieht sich zurück.

▸ Yodas Hütte

Yoda überlebt die Order 66 am Ende der Klonkriege und begibt sich ins Exil auf Dagobah. Er landet in einer Rettungskapsel auf dem Sumpfplaneten, die er zu seiner Hütte umbaut. Yodas Leben ist genügsam. Zu seiner schlichten Einrichtung gehören ein Bett, ein Tisch und ein Kochtopf.

Set-Name Yoda's Hut	
Nummer 75208	**Teile** 229
Jahr 2018	**Quelle** V

▾ Obi-Wans Hütte

Obi-Wan zieht in eine verlassene Hütte am Rande von Tatooines Dünenmeer. Von dort wacht er über Anakins Sohn Luke und wartet darauf, ihn mit der Macht vertraut zu machen. Schließlich taucht Luke mit einem bekannten Droiden und einem Hilferuf von Prinzessin Leia auf.

Ben Kenobi (Tatooine)
Im Exil auf Tatooine hält sich Obi-Wan so gut wie möglich von anderen fern. Unter seinem neuen Namen „Ben Kenobi" führt er ein einsames Leben.

Ben Kenobi (Jedi-Meister)
Obi-Wans Exil endet, als er einen Hilferuf von Prinzessin Leia erhält. Er schlüpft in seinen Jedi-Mantel und bricht mit Luke zu einer Rettungsmission auf.

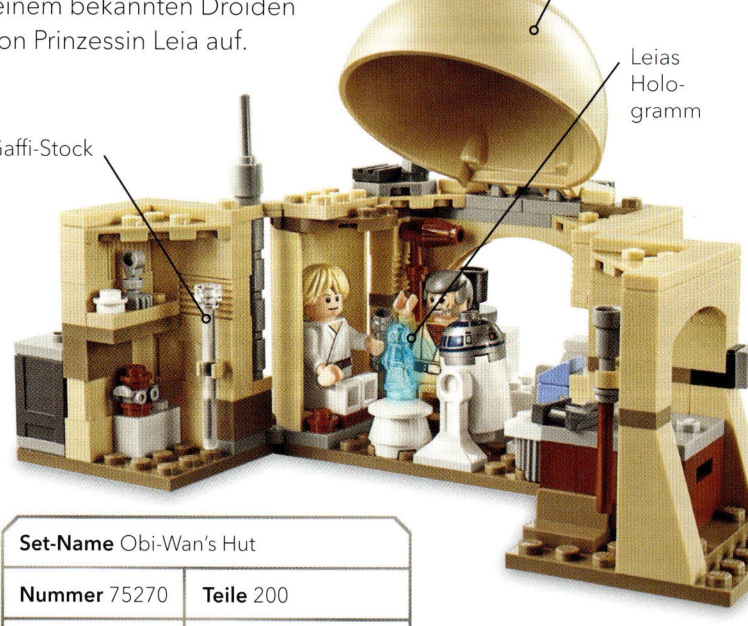

Set-Name Obi-Wan's Hut	
Nummer 75270	**Teile** 200
Jahr 2020	**Quelle** IV

Boba Fett

Boba Fett, der Sohn des Kopfgeldjägers Jango Fett, tritt in die Fußstapfen seines Vaters, um zum gefürchtetsten Kopfgeldjäger der Galaxis zu werden. Dank seines großen Talents und der ausgefallenen Ausrüstung erledigt Fett so manchen „unmöglichen" Auftrag. Er ergreift Han Solo im Auftrag von Darth Vader und lädt ihn eingefroren in Karbonit in sein Schiff.

▶ Boba Fetts Raumschiff

Boba Fett erbt sein Patrouillenschiff der *Firespray*-Klasse von seinem Vater Jango. Er hat selbst einige Extras eingebaut und etliche Bordsysteme deutlich verbessert. Das Modell von 2021 hat einen aufklappbaren Laderaum, ein Cockpit und Flügel, die sich automatisch in den Flugmodus drehen. Dazu wartet es mit Federgeschossen und drehbaren Doppelblastern am Heck auf. Im Schiff findet sich ein in Karbonit eingefrorener Gamorreaner.

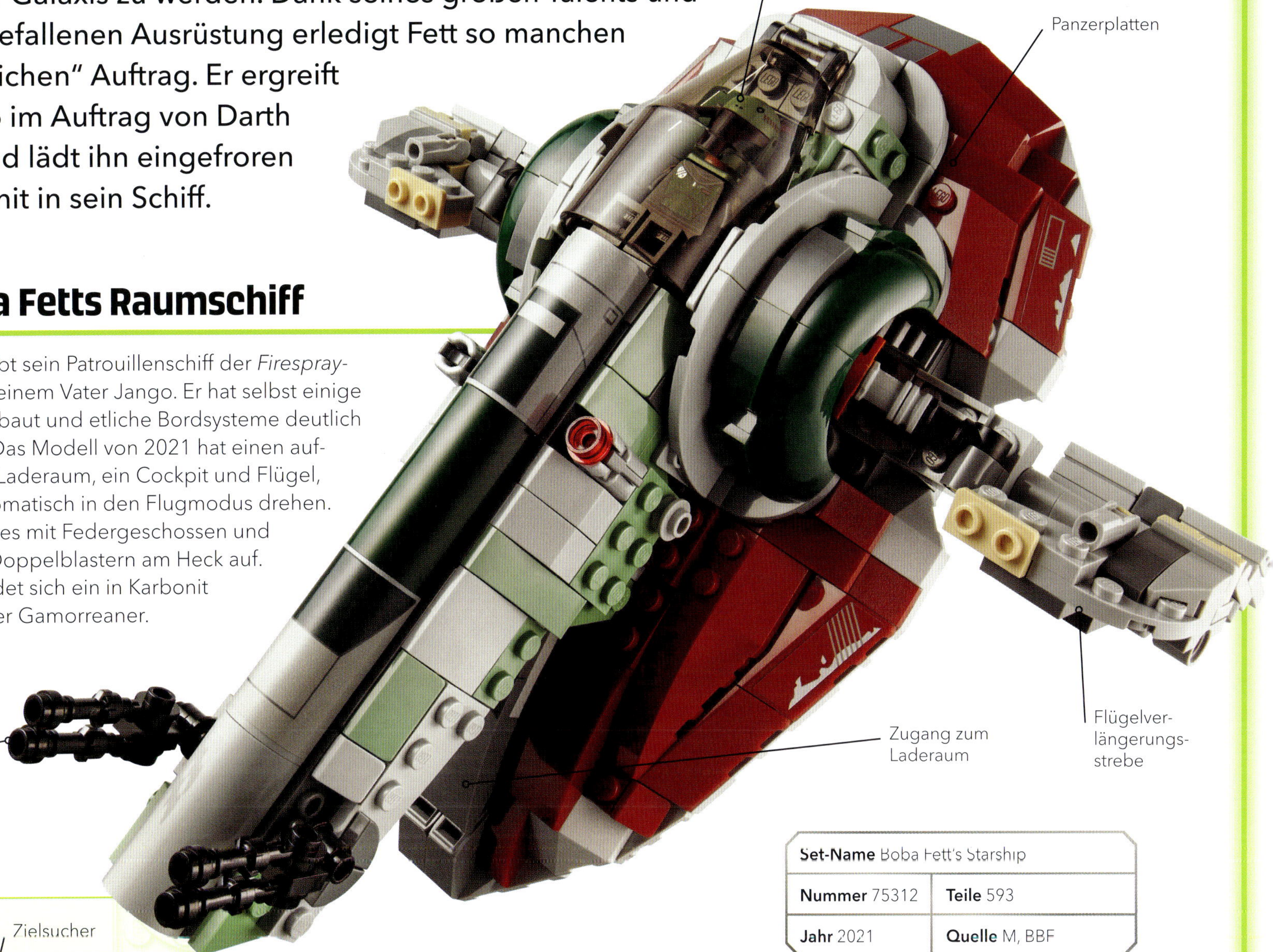

Set-Name Boba Fett's Starship	
Nummer 75312	**Teile** 593
Jahr 2021	**Quelle** M, BBF

Boba Fett
Zu Bobas Minifigur gehören eine umlackierte mandalorianische Rüstung, Jetpack, Cape und ein Helm mit drehbarem Zielsucher.

Weitere Jäger
Nach den Ereignissen auf Hoth heuert Darth Vader Kopfgeldjäger an, um den *Millennium Falken* zu verfolgen. Neben Fett brechen der Mensch Dengar, der Trandoshaner Bossk, der insektoide Zuckuss, Attentäterdroide IG-88 und der abtrünnige Protokolldroide 4-LOM zur Jagd auf.

IG-88 **Bossk** **Dengar**

Wolkenstadt

Lando Calrissian
Landos Minifigur von 2018 hat einen detailreichen Umhang.

Von Hoth aus fliehen Han Solo und Chewbacca mit Leia und C-3PO zur Wolkenstadt, einer über dem Gasplaneten Bespin schwebenden Minenkolonie. Zugleich ist sie ein Freizeitresort. Ihr Administrator Lando Calrissian ist ein alter Freund und manchmal auch Rivale von Han. Aber noch vor Solo und den anderen treffen Boba Fett und Darth Vader dort ein, um Luke Skywalker in eine Falle zu locken – und es kommt zum Duell!

Duell mit Vader

Luke fliegt zur Wolkenstadt, um seine Freunde zu retten. Doch als er dort eintrifft, erwartet Vader ihn bereits in der Kohlenstoffgefrierkammer. Ihr Duell führt sie in einen Kontrollraum über einem riesigen Reaktorschacht. Luke wird durch ein zersplittertes Fenster gesogen – und es kommt zum finalen Schlagabtausch auf einem schmalen Steg.

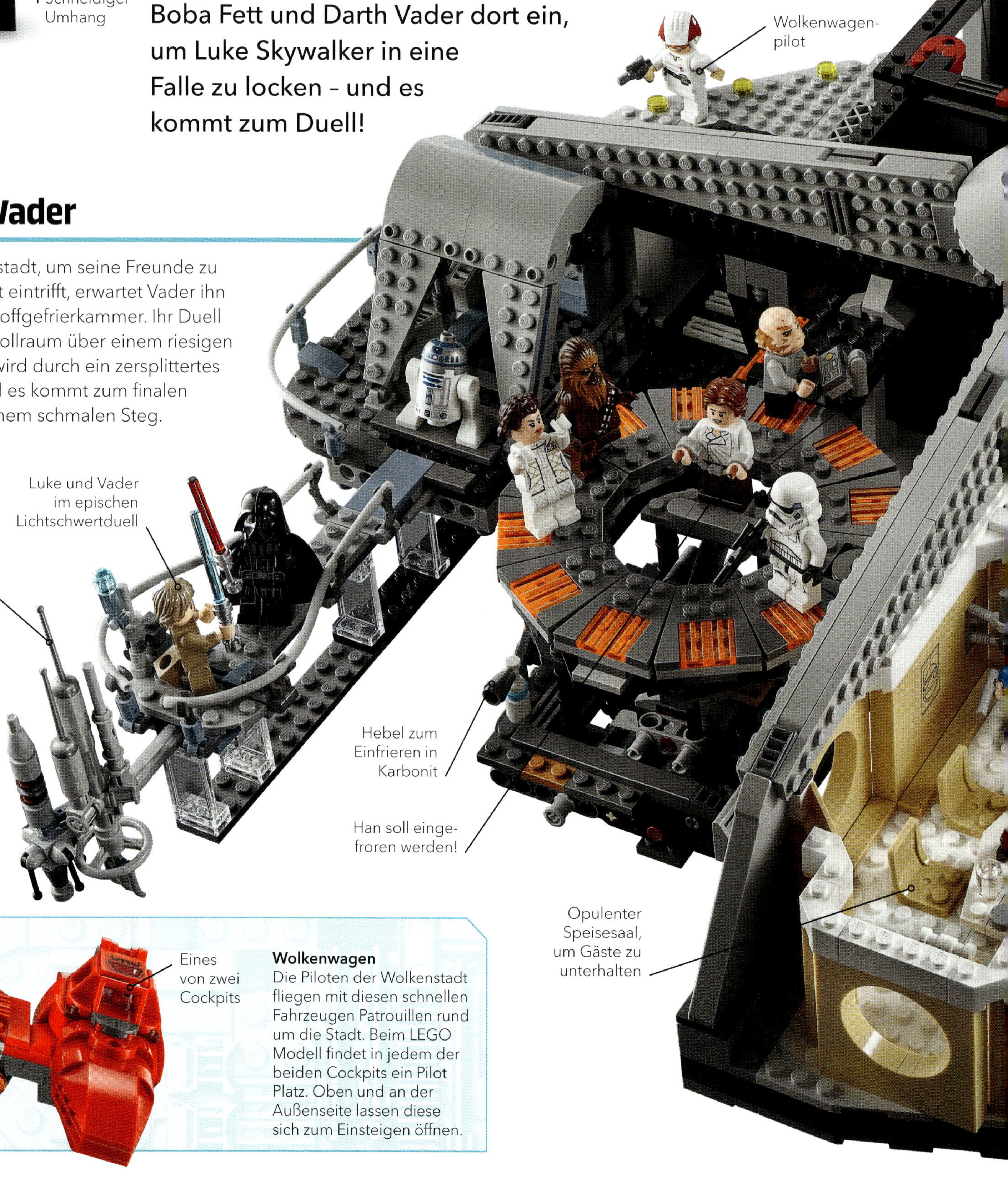

Wolkenwagen
Die Piloten der Wolkenstadt fliegen mit diesen schnellen Fahrzeugen Patrouillen rund um die Stadt. Beim LEGO Modell findet in jedem der beiden Cockpits ein Pilot Platz. Oben und an der Außenseite lassen diese sich zum Einsteigen öffnen.

LEGO Fakten

Das 2018 veröffentlichte Set *Betrayal at Cloud City* ist das erste der Master Builder Series (MBS). Diese großen Spielsets sind komplexe Modelle mit eindrucksvollen Dioramen, vielen tollen Spielfunktionen und einer ganzen Menge Minifiguren.

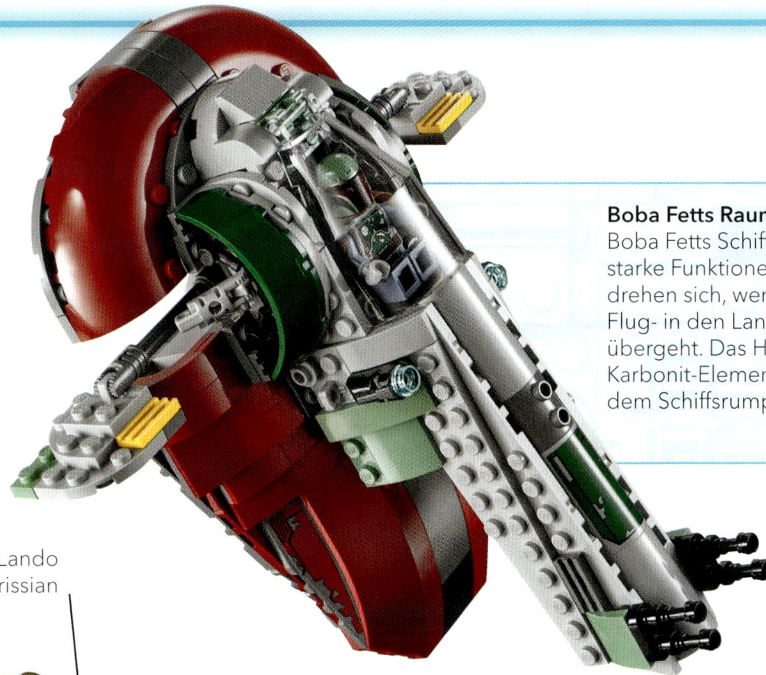

Boba Fetts Raumschiff
Boba Fetts Schiff hat viele starke Funktionen. Die Flügel drehen sich, wenn es vom Flug- in den Landemodus übergeht. Das Han-Solo-in-Karbonit-Element findet unter dem Schiffsrumpf Platz.

Landeplattform

Raumschiffe landen auf einer Plattform am Rande der Wolkenstadt. Als Han und die anderen mit dem *Millennium Falken* dort eintreffen, empfängt sie Lando Calrissian.

Sith-Überraschung
Lando führt Han und dessen Freunde zu einem Speisesaal – eine Falle! Der Dunkle Lord der Sith und seine Sturmtruppler warten darauf, sie zu verhaften.

Set-Name Betrayal at Cloud City	
Nummer 75222	**Teile** 2812
Jahr 2018	**Quelle** V
Maße Über 56 cm lang, über 56 cm breit, über 16 cm hoch	
Charaktere 20 – Luke Skywalker, Han Solo (in Hoth- und in Bespin-Outfit), Prinzessin Leia (in Hoth- und in Bespin-Outfit), Chewbacca, C-3PO, Lando Calrissian, Lobot, 2 Wolkenstadtwachen, 2 Wolkenwagenpiloten, Ugnaught, Darth Vader, 2 Sturmtruppler, Boba Fett und IG-88 sowie R2-D2	

Jabba der Hutt

Jabba ist ein mächtiger, schneckenartiger Hutt mit schleimiger Haut, unstillbarem Appetit und großem, sabberndem Maul. Der Gangster ist für seine zwielichtigen Geschäfte in der galaktischen Unterwelt berüchtigt. Beschützt wird er von Handlangern, deren Treue er sorgsam prüft. Luke Skywalker und seine Freunde wollen Han Solo aus Jabbas Fängen befreien, riskieren dabei jedoch, dass sie ihm selbst zum Opfer fallen.

Jabba der Hutt
Jabbas mächtige Minifigur zeigt ihn mit all seinen Hautfalten, katzenartigen Augen und Tattoo auf dem Arm.

▼ Jabbas Palast

Jabbas Palast gehörte einst dem geheimnisvollen Orden der B'omarr-Mönche, die sich weiter in den unteren Geschossen herumtreiben. Kanonen und Raketen schützen den Palast vor Eindringlingen und weitere Gefahren erwarten jene, die töricht genug sind einzutreten. In der Festung wimmelt es nur so von Verstecken, Falltüren und anderen Überraschungen – ganz zu schweigen von den üblen Gestalten, die sich in den düsteren Gewölben tummeln.

Set-Name Jabba's Palace	
Nummer 9516	**Teile** 717
Jahr 2012	**Quelle** VI

Rotta

Rotta der Huttling
Jabbas Sohn Rotta kann dank des Kreises an der Unterseite von anderen Minifiguren in der Hand getragen werden. Er steckt im Set des AT-TE (7675) und der *Twilight* (7680), mit denen man seine Entführung und Rettung zu Beginn von *The Clone Wars* nachstellen kann.

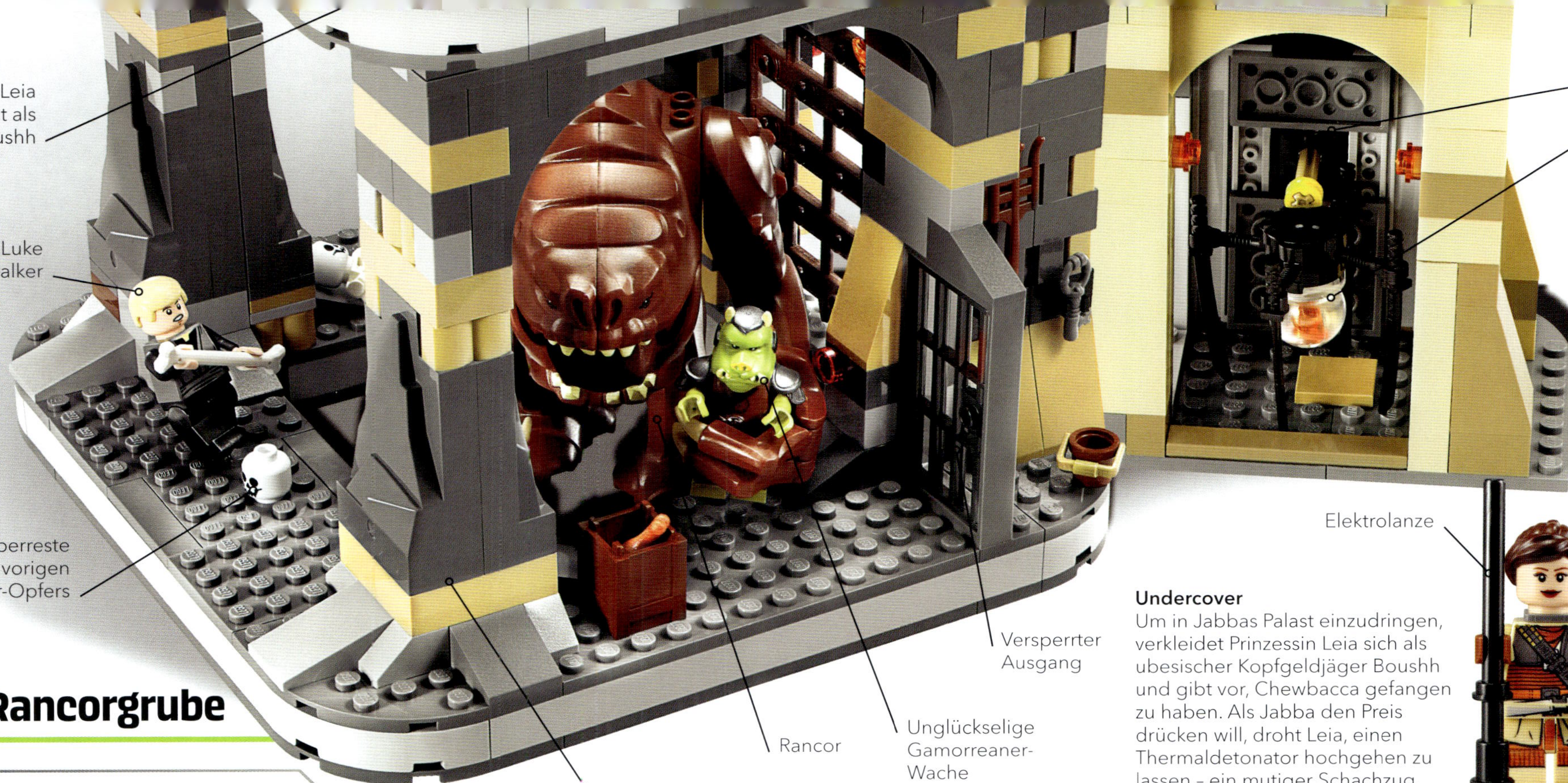

Boushh

Undercover
Um in Jabbas Palast einzudringen, verkleidet Prinzessin Leia sich als ubesischer Kopfgeldjäger Boushh und gibt vor, Chewbacca gefangen zu haben. Als Jabba den Preis drücken will, droht Leia, einen Thermaldetonator hochgehen zu lassen – ein mutiger Schachzug, der Jabba Respekt abringt.

Rancorgrube

Set-Name Rancor Pit	
Nummer 75005	**Teile** 380
Jahr 2013	**Quelle** VI

Der erste LEGO Rancor lebt unter Jabbas Thronsaal und labt sich an jenen, die den fiesen Hutt verärgern. Das Modell findet unter dem Palast Platz – eine Minifigur kann durch eine Falltür hinabstürzen, während Jabbas Schergen von oben gaffen. Ein Fallgitter hält den Rancor in der Grube. Das Set enthält auch Schlüssel, Heugabel und Eimer.

Rancor

Jabbas Gefolge
Fremdartige Wesen bevölkern Jabbas Palast – von Wachen bis hin zu Hofnarren.

Bib Fortuna
Der Twi'lek Bib Fortuna ist Jabbas rechte Hand. Die 2012 aktualisierte Minifigur (Set 9516) schaut finster und bleckt ihre spitzen Zähne.

Oola
Oola ist eine grünhäutige Twi'lek mit einzigartigem Aufdruck und Kopf-Element. Sie stürzt durch die Falltür und wird vom Rancor gefressen.

Malakili
Malakili kümmert sich um Jabbas Rancor. Dreht man nach dessen Tod den Kopf, offenbart sich ein weinendes Gesicht – er mag die Bestie sehr.

B'omarr-Mönch
Diese seltsamen Mönche verpflanzen ihre Gehirne in von spinnenartigen Droidenkörpern getragene Gläser. Ihre Beine sind LEGO Samuraischwerter.

Gamorreaner-Wache
Die schweineartigen Wachen dienen als tumbe Kraftprotze. Ihre dritte Variante hat bedruckte Beine und einen Torso mit vielen Details.

Salacious B. Crumb
Der kowakianische Echsenaffe besteht aus einem einzigen LEGO Element. Er ist Jabbas persönlicher Hofnarr und lacht hinterhältig über das Unglück der Gäste.

Jabbas Segelbarke

Dieses auf Repulsorlifts schwebende Vergnügungsschiff bringt Jabba den Hutt und sein Gefolge zu Podrennen, Gladiatorenwettbewerben und anderen zwielichtigen Aktivitäten. Der Verbrecherlord segelt damit auch zur Großen Grube von Carkoon. Dort will er mit ansehen, wie Luke Skywalker an die Bestie darin verfüttert wird.

Von hinten

▶ Die *Khetanna*

Kein Hutt, der etwas auf sich hält, kommt ohne eine Luxussegelbarke aus. Ursprünglich war die *Khetanna* ein reines Vergnügungsschiff, wurde aber an Jabbas Bedürfnisse angepasst – mit Gefängniszellen, Panzerung und einem Deckgeschütz zum Schutz vor rivalisierenden Banden. Jabbas LEGO Segelbarke von 2013 hat zudem eine große Kanone, die man aus dem gepanzerten Rumpf ausfahren kann. Drei Seitenwände des Modells klappen herunter, damit Jabba beste Sicht auf Lukes letzte Momente hat, ohne seinen Thron verlassen zu müssen.

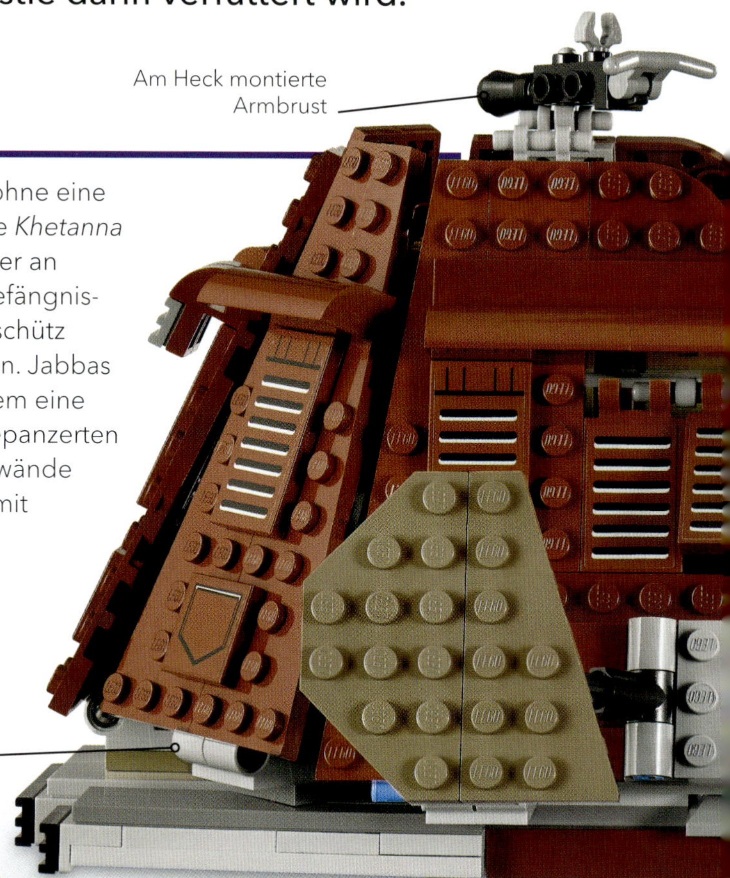

▼ Sandskiff

Sandskiffs dienen zum Befördern von Passagieren oder Gefangenen zu Jabbas Palast und von dort weg. Han stürzt sich auf eine Skiffwache, als Luke gezwungen wird, über die Planke zu gehen.

Set-Name Desert Skiff Escape	
Nummer 75174	**Teile** 277
Jahr 2017	**Quelle** VI

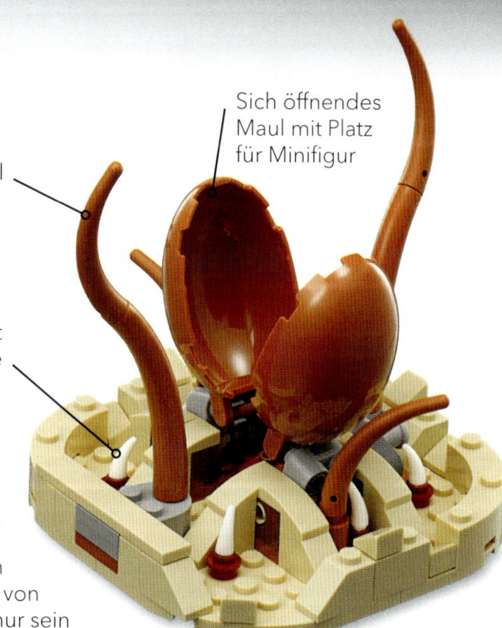

Sarlaccgrube
Seit Jahren verfüttert Jabba mit Freude seine Gegner an den Sarlacc in der Grube von Carkoon. Man sieht nur sein klaffendes Maul, der Rest des Körpers ist tief im Wüstensand eingegraben.

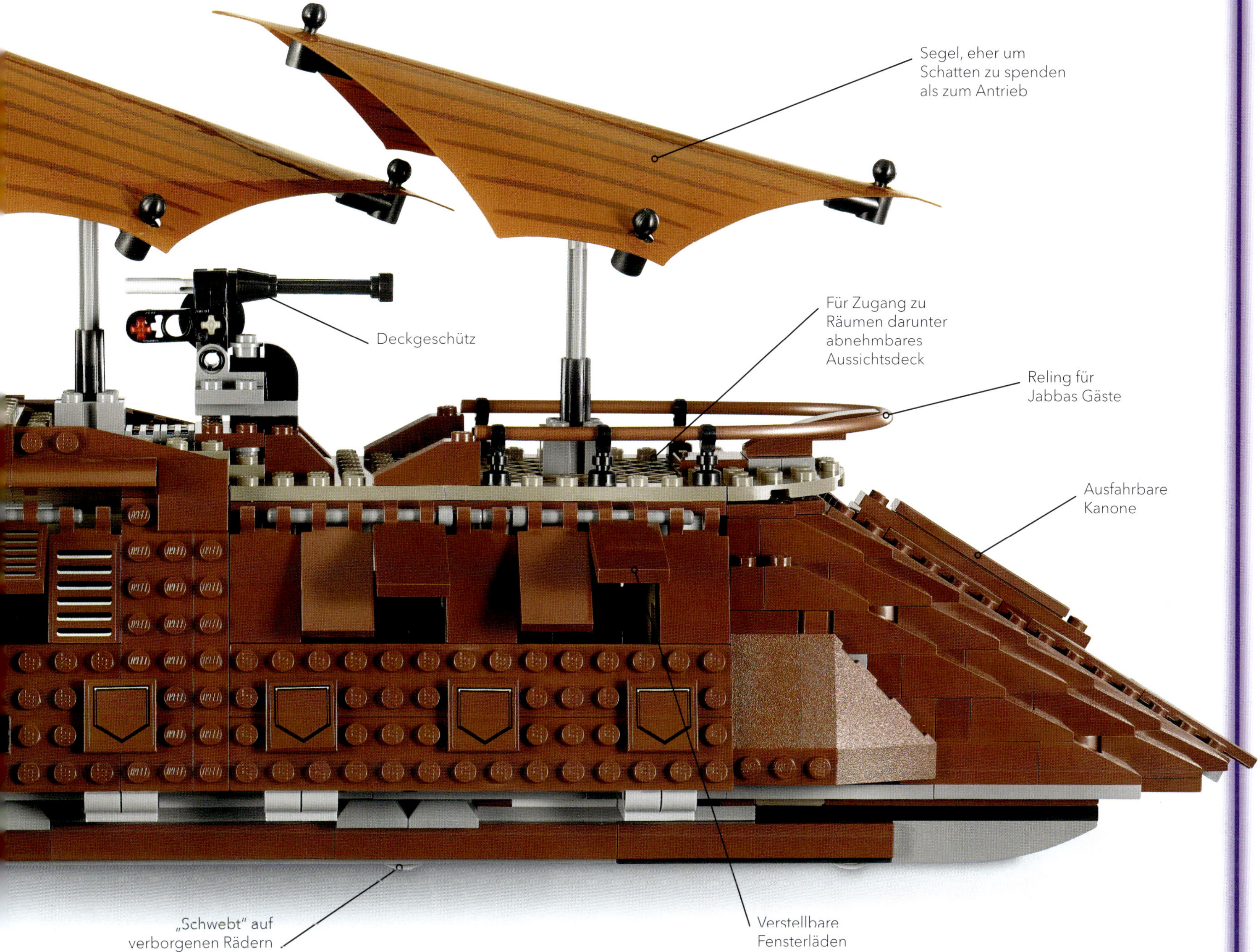

Max Rebo
Der Ortolaner Max Rebo ist ein Musiker, der exklusiv für Jabba spielt. Mit den Fingern haut er in die Tasten seiner Rotballdüsenorgel – und er nimmt mit ihnen auch Nahrung auf!

Ree-Yees
Der kriminelle Gran Ree-Yees ist auf der Flucht und inmitten von Jabbas Gefolge untergetaucht. Sein Versteck ist aber nicht das allerbeste, da die Segelbarke in die Luft gejagt wird – mit ihm an Bord.

Set-Name Jabba's Sail Barge	
Nummer 75020	**Teile** 850
Jahr 2013	**Quelle** VI
Maße Über 45 cm lang, über 22 cm breit, über 22 cm hoch	
Charaktere 6 – Prinzessin Leia, Max Rebo, Ree-Yees und Weequay-Skiffwache sowie Figur von Jabba dem Hutt und R2-D2	

Schlacht von Endor

Der zweite Todesstern des Imperiums ist von einem Schutzschild umgeben, den ein Generator auf dem Waldmond Endor erzeugt. Die Rebellen müssen all ihre Kräfte sammeln, um das böse Imperium ein für alle Mal zu Fall zu bringen. Die Schlacht von Endor findet dabei sowohl im All rund um den Todesstern als auch am Boden auf dem Waldmond statt.

A-Flügler

Die Rebellen bauten diese blitzschnellen Jäger vor der Schlacht von Endor als Geleitschiffe. Drei A-Flügler spielen eine entscheidende Rolle im Raumgefecht und erledigen Vaders Flaggschiff, die *Executor*.

Set-Name A-Wing Starfighter	
Nummer 75175	**Teile** 358
Jahr 2017	**Quelle** VI

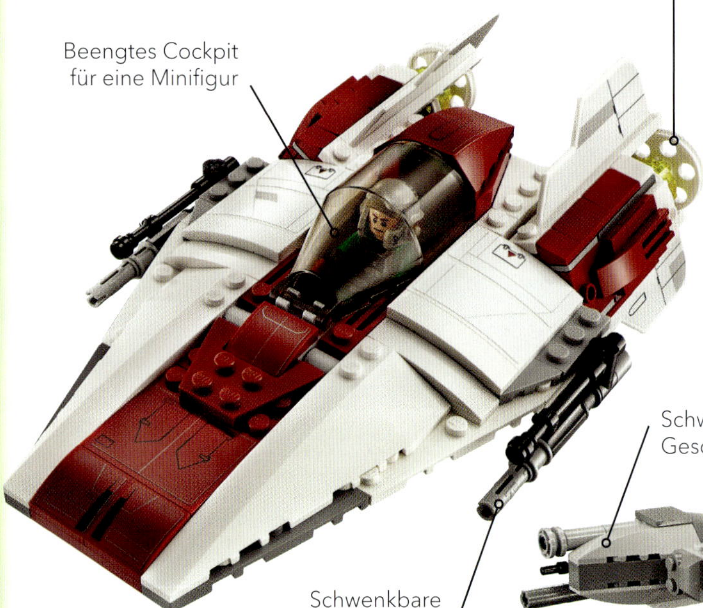

A-Flügler-Pilot

B-Flügler

Der B-Flügler ist der stärkste Sternenjäger der Rebellenflotte. Die S-Flügel können in Flug- und Gefechtsmodus gehen und zur Landung eingeklappt werden. Seine Kanonen verfügen über einen Sprungfedermechanismus.

Set-Name B-Wing	
Nummer 75050	**Teile** 448
Jahr 2014	**Quelle** VI

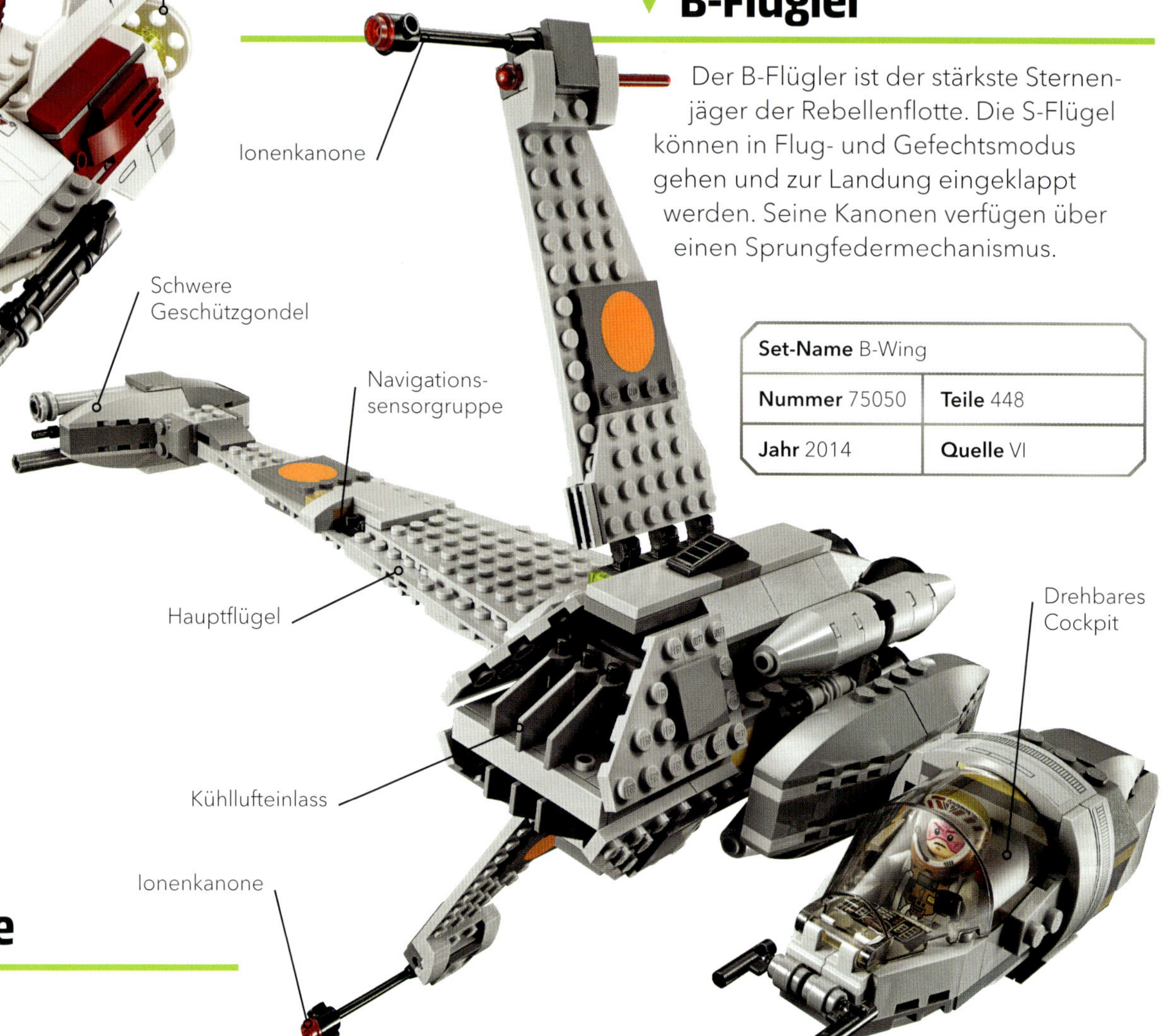

Kommandozentrale

Die Rebellen führen ihre Truppen bei Endor von einer mobilen Kommandozentrale an Bord eines riesigen Mon-Calamari-Sternenkreuzers aus. Auch A-, B- und Y-Flügler starten aus den Hangars des Schiffs.

Set-Name B-Wing at Rebel Control Center	
Nummer 7180	**Teile** 338
Jahr 2000	**Quelle** VI

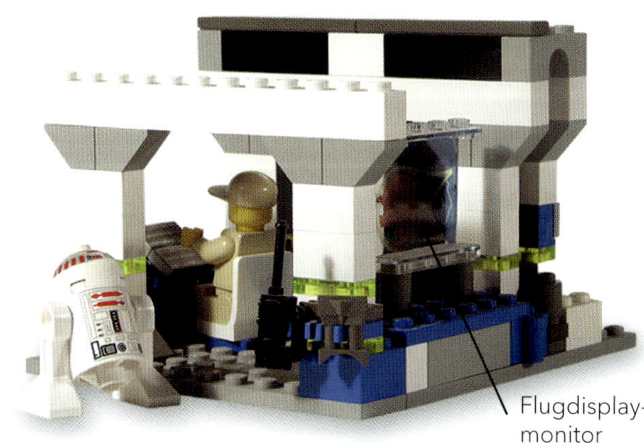

Hilfreiche Ewoks

Der Waldmond Endor ist bewohnt von Ewoks. Sie helfen den Rebellen gegen die imperialen Truppen, die den Schildgeneratorbunker bewachen. Zwei Scouttruppler auf Düsenschlitten sind ebenfalls Teil des Sets. Die pelzigen Ewoks setzen sich mit einfachen Katapulten und Hängegleitern zur Wehr. Sie sind tapfer und erfinderisch!

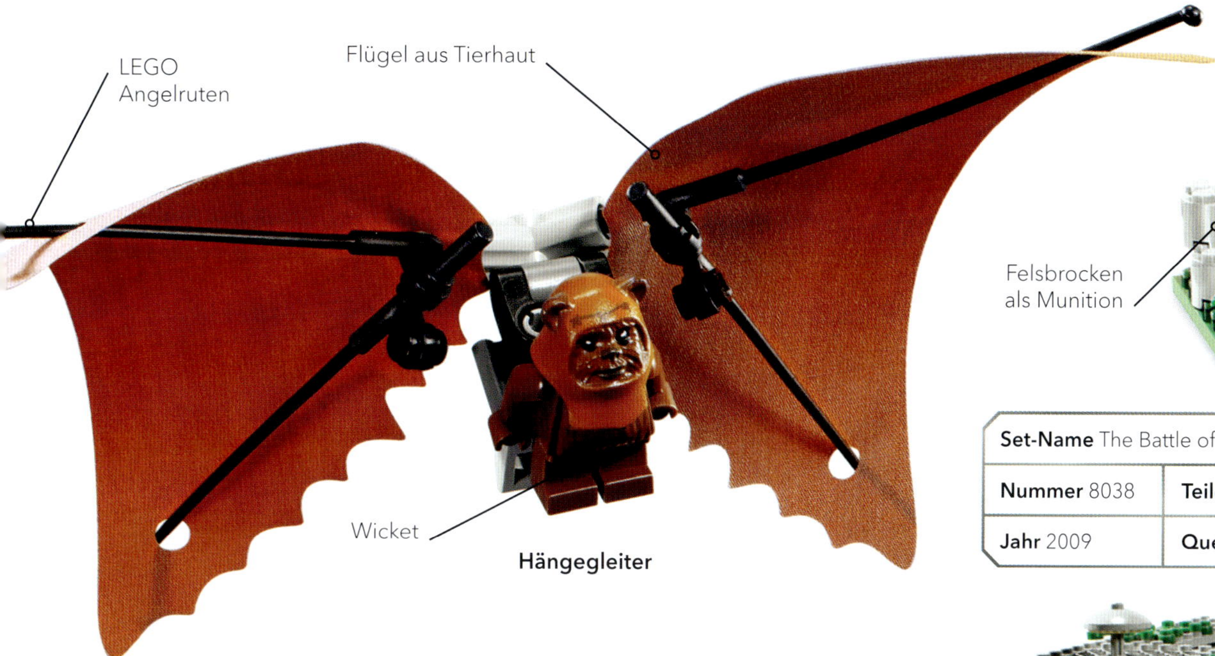

Hängegleiter

Katapult

Set-Name The Battle of Endor	
Nummer 8038	**Teile** 890
Jahr 2009	**Quelle** VI

Von vorne

Schildgeneratorbunker

Der imperiale Schildgenerator wird von einem Bunker auf dem Waldmond aus erzeugt. Ein Stoßtrupp der Rebellen um Han Solo, Leia und Chewie (und zwei Kommandosoldaten) muss an zwei Scouts vorbei, um zum Hintereingang zu gelangen. Im Innern wartet ein weiterer imperialer Soldat.

Set-Name The Battle of Endor	
Nummer 8038	**Teile** 890
Jahr 2009	**Quelle** VI

Innen

Hellerbaumdorf

Tief in den Wäldern des Monds Endor liegt Hellerbaumdorf, das Zuhause der Ewoks. Ihre hölzernen Baustoffe sind zwar einfach, doch die findigen Ewoks haben damit eine verzweigte Anlage von Baumhäusern mit versteckten Schutzvorrichtungen geschaffen. Als die Rebellen in ihr Gebiet stolpern, werden sie unterschiedlich empfangen, können die pelzigen Wesen aber schnell als wertvolle Verbündete für sich gewinnen.

Set-Name Ewok Village	
Nummer 10236	**Teile** 1990
Jahr 2013	**Quelle** VI
Maße Über 55 cm lang, über 35 cm breit, über 35 cm hoch	
Charaktere 16 – Luke Skywalker, Han Solo, Prinzessin Leia, Chewbacca, C-3PO, Wicket W. Warrick, Häuptling Chirpa, Logray, Teebo, Ewok-Krieger, 2 Kommandosoldaten der Rebellen, 2 Scouttruppler und 2 Sturmtruppler sowie R2-D2	

Ewoks
Die fünf Ewoks aus diesem LEGO Set sind detaillierter bedruckt als vorherige Ewok-Minifiguren – zum Beispiel mit Knochen- und Federschmuck. Die Ewoks stellen auf diese Weise ihre Jagdtrophäen zur Schau.

Wicket W. Warrick

Lagerfeuer
Han findet sich auf der Speisekarte für ein Festmahl zu Ehren von C-3PO wieder! Dreht man den Spieß, berührt die Minifigur die Flammen-Elemente, die so wirken wie ein loderndes Feuer.

Göttlicher Droide
Die Ewoks halten C-3PO für einen Gott und tragen ihn in einer Sänfte in ihr Dorf. Sein „Thron“ findet im Hauptmodell Platz und kann an einer durchsichtigen Stange angehoben werden, als ob Luke die Macht nutzt – oder C-3PO göttliche Kräfte.

C-3POs Sänfte

Sturmtruppler, aufgepasst! Ewoks sind Meister einfacher, aber schlagkräftiger Technik. Ein Auslöser lässt zwei Stämme zusammenkrachen, um imperiale Düsenschlitten auszuschalten.

Häuptling Chirpa **Logray** **Ewok-Krieger** **Teebo**

Din Djarin

Der für viele nur als „der Mandalorianer“ oder „Mando“ bekannte Din Djarin ist ein einsamer Kopfgeldjäger mit einschüchterndem Ruf. Er lernte als mandalorianisches Findelkind, dem „Weg“ zu folgen – alten Regeln und Überzeugungen einer Gruppe von Mandalorianern, die Kinder der Watch genannt werden.

Alte und neue Rüstung
Zwei von Djarins Minifiguren tragen braune Rüstungsplatten aus Durastahl, fünf seine neue, silberne Rüstung aus eingeschmolzenem Beskar mit imperialer Prägung, das er für einen Auftrag erhalten hat.

Neue Rüstung aus Beskar

▼ Geheime Schmiede

Tief im Äußeren Rand liegt in der Kanalisation von Nevarro-Stadt eine mandalorianische Schmiede verborgen. Das LEGO Modell wartet mit allem auf, was die fähige Schmiedin benötigt, um Rüstungen aus Beskar anzufertigen – einem der härtesten Metalle der Galaxis. Die Schmiedin folgt dem Weg ihrer Ahnen. Kenntnisreich und weise steht sie allen Mandalorianern mit Rat und Tat zur Seite und fertigt ihnen Rüstungsteile an.

Rätselhaftes Kind
Grogu ist ein machtsensitives Kind, das zu Djarin eine enge Beziehung aufbaut. Sie bilden einen Clan von zweien – ein Schlammhorn ist ihr Siegel.

Set-Name The Armorer's Mandalorian Forge	
Nummer 75319	**Teile** 258
Jahr 2021	**Quelle** M

Set-Name The *Razor Crest*	
Nummer 75292	Teile 1023
Jahr 2020	Quelle M

Razor Crest

Din Djarin hat keine Heimatbasis, daher ist die *Razor Crest* ebenso sein Schiff wie sein Zuhause. Er fliegt mit Grogu von Planet zu Planet und verdingt sich als Kopfgeldjäger. Das ramponierte Schiff stammt noch aus vorimperialen Zeiten, aber Djarin hat es an seine Bedürfnisse angepasst. Die Seitenwände unter den Triebwerken klappen herunter und offenbaren den schlichten Innenraum samt zwei Karbonitblöcken mit gefangenen Minifiguren.

Alte Rüstung aus Durastahl

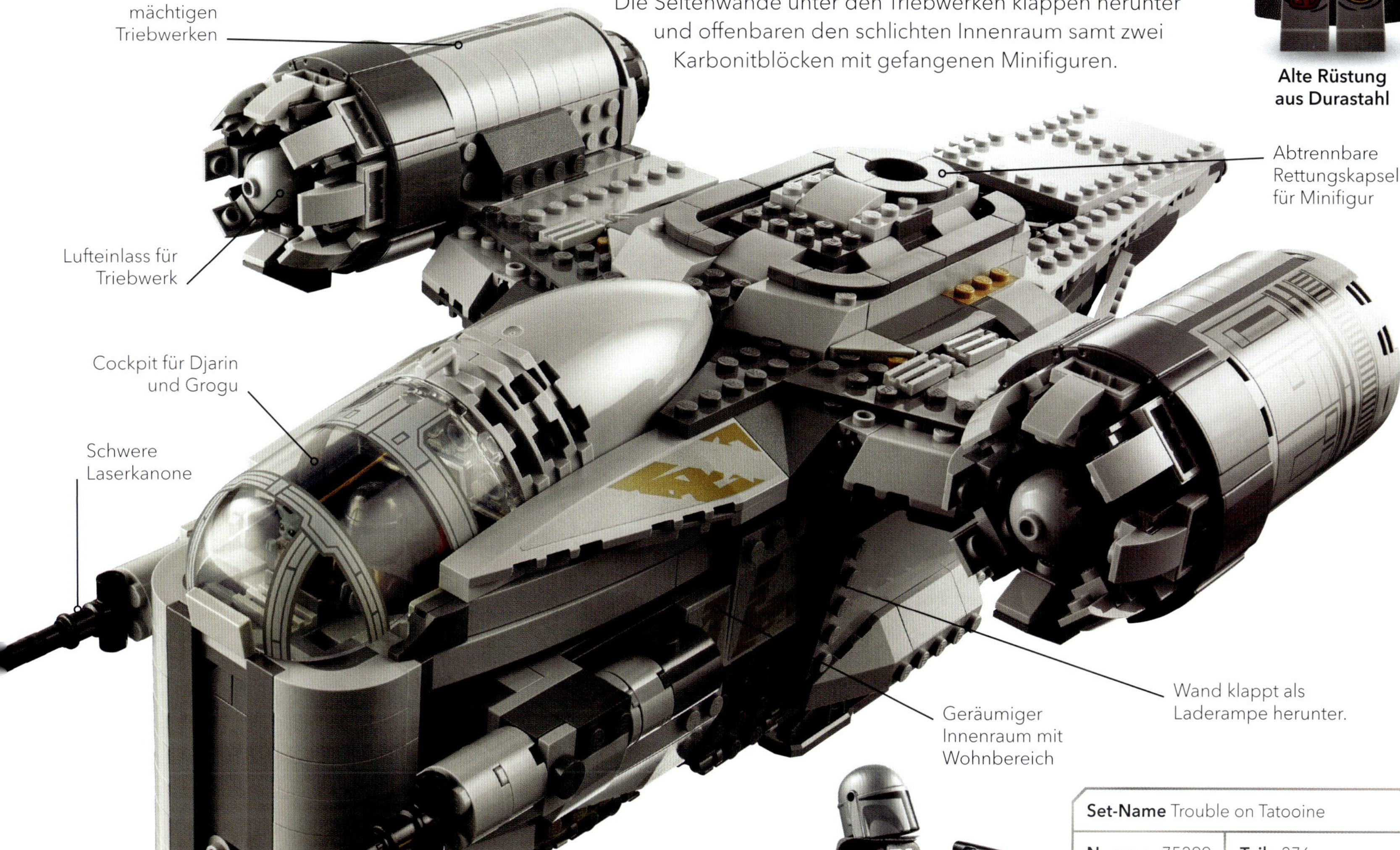

Set-Name Trouble on Tatooine	
Nummer 75299	Teile 276
Jahr 2021	Quelle M

Carasynthia Dune
Die fähige Söldnerin Cara Dune tut sich mit Din Djarin zusammen. Später wird sie Marshal von Nevarro-Stadt.

Greef Karga
Nach langer Karriere bei der Kopfgeldjäger-gilde wird Greef Karga der Hochmagistrat von Nevarro.

Fennec Shand
Als Fennec Shand und Djarin sich erstmalig treffen, fallen Schüsse, aber alsbald verfolgen sie ein gemeinsames Ziel.

Düsenschlitten

Auf Tatooine leiht sich Din Djarin von der Mechanikerin Peli Motto einen Zephyr-J-Düsenschlitten. Er saust durchs Dünenmeer, um Missionen zu erledigen – wie die Jagd auf einen riesigen Kraytdrachen, der in der Stadt Mos Pelgo gewütet hat. Technisch ist der Flitzer wegen der rauen Wüstenumgebung einfach gehalten. Kleine LEGO Elemente erwecken den Eindruck freiliegender Bauteile.

Unruhige Zeiten

In bewegten Zeiten nimmt Din Djarin es mit dem Restimperium, Verbrechersyndikaten und Piraten auf. Er entdeckt, dass Mandalore, die Heimat seines Volkes, nicht so unbewohnbar ist, wie es heißt – obwohl andere Gefahren lauern. Das Besorgniserregendste: Er hat kein Schiff mehr!

Din Djarin

Din Djarins Minifigur führt das antike mandalorianische Dunkelschwert. Die Klinge der ersten LEGO Version des wertvollen Relikts hat dieselbe Form wie ein Lichtschwert, die zweite ist individuell. Auf dem rechten Arm sind ein Peitschenschnurwerfer und sein Schlammhornsiegel aufgedruckt, auf dem linken eine Armschiene mit explosiven Zwitschervögeln.

Set-Name The Mandalorian's Starfighter	
Nummer 75325	**Teile** 412
Jahr 2022	**Quelle** M, BBF

N-1-Sternenjäger des Mandalorianers

Nach dem Verlust der *Razor Crest* steht Djarin ohne Schiff da. Die befreundete Mechanikerin Peli Motto treibt einen alten N-1-Sternenjäger auf (einst Stolz der Königlichen Sicherheitskräfte der Naboo) und verleiht ihm extra Schub und Feuerkraft. Anstelle des Astromechsockels (Djarin mag keine Droiden!) richtet sie einen Platz für Grogu ein. Das überwiegend graue Modell ist etwas größer als der gelbe LEGO N-1-Sternenjäger, wie ihn Anakin Skywalker flog.

Peli Motto

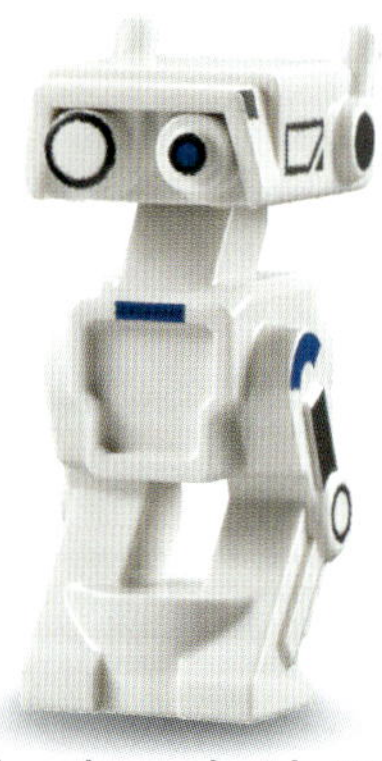

Erkundungsdroide BD-72

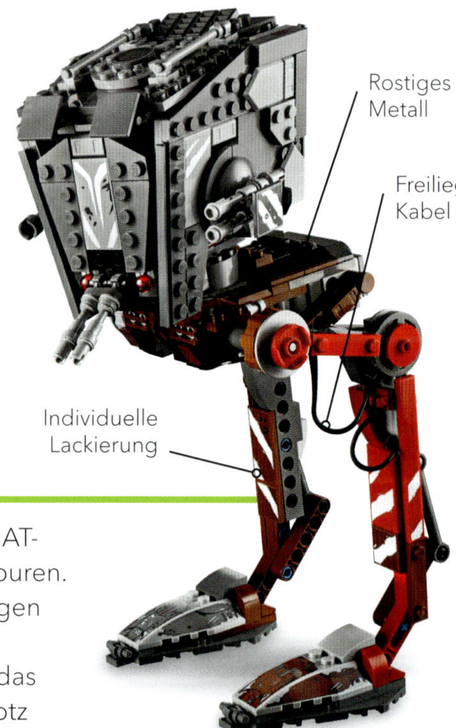

Plünderer-AT-ST

Der Plünderer-AT-ST ähnelt früheren LEGO AT-STs, zeigt aber deutlich mehr Abnutzungsspuren. Für den Läufer mit seinen verschiedenfarbigen Beinen haben Gesetzlose zurückgelassene imperiale Maschinen ausgeschlachtet und das Beste aus dem Sammelsurium gemacht. Trotz Rost und freiliegender Kabel ist der knirschende AT-ST gut genug für einige Klatooinianer, Dörfer auf dem Planeten Sorgan heimzusuchen – bis Djarin und Cara Dune dem ein Ende machen.

Klatooinianische Plünderer

Set-Name AT-ST Raider	
Nummer 75254	**Teile** 540
Jahr 2019	**Quelle** M

▶ Spinnenpanzer

Tief im Dunkel der verseuchten Minen von Mandalore lauert ein mysteriöser Cyborg. Das kleine Wesen steuert einen bedrohlichen Droidenpanzer und stellt seinen Opfern – wie Din Djarin – Fallen. Für das Modell kommen diverse Gelenke und LEGO Technic Teile zum Einsatz, um die Bewegungen der Beine und Greifer der Maschine einzufangen.

Set-Name Spider Tank	
Nummer 75361	**Teile** 526
Jahr 2023	**Quelle** M

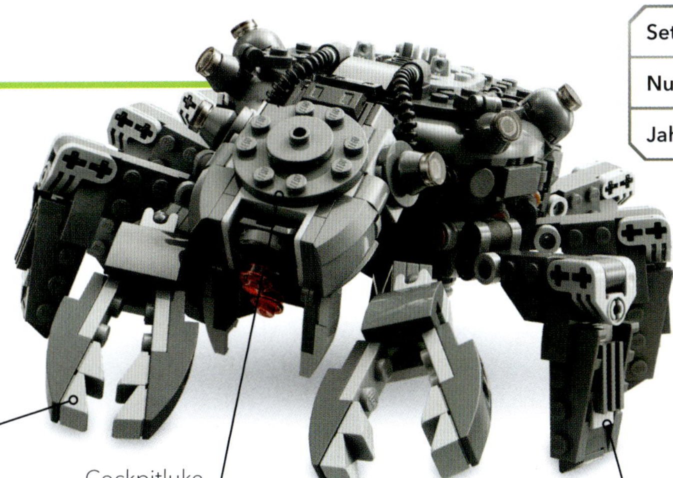

Bo-Katan Kryze

◀ Piraten-Sternenjäger

Set-Name Pirate Snub Fighter	
Nummer 75346	**Teile** 285
Jahr 2023	**Quelle** M

Piratenkönig Gorian Shard führt die Attacke seiner Bande auf Nevarro an, bei der viele kompakte Sternenjäger zum Einsatz kommen. Diese sind mit vier Laserkanonen und zwei LEGO Noppenwerfern bestens ausgestattet, aber für die Mandalorianer trotzdem leichte Beute. Sie werden alle ausgeschaltet – bis auf einen, mit dem der Nikto-Pirat Vane flieht.

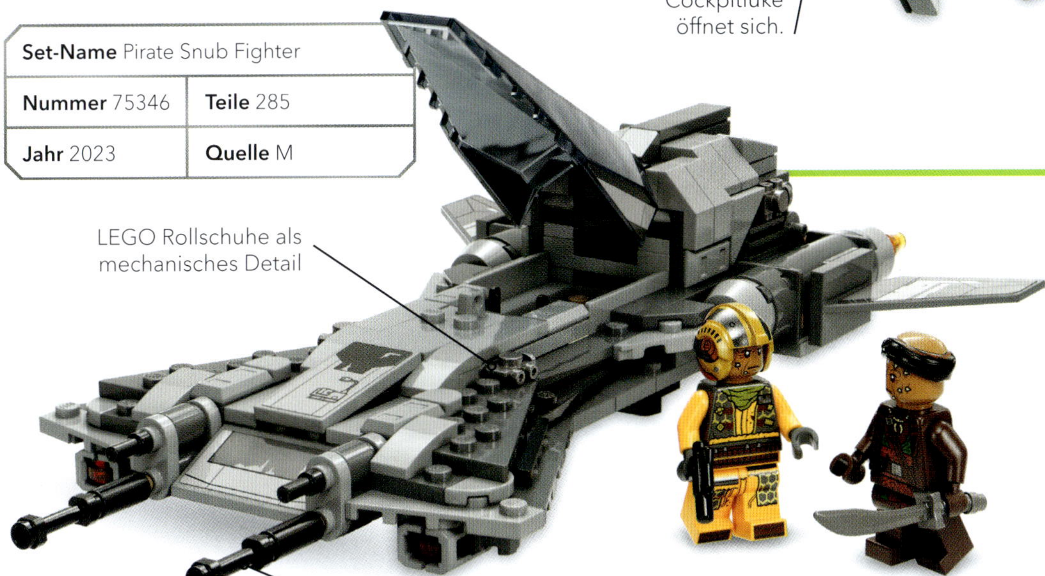

Nikto-Piraten
Der Jägerpilot trägt einen einzigartigen gelben Fliegeranzug, Vane ein speziell gefertigtes Kopftuch-Element.

▼ TIE-Abfangjäger

Vier dolchartige Flügel setzen den TIE-Abfangjäger von anderen TIE-Jägern ab. Er ist Teil der vom ehemaligen imperialen Offizier Moff Gideon befehligten Flotte. Der Warlord will den Mandalorianern den Garaus machen! Zum Set gehören auch ein Fangjäger und zwei Mandalorianer, die es mit dem TIE-Piloten und einem R2-Droiden aufnehmen.

Set-Name Mandalorian Fang Fighter vs. TIE Interceptor	
Nummer 75348	**Teile** 957
Jahr 2023	**Quelle** M

R2-E6

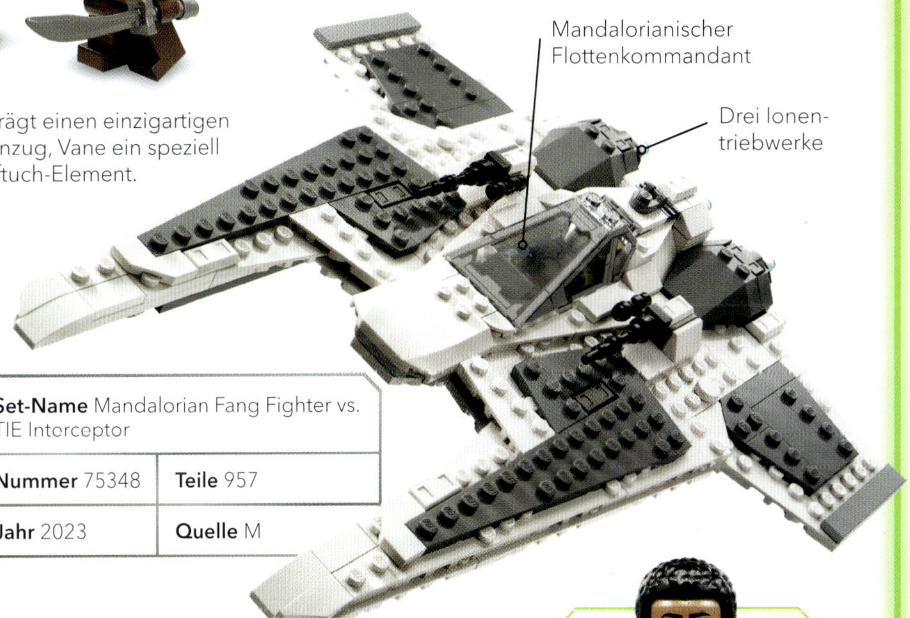

Set-Name Mandalorian Fang Fighter vs. TIE Interceptor	
Nummer 75348	**Teile** 957
Jahr 2023	**Quelle** M

▲ Mandalorianischer Fangjäger

Die geschlagenen Mandalorianer geben nicht klein bei und bauen eine neue Flotte auf – nicht zuletzt mit mandalorianischen Sternenjägern der *Fang*-Klasse. Diese sind schlagkräftig, haben einen Hyperantrieb und weichen feindlichem Feuer spielend aus, während sie mit Laserkanonen an den Flügeln und verborgenen Protonen-torpedowerfern zur Attacke übergehen.

Flottenkommandant
Die Minifigur dieses Mandalorianers verfügt über ein Jetpack und einen Thermaldetonator.

Daimyo auf Tatooine

Keiner rechnet damit, Boba Fett je wiederzusehen, als er in den Schlund des Sarlacc stürzt. Doch statt verdaut zu werden, entkommt der Kopfgeldjäger! Als er wieder bei Kräften ist, übernimmt Boba die Kontrolle über Mos Espas kriminelles Imperium und wird der neue Daimyo der Stadt.

▶ Boba Fetts Raumschiff

Boba schafft es gerade so aus dem fleischfressenden Sarlacc heraus, aber ohne sein Raumschiff und seine mandalorianische Rüstung ist er nicht mehr der legendäre Kopfgeldjäger von früher. Mithilfe von Fennec Shand holt Boba sich sein Schiff aus einem gut bewachten Hangar zurück. Zum Glück fliegt es noch! Es gibt mehrere LEGO Versionen dieses Schiffs – dies ist das Microfighter-Modell. Ungewöhnlich für ein solches, umschließt es die Minifigur vollständig. Diese kann in zwei Positionen im Schiff sitzen, je nachdem, ob es im Flug- oder Landemodus ist.

Set-Name Boba Fett's Starship Microfighter	
Nummer 75344	Teile 85
Jahr 2023	Quelle BBF

Neustart
Als Boba endlich seine geliebte mandalorianische Beskarrüstung zurück hat, lackiert er sie neu. Nicht zuletzt die gelben Teile strahlen nun wieder richtig!

Landemodus

▼ Thronsaal des Daimyos

In den ersten LEGO Modellen des Palasts in Tatooines Dünenmeer hat Jabba der Hutt das Sagen. Nach dessen Ableben nutzt in diesem Set von 2022 sein ehemaliger Majordomus Bib Fortuna die Chance, sich zum Verbrecherlord aufzuschwingen. Dummerweise taucht Boba Fett auf und besiegt ihn, um als neuer Daimyo selbst den Thron für sich zu beanspruchen. Die sechs übrigen Minifiguren im Set müssen nun ihm die Treue schwören und Tribut zollen – oder die Konsequenzen tragen.

Set-Name Boba Fett's Throne Room	
Nummer 75326	**Teile** 732
Jahr 2022	**Quelle** BBF

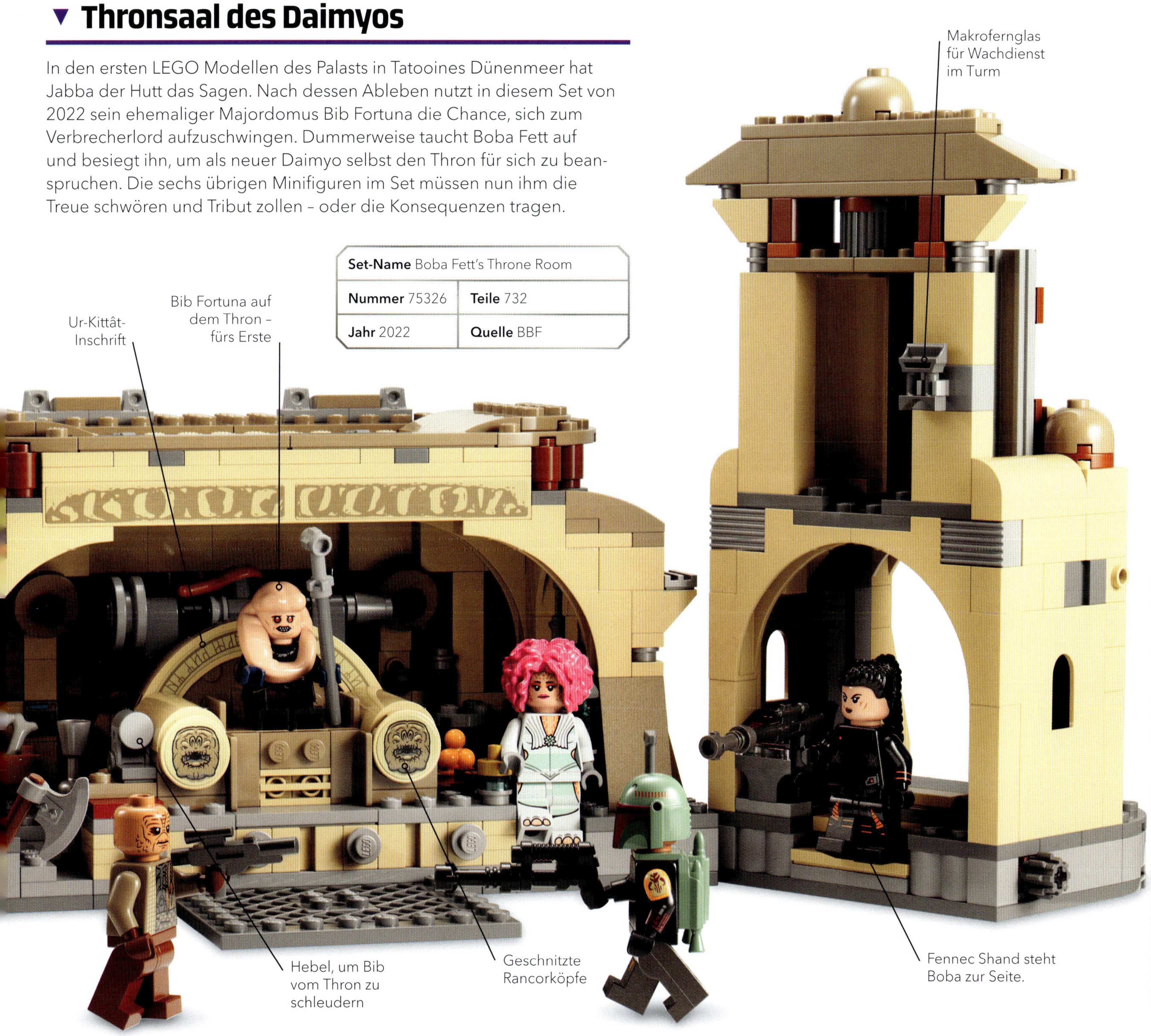

Reste des Imperiums

Dass das Imperium gestürzt wurde, bedeutet nicht, dass lokale imperiale Anführer einfach so aufgeben. Vielmehr nutzen sie weiter imperiale Fahrzeuge, Ausrüstung und Soldaten, um an Macht zu gewinnen und fernab des Einflusses der Neuen Republik eigene Ziele zu verfolgen.

Moff Gideon
Mit seinem innen roten und außen schwarzen Umhang setzt Moff Gideon all seine imperiale Macht gegen die letzten noch verbliebenen Mandalorianer ein.

Leichter imperialer Kreuzer

Es gibt nicht mehr viele leichte Kreuzer wie diesen, aber im Äußeren Rand steht einer unter dem Befehl des fiesen Moff Gideon. Die gesamte Bugsektion lässt sich aufklappen, um ein großes Abteil mit Hologrammtisch zu offenbaren. Es bietet auch Stauraum für die Thermaldetonatoren, Blaster und Elektroferngläser der Minifiguren an Bord. Über eine Vorrichtung starten Mini-TIE-Jäger vorne aus dem Schiff.

Set-Name Imperial Light Cruiser	
Nummer 75315	**Teile** 1336
Jahr 2021	**Quelle** M

Imperialer Schwebepanzer

Der von Gideons Truppen auf Nevarro genutzte Trexler Marodeur ist ein Schwebepanzer auf Basis eines imperialen Truppentransporters. Das Set enthält zwei Sturmtruppler und einen brandneuen Artillerietruppler mit gelber Schulterplatte und Tornister. Werden sie verhindern können, dass Greef Karga den Panzer stiehlt? Das Modell mit vielen Klappen bietet vier Minifiguren Platz.

Set-Name Imperial Armored Marauder	
Nummer 75311	**Teile** 478
Jahr 2021	**Quelle** M

Dunkeltruppen

Mit aufgesetzter Kapuze und wehendem Umhang trifft Luke Skywalker auf Moff Gideons leichtem Kreuzer ein, um Grogu zu retten. Der drehbare Aufzug lässt sich schließen. Luke kann außerdem mit den „Macht"-Funktionen des Sets die Minifiguren der Dunkeltruppler abwehren.

Set-Name Dark Trooper Attack	
Nummer 75324	**Teile** 166
Jahr 2022	**Quelle** M

Dunkeltruppler
Moff Gideon befehligt ausgefeilte Kampfdroiden mit gepanzertem Exoskelett und roten Fotorezeptoren.

Ahsoka Tano

Mit dem Sieg über das Imperium und der Gründung der Neuen Republik sieht es gut aus für die Galaxis. Doch alsbald spürt Ahsoka Tano eine Gefahr. Neue dunkle Mächte glauben, der Erbe des Imperiums könne sich erheben und imperialen Ruhm wiederherstellen.

Unabhängige Togruta
Ahsoka wird in den Klonkriegen zur Jedi ausgebildet, aber vom Orden enttäuscht. Daher verlässt sie ihn, um ihren eigenen Weg zu gehen und jenen zu helfen, die für Frieden und Gerechtigkeit einstehen.

▼ Shin Hatis Sternenjäger

In einem mitreißenden Raumgefecht nimmt die dunkle Schülerin Shin Hati es mit Captain Porter von der Neuen Republik auf. Hatis Jäger besteht aus einem seltenen Mix von dunkelroten und dunkelgelben Steinen. Sie ist Ahsoka Tano und der Neuen Republik feindlich gesinnt und hat im Set Unterstützung von ihrem Meister Baylan Skoll sowie Morgan Elsbeth, der kaltherzigen Magistratin von Calodan.

Set-Name New Republic E-Wing vs. Shin Hati's Starfighter	
Nummer 75364	**Teile** 1056
Jahr 2023	**Quelle** AH

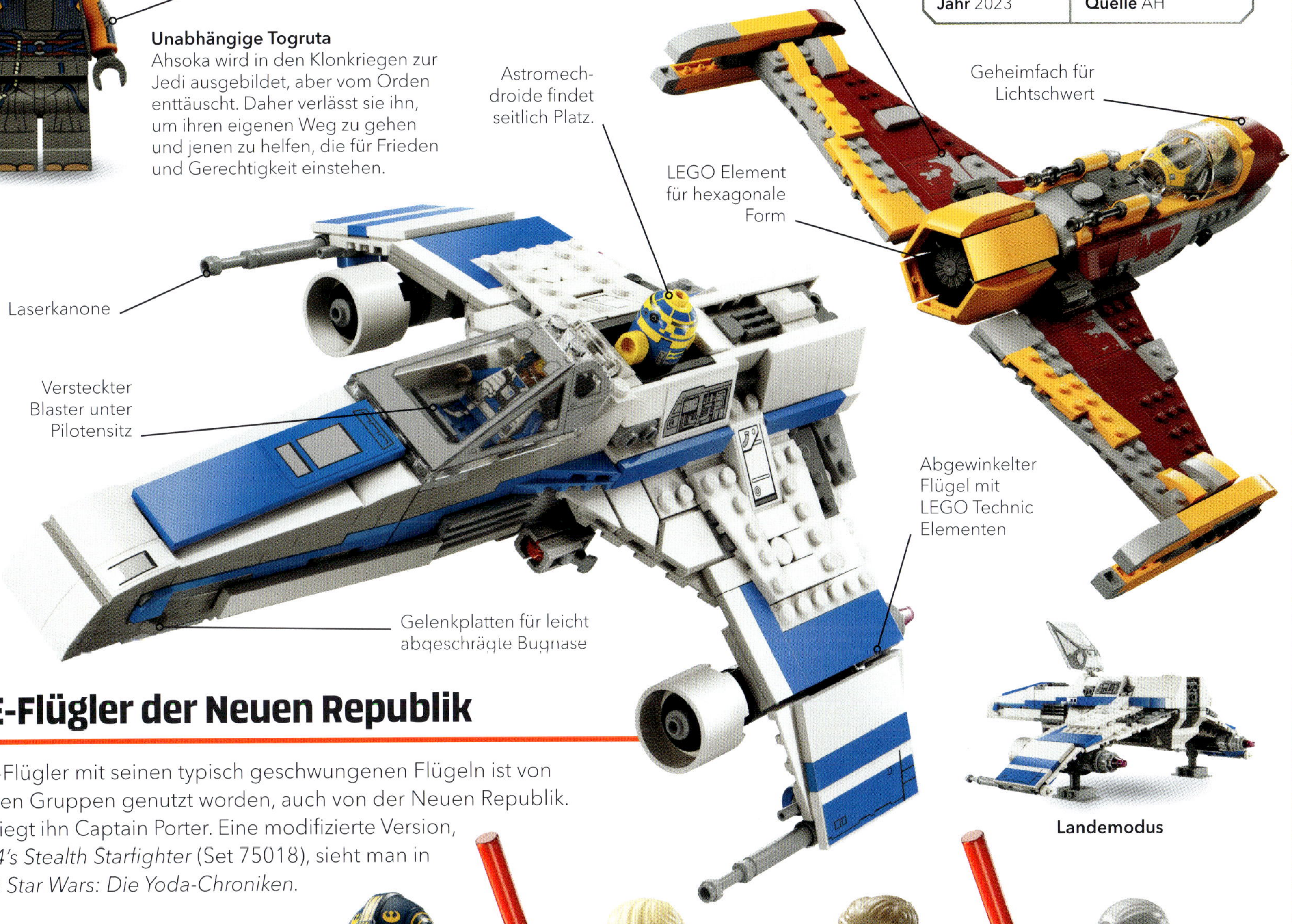

Landemodus

▲ E-Flügler der Neuen Republik

Der E-Flügler mit seinen typisch geschwungenen Flügeln ist von diversen Gruppen genutzt worden, auch von der Neuen Republik. Hier fliegt ihn Captain Porter. Eine modifizierte Version, *Jek-14's Stealth Starfighter* (Set 75018), sieht man in LEGO *Star Wars: Die Yoda-Chroniken*.

Astromechdroide der Neuen Republik · **Captain Porter** · **Shin Hati** · **Morgan Elsbeth** · **Baylan Skoll**

Kapitel 3: Der Aufstieg der Ersten Ordnung

Rey

Von ihren Eltern als Kind auf der Wüstenwelt Jakku zurückgelassen, muss Rey früh für sich selbst sorgen. Als Schrottsammlerin lernt sie, Raumschiffe zu fliegen und zu reparieren und sich zu verteidigen. Nachdem sie zufällig auf den Widerstandsdroiden BB-8 trifft, greift sie auf der Flucht vor der Ersten Ordnung auf all diese Fähigkeiten zurück – und entdeckt als Machtnutzerin ganz neue Talente.

Rey
Reys eng anliegende Kleidung schützt sie in der rauen Wüste Jakkus gegen Sand und Sonne.

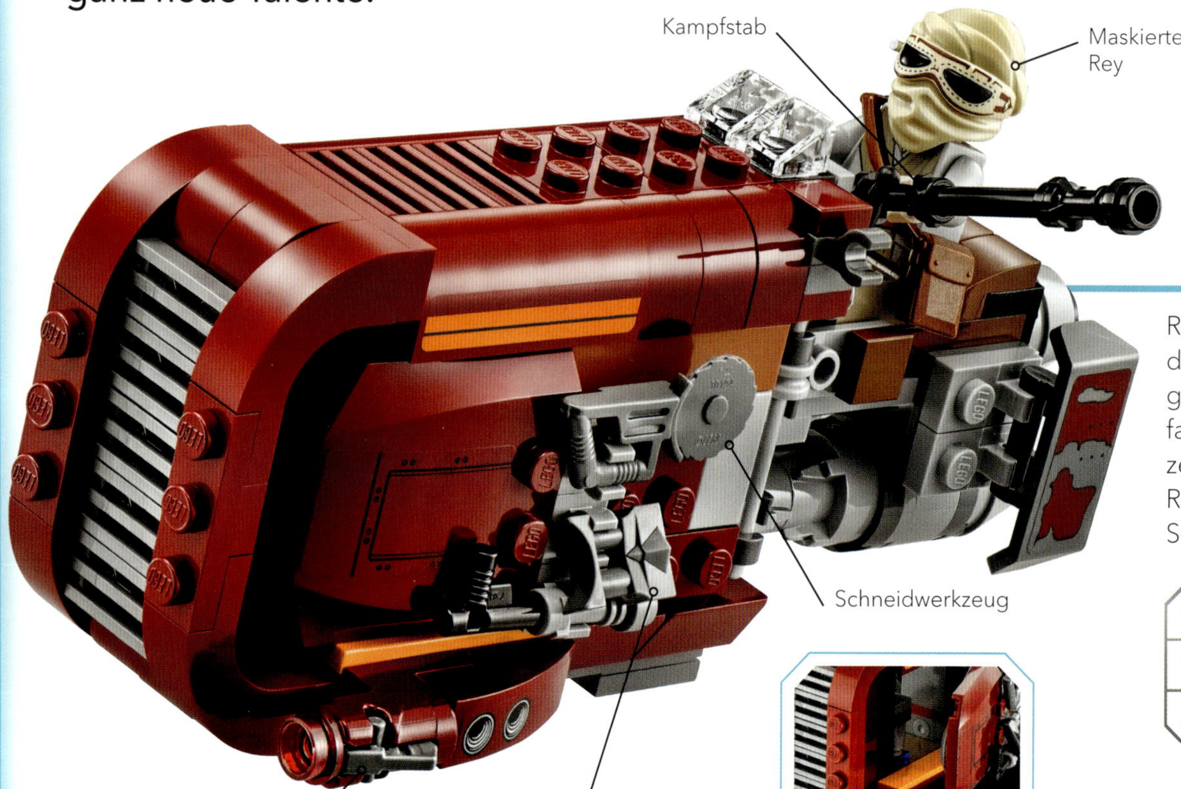

Geheimes Staufach

◂ Reys Gleiter

Rey hat ihren Gleiter aus Teilen gebaut, die sie selbst auf Jakku gefunden oder getauscht hat. Er verfügt über ein Staufach mit Platz für Bergungsgut und Werkzeug und einen Diebstahlschutz. Wenn Rey durch die Wüste flitzt, trägt sie eine Schutzbrille und verhüllt ihr Gesicht.

Set-Name Rey's Speeder	
Nummer 75099	**Teile** 193
Jahr 2015	**Quelle** VII

▸ Quadjumper

Als die Erste Ordnung Rey und Finn jagt, wollen sie in einem TUG-b13-Quadjumper von Jakku fliehen. Ihre Verfolger lassen ihn aber in die Luft fliegen – weshalb sie stattdessen den *Millennium Falken* stehlen! Das LEGO Modell fliegt einer von Unkar Plutts Handlangern.

Set-Name Jakku Quadjumper	
Nummer 75178	**Teile** 457
Jahr 2017	**Quelle** VII

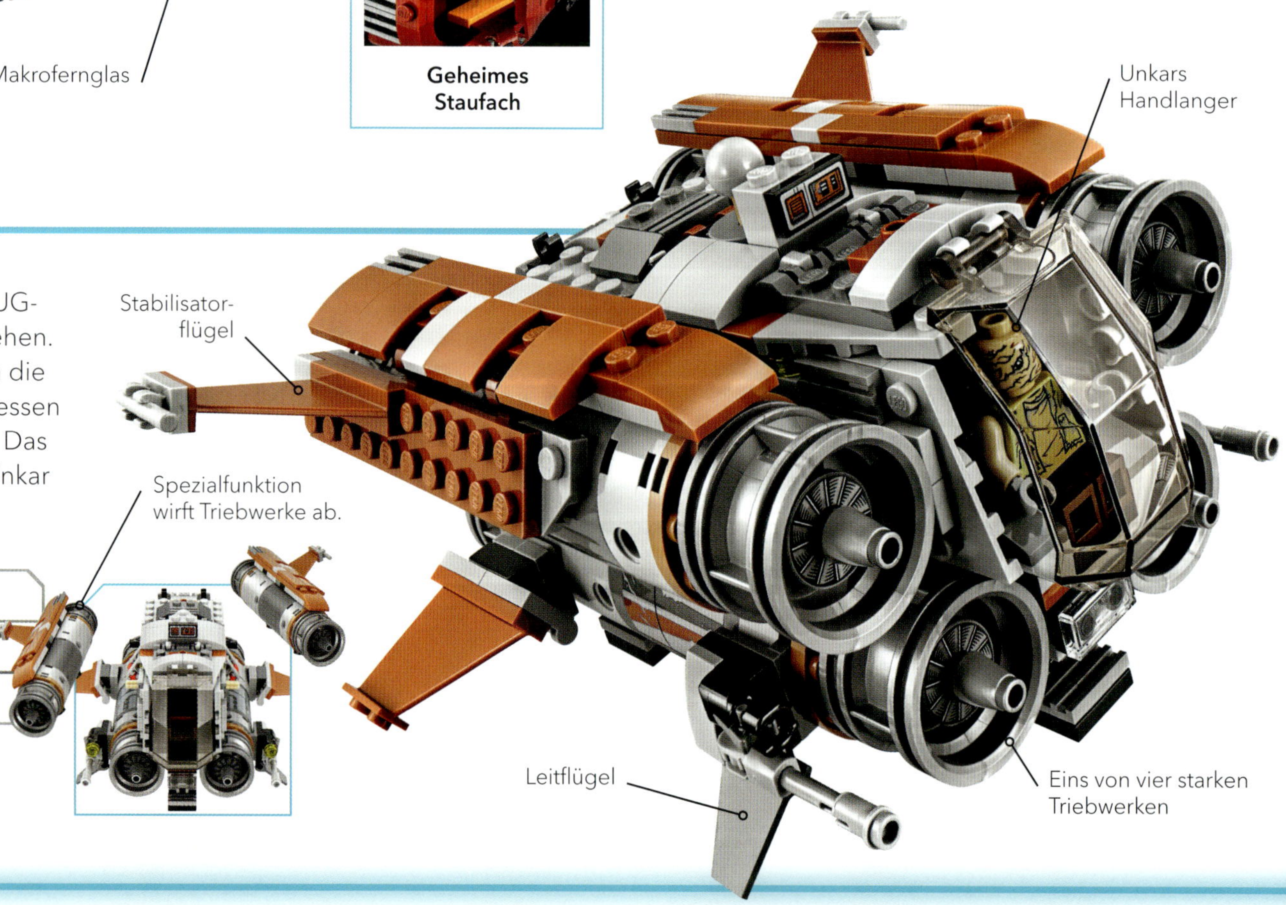

Niima

Ehe sie Jakku verlässt, schlägt Rey sich durchs Leben, indem sie im Außenposten Niima gesammelten Schrott gegen Essen tauscht. Weil der fiese Unkar Plutt den Handel bestimmt, muss Rey die Menge an Rationen akzeptieren, die er ihr bietet.

Unkar Plutt
Plutt hat den Handel fest im Griff – dafür sorgen seine Handlanger. Die Minifigur hat einen detailliert gestalteten Kopf.

Set-Name Encounter on Jakku	
Nummer 75148	**Teile** 530
Jahr 2016	**Quelle** VII

Jedi-Ausbildung

Als Rey Jedi-Meister Luke Skywalker trifft, hofft sie, dass er den Planeten Ahch-To mit ihr verlässt, um dem Widerstand zu helfen. Luke weigert sich, bringt ihr aber bei, ihre Machtkräfte zu nutzen.

Set-Name Ahch-To Island Training	
Nummer 75200	**Teile** 241
Jahr 2018	**Quelle** VIII

Porg
Porgs sind auf der Insel von Ahch-To heimische Seevögel, wo Luke Skywalker im Exil lebt.

Jedi-Missionen
Nachdem Rey Ahch-To verlassen hat, trägt sie eine graue und später eine weiße Robe. Bis sie sich ein eigenes Lichtschwert mit gelber Klinge baut, benutzt sie Lukes blaues Schwert.

Rey
Die Minifigur von 2018 zeigt Rey bei ihrer Jedi-Ausbildung und hat einen doppelseitigen Kopf.

Luke Skywalker
Meister Luke Skywalker trägt eine kunstvolle Robe mit goldenen Details und einen großen Umhang.

Finn und Freunde

FN-2187
Finns Minifigur in verwitterter Sturmtruppenrüstung der Ersten Ordnung kommt in einem LEGO Polybag daher (Set 39695).

Als FN-2187 gegen ein wehrloses Dorf auf Jakku vorgehen soll, erkennt der Sturmtruppler, wie grausam die Erste Ordnung ist. Er weigert sich und flieht mithilfe von Widerstandspilot Poe Dameron in einem TIE-Jäger. Poe gibt ihm den Namen Finn und inspiriert ihn, sich dem Widerstand anzuschließen.

Erinnerung an Poe
Als Finn und Poe auf Jakku abstürzen, findet Finn von seinem neuen Freund nur noch die Jacke – die er statt seiner Rüstung anzieht.

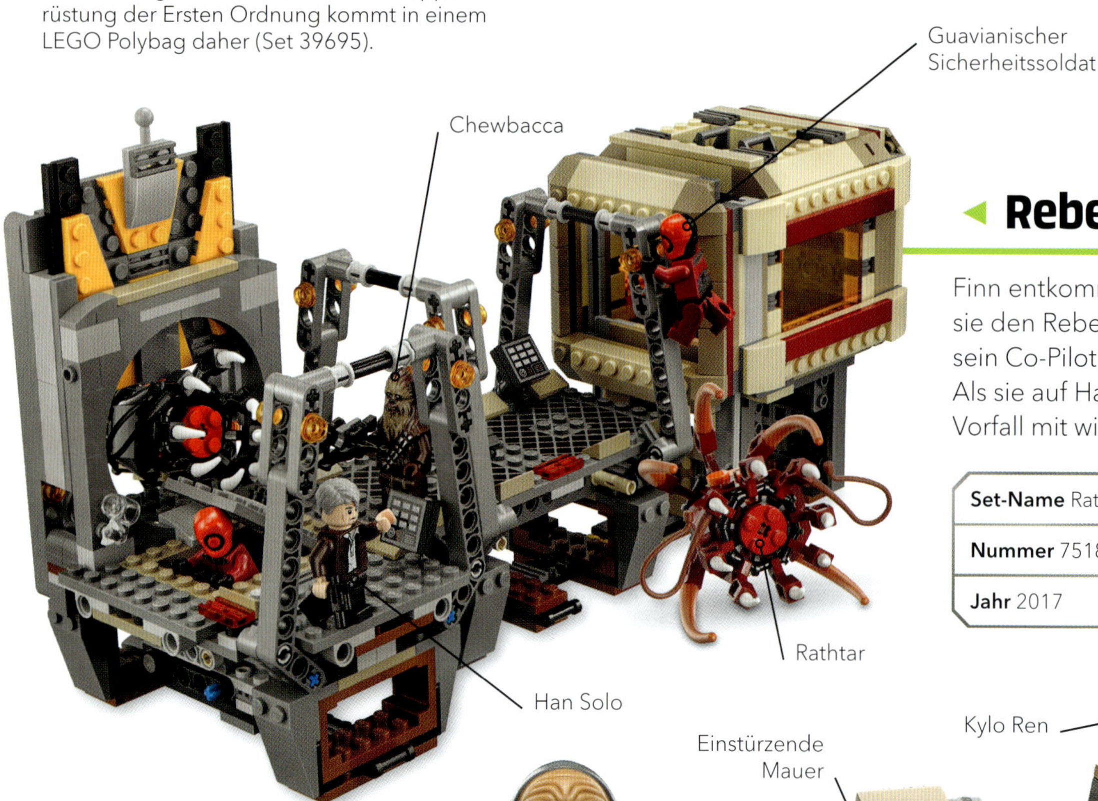

Rebellen und Rathtare

Finn entkommt mit Reys Hilfe von Jakku. Alsbald begegnen sie den Rebellenhelden Han Solo und Chewbacca. Han und sein Co-Pilot wissen erst nicht, was sie von Finn halten sollen. Als sie auf Hans Großraumfrachter *Eravana* gemeinsam einen Vorfall mit wilden Rathtaren durchstehen, läuft es besser!

Set-Name Rathtar Escape	
Nummer 75180	**Teile** 836
Jahr 2017	**Quelle** VII

Maz Kanata

Han bringt Finn und Rey nach Takodana, wo die rätselhafte Piratenkönigin Maz Kanata sie empfängt. Finn will seine neuen Freunde dort erst verlassen. Aber als die Erste Ordnung sie findet, vertraut Maz ihm Luke Skywalkers Lichtschwert an. Finn beschließt, es einzusetzen und zu Rey zu bringen.

Maz Kanata

Set-Name Battle on Takodana	
Nummer 75139	**Teile** 409
Jahr 2016	**Quelle** VII

Bacta-Anzug
Für die Neuausgabe von DKs LEGO® *Star Wars™ Lexikon der Figuren, Raumschiffe und Droiden* von 2019 wurde eine exklusive Minifigur von Finn produziert. Der Held erholt sich in einem Bacta-Flexpolyanzug.

▸ Rose und der Widerstand

Anfangs fühlt Finn sich nur Rey und nicht dem Widerstand verpflichtet. Aber als er und die Technikerin Rose Tico in einem Minitransporter zu einer gefährlichen Mission für den Widerstand aufbrechen, wird ihm klar, dass er im Streit von Gut gegen Böse Stellung beziehen muss.

Set-Name Resistance Transport Pod	
Nummer 75176	**Teile** 294
Jahr 2017	**Quelle** VIII

Finn

Rose Tico

▸ AT-ST-Pilot

Bei Finns Abenteuern weicht BB-8 nie weit von seiner Seite. Der kleine, kugelförmige Droide rettet Finn sogar das Leben, als er und Rose von Captain Phasma gefangen genommen werden – indem er einen AT-ST steuert!

Set-Name First Order AT-ST	
Nummer 75201	**Teile** 370
Jahr 2018	**Quelle** VIII

Seltener Schurke
Finn lernt den Kleinkriminellen DJ auf dem Planeten Cantonica kennen und begeht den Fehler, ihm zu trauen. Der zwielichtige Kerl ist ausschließlich in einem limitierten LEGO Polybag (Set 40298) zu finden.

Widerstand

Nach Ende des Imperiums entsteht die Neue Republik. Ihre Anführer glauben an eine friedliche Zukunft und wollen nicht mehr an militärische Fragen denken. Doch Leia spürt eine Gefahr für die Galaxis und gründet den Widerstand gegen die Erste Ordnung.

Freunde fürs Leben
Der Protokolldroide C-3PO ist schon fast so lange an Leias Seite, wie sie denken kann. Im Lauf der Jahre ist er oft beschädigt und wieder geflickt worden. In den frühen Tagen des Widerstands trägt er einen roten Ersatzarm.

C-3PO

Schwarzes Ass

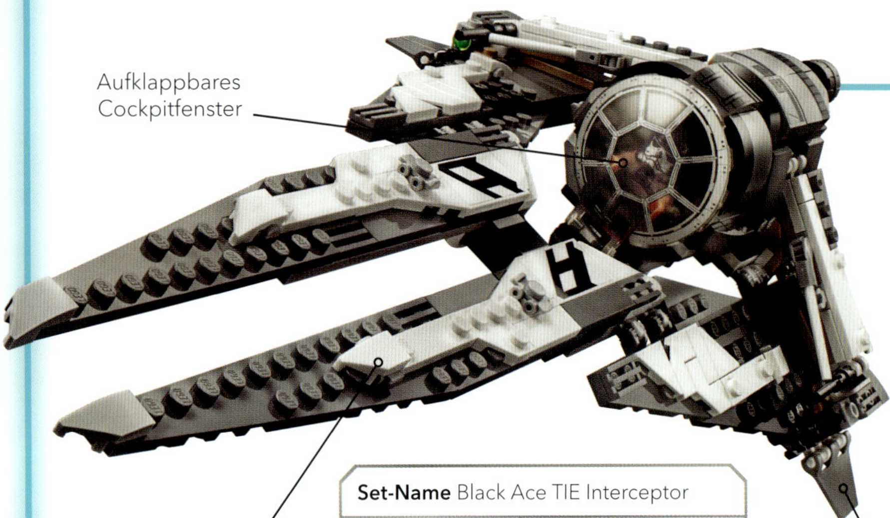

Dieser TIE-Abfangjäger ist der Rennflieger von Griff Halloran. Der einstige Pilot der Imperialen Flotte dient nach seiner Fahnenflucht in der Ass-Staffel, die auf Castilon die mobile Betankungsstation *Colossus* beschützt und dem Widerstand hilft. Sein altes imperiales Schiff baut er stark um, damit es ihm bei dort ausgetragenen Rennwettbewerben beste Dienste leistet.

Set-Name Black Ace TIE Interceptor	
Nummer 75242	**Teile** 396
Jahr 2019	**Quelle** RES

Kaz Xiono
Kazuda Xiono dient in der Flotte der Neuen Republik als Pilot, wird aber später Spion für den Widerstand.

Widerstandsbomber

Der MG-100 SternenFestung SF-17 – gemeinhin schlicht als Widerstandsbomber bekannt – wirft Sprengladungen aus dem Hänger unter dem Rumpf ab und wird von zwei Kugelgeschütztürmen verteidigt. Auch das LEGO Modell bietet diese Funktionen und hat abnehmbare Teile für Zugang zu Cockpit, Hauptdeck und Zielerfassung.

Set-Name Resistance Bomber	
Nummer 75188	**Teile** 780
Jahr 2017	**Quelle** VIII

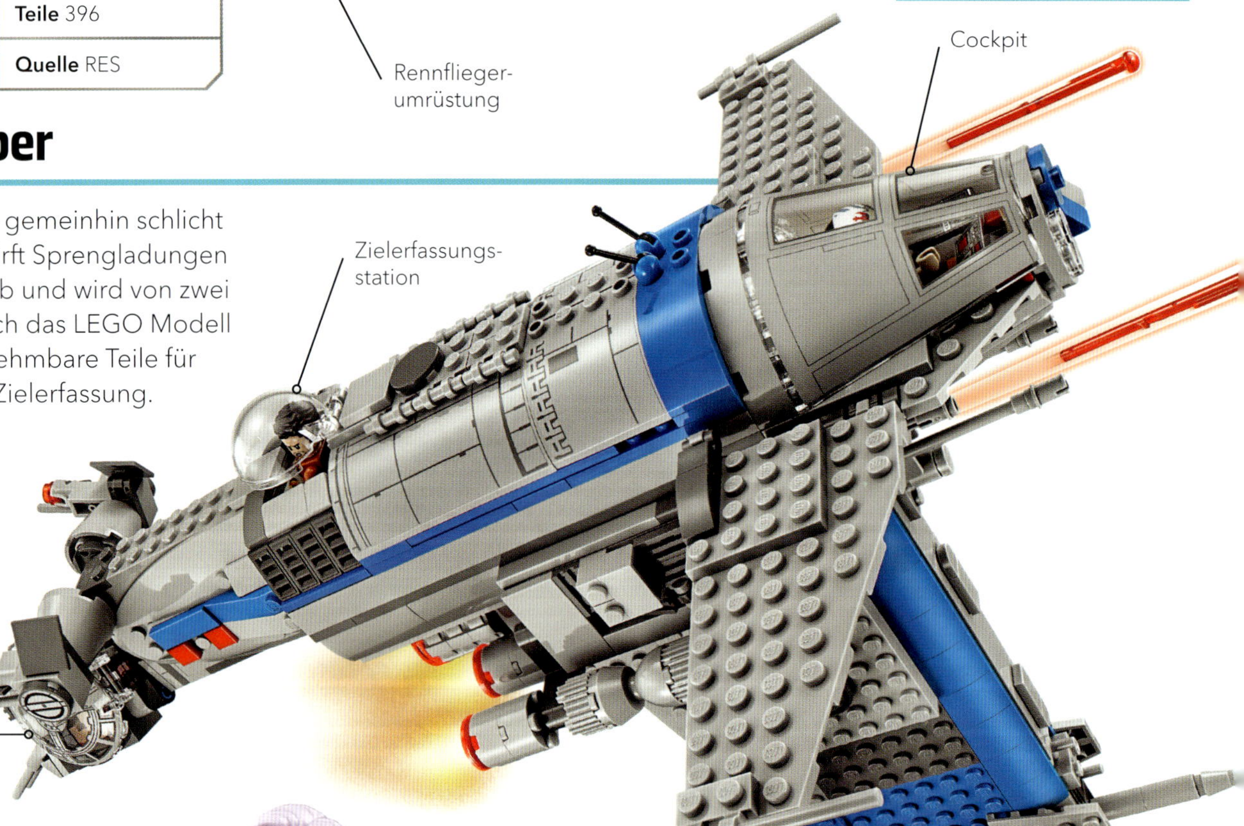

Widerstandsschützin Paige Tico
Paige ist Rose Ticos Schwester. Der Helm der Schützin ist bunt bedruckt. Ihr doppelseitig bedruckter Kopf zeigt sie auf einer Seite mit einem Atemgerät.

Vizeadmiral Holdo
Vizeadmiral Amilyn Holdos Minifigur hat hellviolette Haare, ganz so wie auch im Kinofilm.

Schlacht von Crait

Als nicht mehr viel vom Widerstand übrig ist, verschanzen sich die letzten Mitglieder auf dem Planeten Crait. Dank der Ski-Speeder und Verteidigungsanlagen der alten Rebellenbasis schaffen sie es gerade so, der Ersten Ordnung zu entgehen.

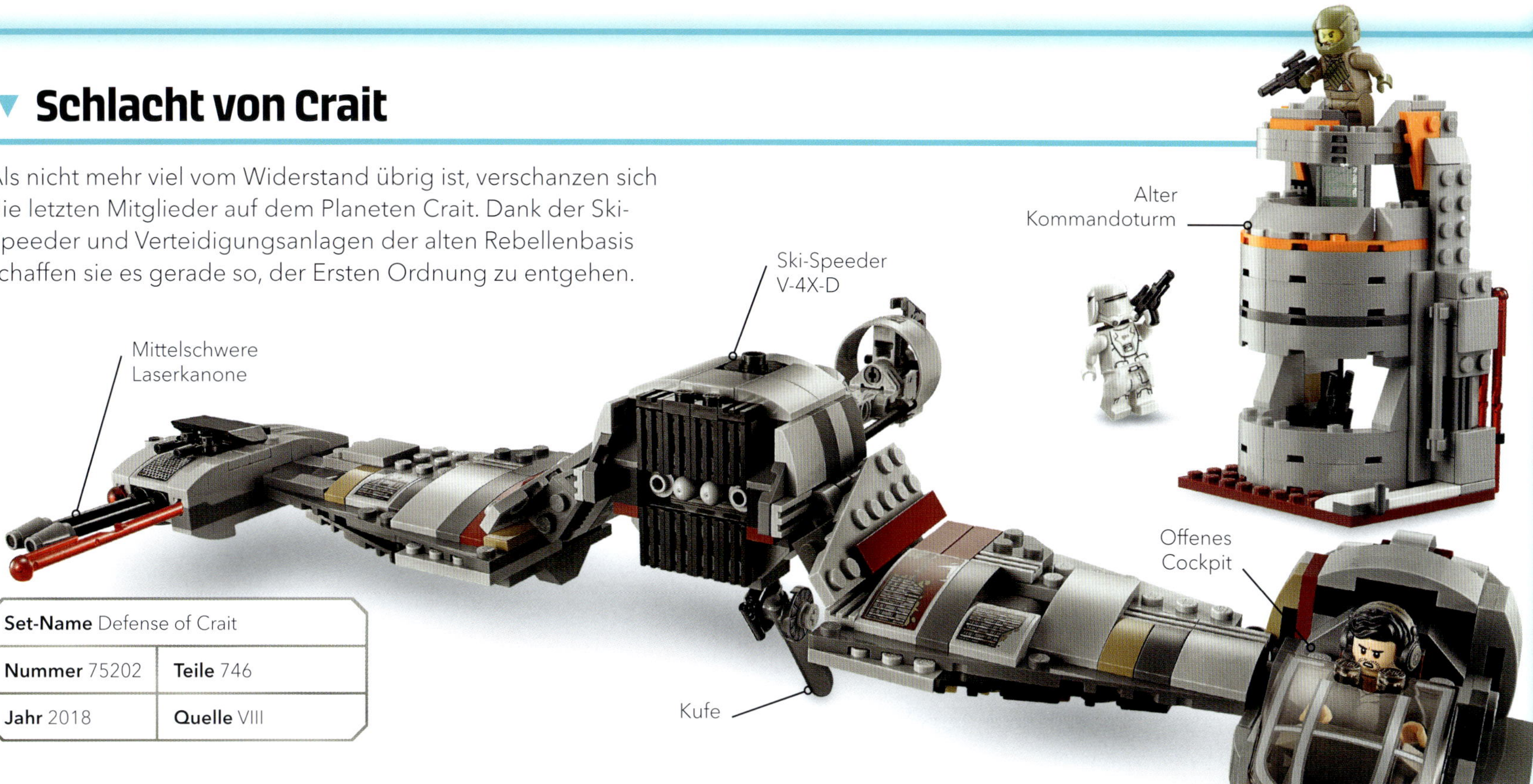

Set-Name Defense of Crait	
Nummer 75202	**Teile** 746
Jahr 2018	**Quelle** VIII

General Leia
Nachdem sie bereits die Rebellen angeführt hat, trägt Leia nun offiziell den Titel General – ebenso wie ihre Minifigur in grüner Widerstandskleidung.

Boolio
Boolio versorgt den Widerstand insgeheim mit Informationen und anderen Ressourcen. Der Ovissianer hat oben am Kopf sowie unten am Kinn je zwei Hörner.

General Ematt
Caluan Ematt verdient sich seine Sporen bei der Rebellenallianz, ehe sich seine zum General beförderte Minifigur der Ersten Ordnung entgegenstellt.

Lando Calrissian
Lando, nun mit ein paar grauen Strähnen im Haar, trommelt eine bunte Flotte einfacher Leute zusammen, die dem Widerstand im Gefecht bei Exegol hilft, das Blatt zu wenden.

D-O
Dieser Droide, der einst einem Sith-Attentäter gehörte, bewahrt in seinem Datenspeicher Informationen, die sich für den Widerstand als nützlich erweisen.

A-Flügel-Sternenjäger

Der A-Flügler des Typs RZ-2 ist eine noch schnellere und leistungsstärkere Version des von der Rebellenallianz genutzten Modells. Einige Piloten des Widerstands wie Snap Wexley sind alte Hasen, die Unterstützung von jüngerem Personal wie Kaydel Ko Connix erhalten.

Temmin „Snap" Wexley

Lieutenant Connix

Set-Name Resistance A-Wing Starfighter	
Nummer 75248	**Teile** 269
Jahr 2020	**Quelle** IX

Poe Dameron

Poe ist einer der besten Piloten der Galaxis und saß schon als Kind am Steuer – seine Mutter brachte ihm in ihrem A-Flügler das Fliegen bei. Aus dem Helden des Widerstands könnte viel werden, würde er nicht so oft Vorgesetzte mit seiner hitzigen Art vor den Kopf stoßen und nur Befehle befolgen, die ihm passen. General Leia hilft Poe jedoch, sich zum verantwortungsvollen Anführer zu entwickeln.

▶ General Dameron

Der verwegene Poe trägt oft einen orangen Fliegeranzug – wie vier seiner Minifiguren. Ist er nicht in der Luft, trägt er die Kleidung der Bodentruppen des Widerstands. In dieser Kluft reist er nach Pasaana, Kijimi und Kef Bir – und wird letztlich zum General befördert, ehe er auf Exegol gegen die Sith-Ewigen ins Gefecht zieht.

Verladefahrzeug

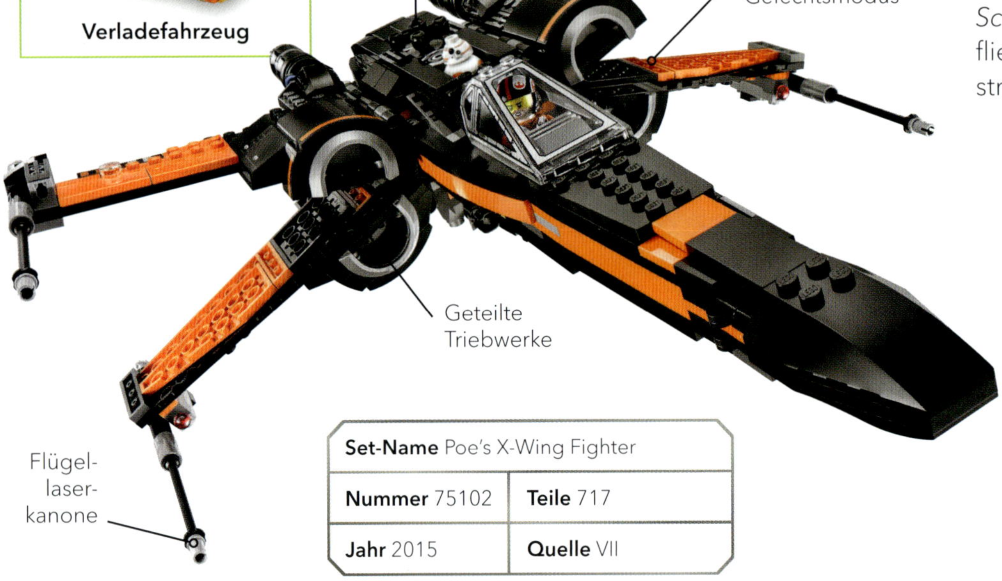

Set-Name Poe's X-Wing Fighter	
Nummer 75102	**Teile** 717
Jahr 2015	**Quelle** VII

◀ Schwarz Eins

Poe Damerons Minifigur hatte ihren ersten Auftritt im LEGO Set seines orange-schwarzen T-70-X-Flüglers *Schwarz Eins,* den er als Anführer der Schwarzen Staffel fliegt. Sein treuer Astromechdroide BB-8 und zwei Mitstreiter des Widerstands stehen ihm zur Seite.

Poe Dameron

Treuer Freund
Der kugelförmige Astromech BB-8 hat einen zweiteiligen LEGO Körper, der für ihn typisch in Orange und Silber bedruckt ist.

BB-8

▶ X-Flügel-Jäger der Blauen Staffel

Für jüngere Fans fliegt Poe einen LEGO T-70-X-Flügler der Blauen Staffel. Dieses Anfängermodell ist leichter zu bauen, hat aber ebenfalls bewegliche S-Flügel sowie Platz für Poe im Cockpit und BB-8 dahinter. Eine größere, detailreichere Version des blaugrauen Schiffs erschien 2016 als Set *Resistance X-Wing Fighter* (75149).

Set-Name Resistance X-Wing	
Nummer 75297	**Teile** 60
Jahr 2021	**Quelle** VII

▸ Poes T-70-X-Flügel-Sternenjäger

Die Widerstandsflotte setzt auf X-Flügler des Typs T-70, eine verbesserte Version der zuvor von der Rebellenallianz genutzten Modelle. Poes *Schwarz Eins* übersteht die Evakuierung von D'Qar nicht – sein Ersatzjäger ist orange-weiß mit etwas Blau. Anders als vorige LEGO X-Flügler des Widerstands mit Drehmechanismus zum Aufstellen der S-Flügel hat dieser einen Hebel zum Schieben.

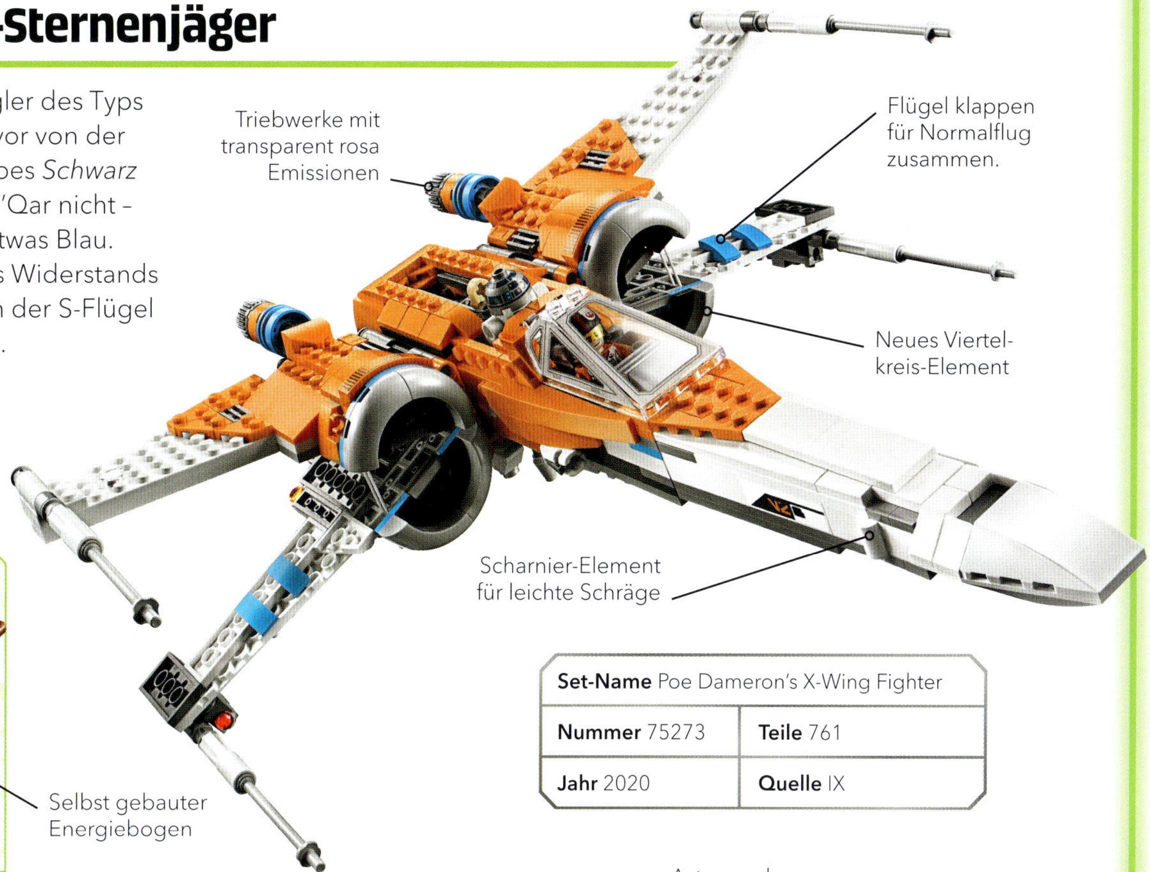

Deserteurin
Die gekidnappte und zur Sturmtrupplerin ausgebildete Jannah verlässt schließlich die Ersten Ordnung. Als sie auf Kef Bir Poe und andere Widerständler trifft, schließt sie sich ihnen an.

Jannah

Set-Name Poe Dameron's X-Wing Fighter	
Nummer 75273	**Teile** 761
Jahr 2020	**Quelle** IX

▾ Y-Flügel-Sternenjäger

Während der Rebellion wurden die Rumpfplatten vieler Y-Flügler entfernt, um sie leichter warten zu können. Spätere Modelle wurden aus diesem Grund direkt ohne gebaut. Dieses Schiff aus der Ära des Widerstands gehört der Gewürzschmugglerin Zorii Bliss, einer alten Freundin von Poe. Als die Erste Ordnung ihren Planeten Kijimi ins Visier nimmt, unterstützt sie den Widerstand und schließt sich der Flotte bei Exegol an.

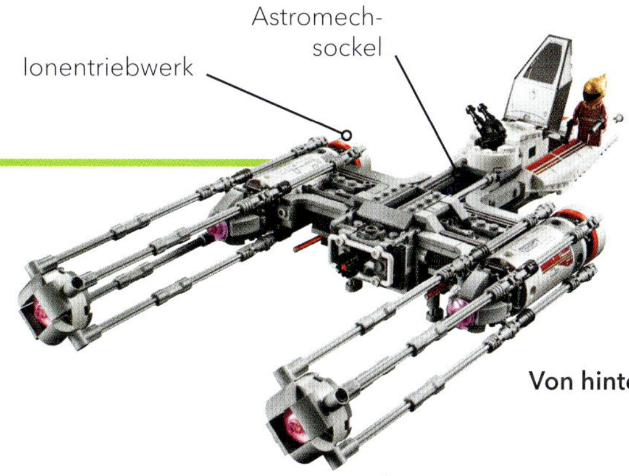

Von hinten

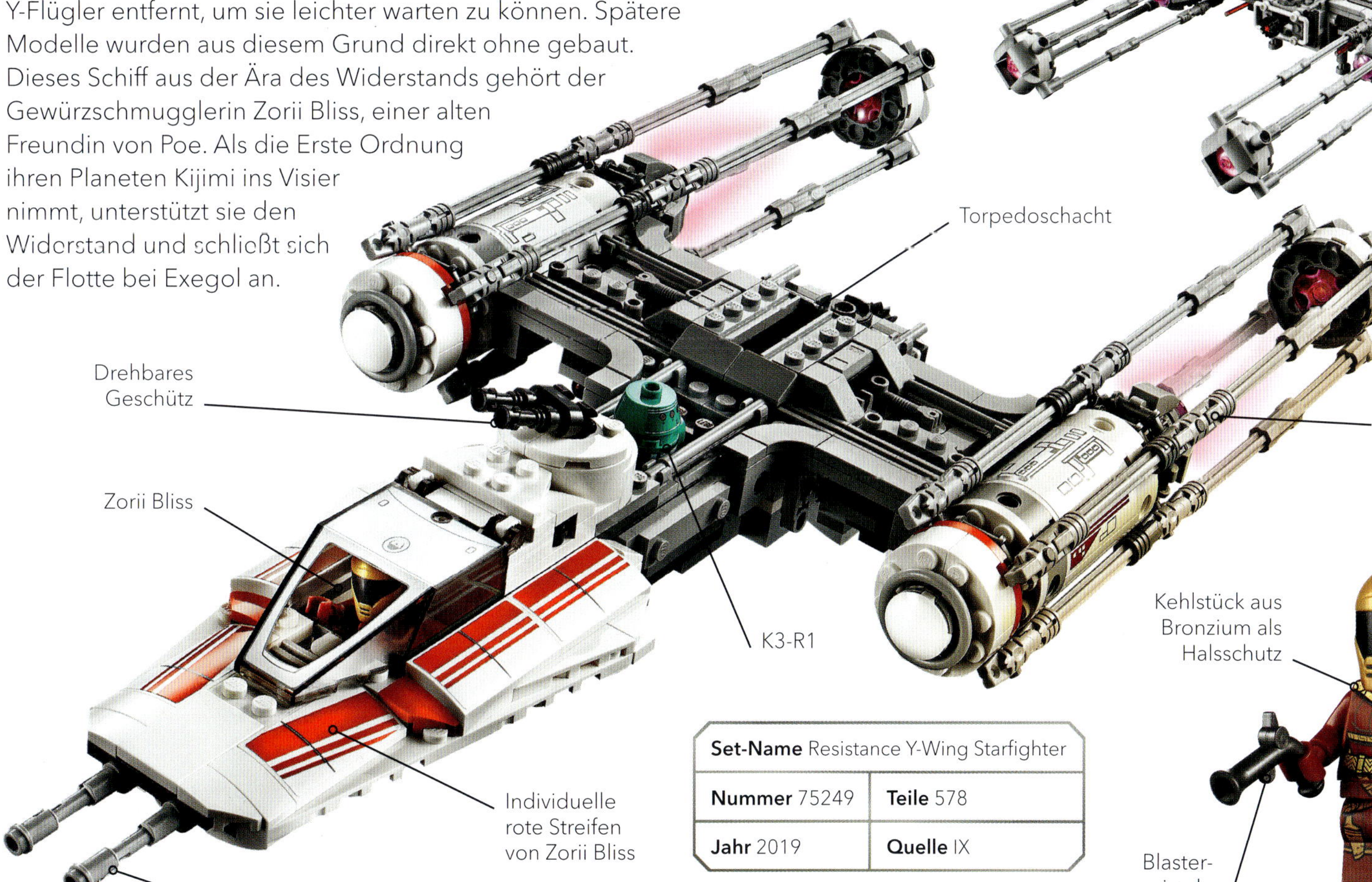

Set-Name Resistance Y-Wing Starfighter	
Nummer 75249	**Teile** 578
Jahr 2019	**Quelle** IX

Zorii Bliss

Kylo Ren

Der Sohn von Han Solo und Leia Organa ist stark in der Macht und wurde vom Obersten Anführer Snoke auf die dunkle Seite gezogen. Kylo Ren eifert seinem Großvater Darth Vader nach. Als er seinen Meister Snoke aus dem Weg räumt, wird er selbst zum Obersten Anführer.

Kylo Ren
Diese Minifigur von Kylo Ren (Set 75179) hat eine Narbe im Gesicht. Dreht man den Kopf, schaut er wütend.

▶ Kommandoshuttle

Das Kommandoshuttle der *Ypsilon*-Klasse ist ein Hightech-Transporter für die Anführer der Ersten Ordnung – und Kylo Ren hat sein eigenes. Durch Anheben und Absetzen des Schiffs wechseln die Flügel zwischen Flug- und Landeposition.

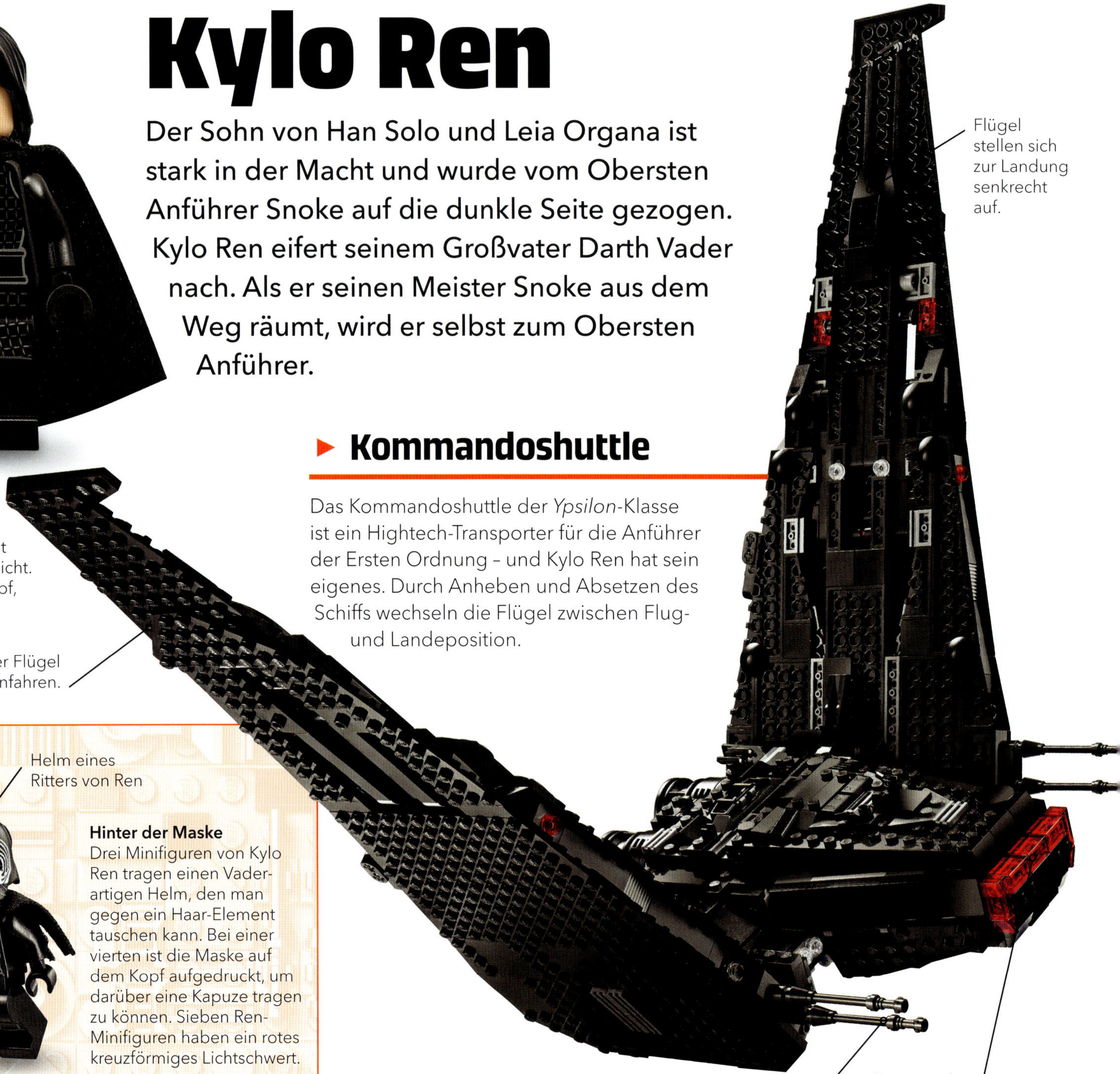

Hinter der Maske
Drei Minifiguren von Kylo Ren tragen einen Vader-artigen Helm, den man gegen ein Haar-Element tauschen kann. Bei einer vierten ist die Maske auf dem Kopf aufgedruckt, um darüber eine Kapuze tragen zu können. Sieben Ren-Minifiguren haben ein rotes kreuzförmiges Lichtschwert.

Set-Name Kylo Ren's Shuttle	
Nummer 75256	**Teile** 1005
Jahr 2019	**Quelle** IX

Sith-Truppler
Sturmtruppler-Minifiguren mit roter Rüstung strahlen Schrecken aus. Sie sind den Sith-Ewigen treu, die heimlich die Rückkehr der Sith planen, haben aber selbst keine Machtkräfte.

Sith-Jettruppler
Die abgesehen von der Farbe mit Minifiguren von Jettrupplern identischen Sith-Jettruppler bieten Luftunterstützung. Sie sind klein und flink und fürchten keinen Gegner.

Offizier der Sith-Flotte
Einige Anhänger der Sith-Ewigen bildet man zu Offizieren aus. Sie tragen schwarze Uniformen mit rotem Saum. Das Symbol der Sith-Ewigen prangt auf Mütze und Gürtel.

Am Ruder
Hier nimmt Kylo Ren den Pilotensitz seines Kommandoshuttles ein. Hinter ihm finden im Cockpit zwei seiner Gefolgsleute oder Untergebenen Platz.

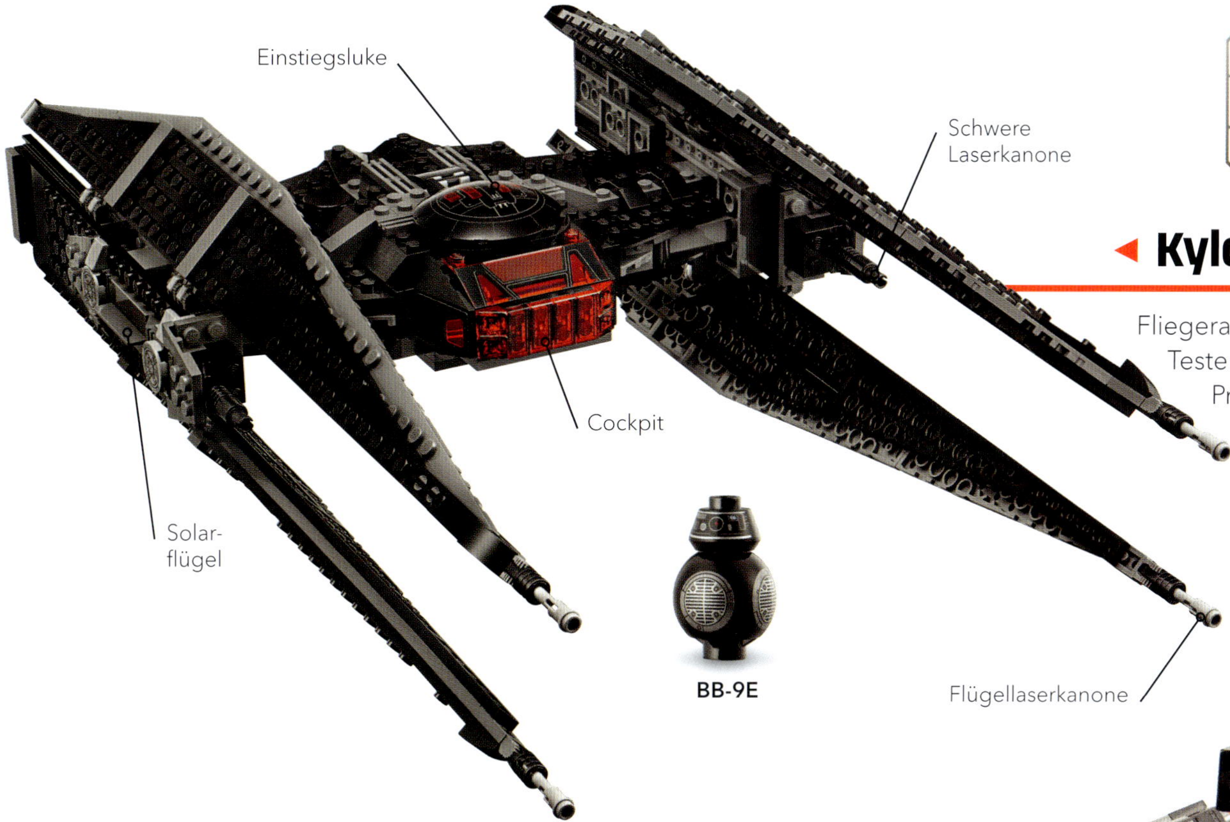

BB-9E

Set-Name Kylo Ren's TIE Fighter	
Nummer 75179	Teile 630
Jahr 2017	Quelle VIII

Kylo Rens TIE-Jäger

Fliegerass Kylo Ren eignet sich ideal zum Testen eines TIE-Silencer genannten Prototyps. Er ist schneller und stärker als normale TIE-Jäger der Ersten Ordnung. Seine Tarntechnologie verbirgt ihn vor gegnerischen Sensoren.

Transporter der Ritter von Ren

Dieser Transporter der *Kerker*-Klasse dient zunächst als Gefängnisschiff, bis die Ritter von Ren ihn sich aneignen, umbauen und *Night Buzzard* nennen. Er hat nun eine starke Panzerung und einen kraftvolleren Antrieb. Im Set sind der Ritter von Ren Kuruk als Pilot und sein Kumpane Cardo sowie Rey enthalten.

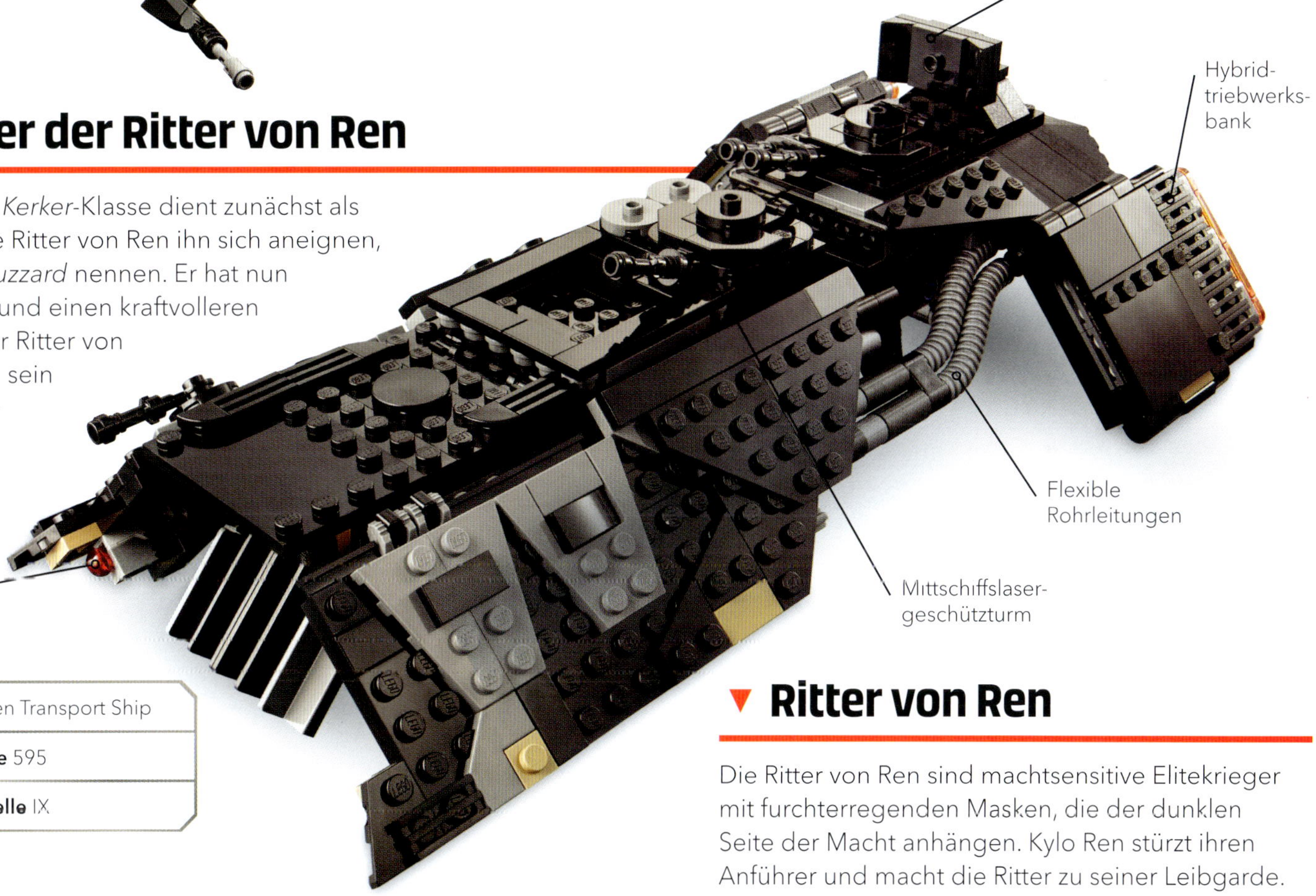

Set-Name Knights of Ren Transport Ship	
Nummer 75284	Teile 595
Jahr 2020	Quelle IX

Ritter von Ren

Die Ritter von Ren sind machtsensitive Elitekrieger mit furchterregenden Masken, die der dunklen Seite der Macht anhängen. Kylo Ren stürzt ihren Anführer und macht die Ritter zu seiner Leibgarde.

Ap'lek Ushar Trudgen Vicrul Kuruk Cardo

Die Erste Ordnung

Die Erste Ordnung baut eine gewaltige Streitmacht auf. Ihre Flotte stützt sich auf Modelle aus imperialen Zeiten, aber sie ist stärker als je zuvor. Einige Schiffe werden heimlich von einem verborgenen Sith-Kult gebaut. Über den starken Machtnutzer Snoke, der die Erste Ordnung anführt, ist wenig bekannt.

Innen

◀ Sternenzerstörer

Der meisterhafte Strippenzieher Snoke agiert am liebsten im Schatten. Öffnet man aber diesen Sternenzerstörer der *Resurgenz*-Klasse, findet sich darin seine erste Minifigur – zusammen mit diversen Untergebenen und dem fiesen Droiden BB-9E.

Snoke

Set-Name First Order Star Destroyer	
Nummer 75190	**Teile** 1416
Jahr 2017	**Quelle** VIII

▲ Snokes Thronsaal

Snoke herrscht von einem Thronsaal an Bord des Megazerstörers *Supremacy* aus über die Erste Ordnung. Kylo bringt Rey dorthin und es kommt zum hitzigen Duell zwischen den Machtnutzern und den Prätorianern.

Set-Name Snoke's Throne Room	
Nummer 75216	**Teile** 492
Jahr 2018	**Quelle** VIII

▼ Prätorianergarde

Snoke wird von acht geheimnisvollen Wachen in blutroter Rüstung beschützt, die im Aussehen an Imperator Palpatines Ehrengarde erinnern. Die Prätorianergardisten trainieren miteinander und auch mit Droiden, um in Form zu bleiben.

Set-Name Elite Praetorian Guard Battle Pack	
Nummer 75225	**Teile** 109
Jahr 2019	**Quelle** VIII

Prätorianergardist

◀ Major Vonregs TIE-Jäger

In den frühen Tagen der Ersten Ordnung, in der sie noch im Geheimen operiert, fliegt der rot uniformierte Major Elrik Vonreg diesen TIE-Jäger. Er führt eine Staffel der Ersten Ordnung an und untersteht Captain Phasma. Das Schiff ist sein persönlicher TIE-Baron-Abfangjäger, mit dem er es im Raumgefecht mit Poe Dameron aufnimmt.

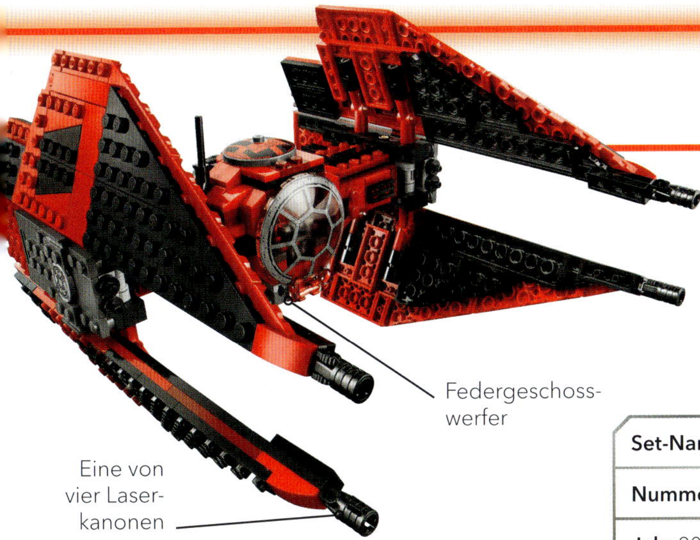

Set-Name Major Vonreg's TIE Fighter	
Nummer 75240	**Teile** 496
Jahr 2019	**Quelle** RES

▼ Sith-TIE-Jäger

Der rote Rand der dreieckigen Doppelflügel dieses Sternenjägers zeigt an, dass er zur Flotte der Sith-Ewigen gehört. Das auch TIE-Dolchjäger genannte Schiff wird von der Minifigur eines regulären TIE-Piloten geflogen, die sowohl von vorne als auch von oben Zugang zum Cockpit hat. Zwischen den beiden Flügelflächen sind Federgeschosswerfer angebracht.

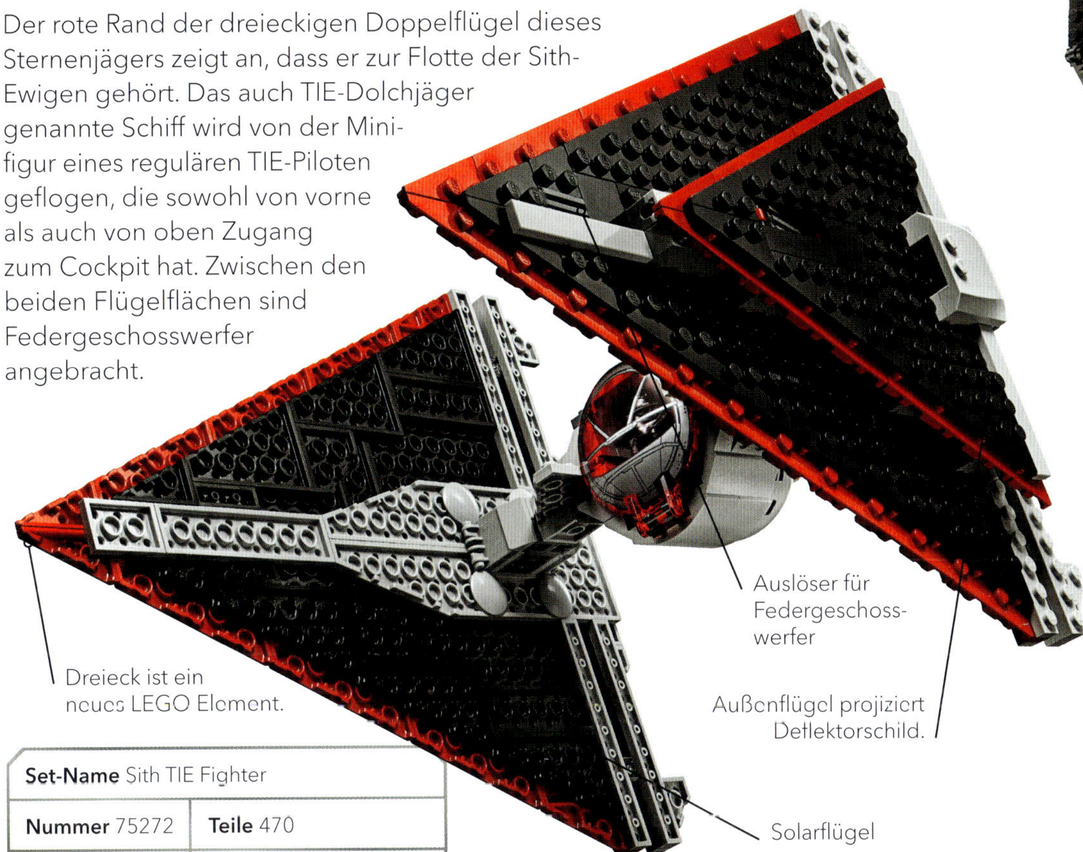

Set-Name Sith TIE Fighter	
Nummer 75272	**Teile** 470
Jahr 2020	**Quelle** IX

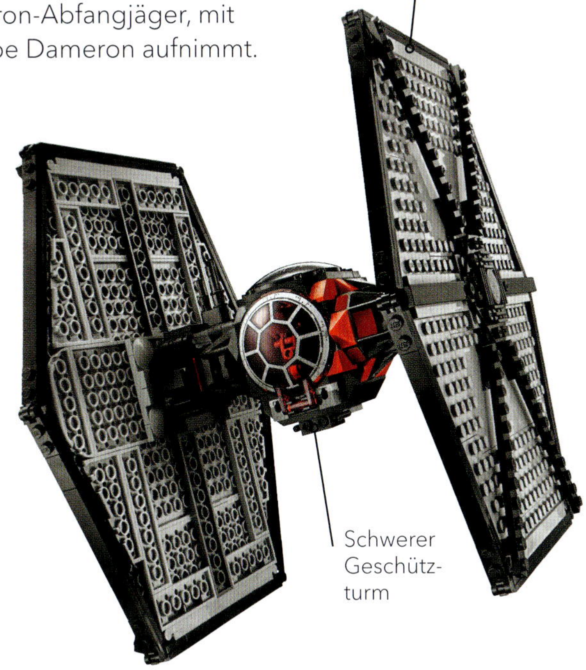

▲ TIE-Jäger der Spezialeinheiten

Die meisten TIE-Jäger sind einsitzig, doch der TIE der Spezialeinheiten bietet Platz für zwei Minifiguren. Der Pilot kann sich ganz aufs Fliegen konzentrieren, während sich hinter ihm ein Schütze um die Bedienung der Kanonen kümmert.

Set-Name First Order Special Forces TIE Fighter	
Nummer 75101	**Teile** 517
Jahr 2015	**Quelle** VII

▼ Flotte und Spezialeinheiten der Ersten Ordnung

Piloten und Crews der Flotte der Ersten Ordnung sind im Grunde die Sturmtruppen der Lüfte – bedienen aber auch Bodenfahrzeuge wie Läufer. Die Spezialeinheiten sind eine gesonderte Elite der Flotte. Ihre Mitglieder vereinen die Fähigkeiten von Piloten und Trupplern.

TIE-Pilot

TIE-Pilot der Spezialeinheiten

Shuttlepilot

Flotteningenieur der Ersten Ordnung

Läuferpilot

Streitkräfte der Ersten Ordnung

Unter dem Kommando von General Armitage Hux werden die Streitkräfte der Ersten Ordnung zur immer größeren Gefahr für den Frieden in der Galaxis. Ihre Feuerkraft übertrifft sogar die der Flotte des alten Imperiums.

Schneegleiter

Der robuste Schneegleiter der Ersten Ordnung – ein leichtes Nutzfahrzeug der Infanterie – ist bestens für die eisigen Verhältnisse auf der Starkiller-Basis ausgestattet. Es dient vor allem für Patrouillen- und Versorgungsfahrten.

Set-Name First Order Snowspeeder	
Nummer 75100	**Teile** 444
Jahr 2015	**Quelle** VII

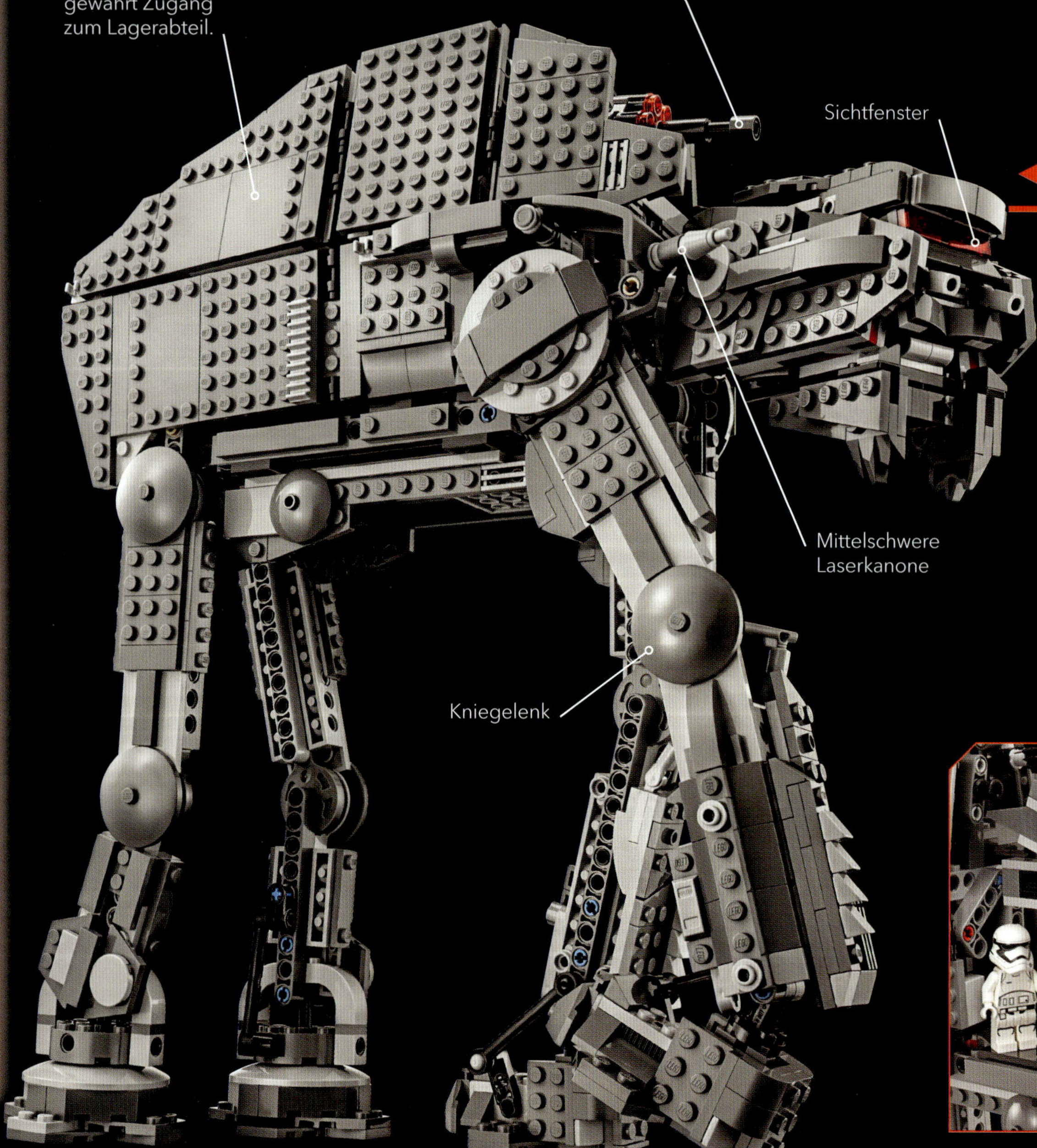

Schwerer Kampfläufer

Der größte Läufer der Ersten Ordnung wird korrekt als Allterrain-MegaKaliber Sechs (AT-M6) bezeichnet – wegen der gewaltigen MegaKaliber-Kanone auf dem Rücken. Er ist stark gepanzert und hat einen bewegbaren Kopf mit einem Cockpit, das sich öffnet.

Set-Name First Order Heavy Assault Walker	
Nummer 75189	**Teile** 1376
Jahr 2017	**Quelle** VIII

Set-Name First Order Heavy Scout Walker	
Nummer 75177	Teile 554
Jahr 2017	Quelle VIII

▲ Scoutläufer

Der Allterrain-Hochleistungsscout (AT-HS) bewegt sich spinnenartig auf acht Beinen fort. Anders als andere kleine Läufer, die stürzen können, wenn ein einziges Bein beschädigt wird, hält er den Verlust gleich mehrerer Beine aus.

▼ Kettengleiter

Die Truppen der Ersten Ordnung haben für den Einsatz in widriger Umgebung Flitzer mit ausgefeilterer Technik und stärkerer Leistung als zuvor das Imperium. Für diesen Kettengleiter ist holpriges Gelände kein Problem – dank seiner Repulsoren kann er, wenn nötig, auch schweben. Der robuste Patrouillenschlitten hat schwere Laserkanonen und einen Deflektorschild. Auf Pasaana findet Finn eine Schwachstelle, als er den Gleiter mit einem im Kettenantrieb verfangenen Seil herumschleudert.

Set-Name Pasaana Speeder Chase	
Nummer 75250	Teile 373
Jahr 2019	Quelle IX

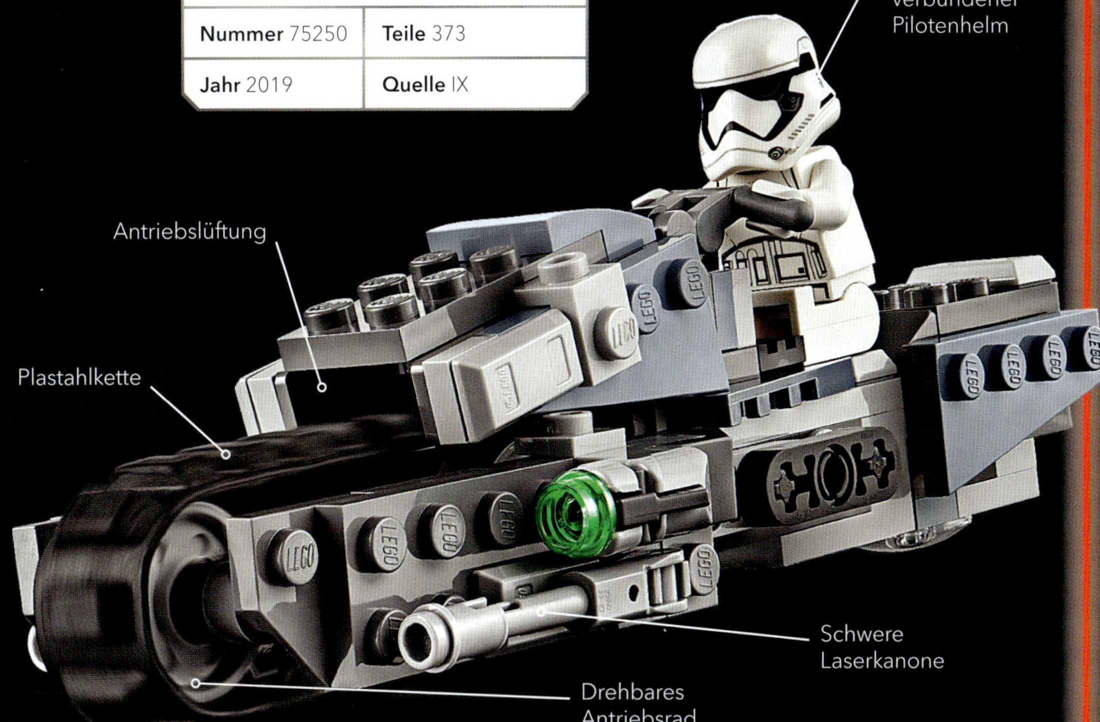

▼ Transporter

Die Transporter der Ersten Ordnung sind kaum mehr als stark gepanzerte, fliegende Kisten. Sie bringen Truppen von großen Schiffen aus zum Einsatzort. Dabei sind selbst Sitze Luxus: Die Sturmtruppler stehen im Abteil und warten, dass die Rampe sich senkt.

Set-Name First Order Transporter	
Nummer 75103	Teile 792
Jahr 2015	Quelle VII

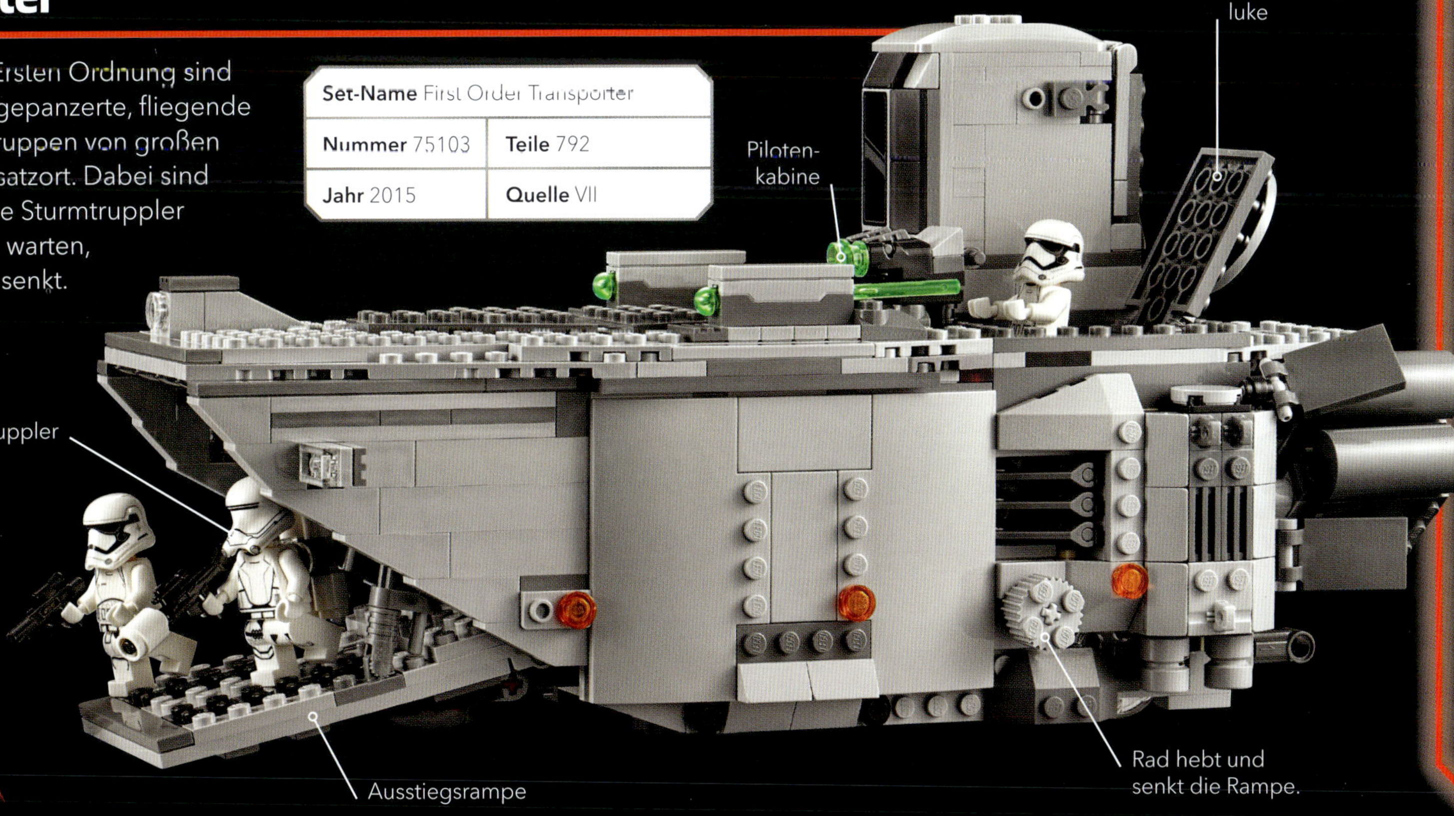

Truppen der Ersten Ordnung

Sturmtruppler der Ersten Ordnung
Mit ihrer modernisierten Rüstung sind die regulären Sturmtruppen der Ersten Ordnung leicht von ihren imperialen Vorgängern zu unterscheiden. Sie sind zwar keine Klone, aber ihre Minifiguren haben alle das gleiche grimmige Gesicht unter dem Helm.

Die Männer und Frauen im Dienste der Ersten Ordnung wurden gedrillt, keine Gefühle zu zeigen. Die meisten von ihnen sind Sturmtruppler und Piloten, die von klein auf für den Einsatz ausgebildet wurden und statt Namen Kennnummern haben. Offiziere dürfen einen kleinen Teil ihrer Persönlichkeit behalten – doch ihre Loyalität darf nie infrage stehen.

Armee der Ersten Ordnung

Schutztruppler
Die Schutztruppen der Ersten Ordnung tragen zusätzlich zur Standardrüstung der Sturmtruppen auch Betaplastschilde und Elektro-Schlagstäbe, um bei Aufständen für Ruhe zu sorgen.

Flammentruppler
Mit Brennstofftank auf dem Rücken und Flammenwerfer in der Hand zeichnen sich diese Truppler durch brandsichere Rüstung und Blendschutzhelme aus.

Sturmangriffstruppler
Diese mit schweren Blastern ausgestatteten Truppler sind an der Extraausrüstung zu erkennen, die sie an Gurten an ihrer Brust und teils auch am Rücken tragen.

Schneetruppler
Die für den Einsatz in kalter Umgebung ausgebildeten Schneetruppler tragen einen Helm mit Blendschutz, einen wärmenden Hüftschurz und eine beheizte Rüstung.

Exekutionstruppler
Diese Scharfrichter erkennt man an ihren auffällig schwarzen Markierungen und Schulterplatten. Sie lehren andere Truppler das Fürchten und erinnern sie, dass sie zu gehorchen haben!

Läuferpilot
Ein grauer Blitz auf dem Helm und ein grauer Overall sind Kennzeichen jener Sturmtruppler, die schwere Kampfläufer steuern – wie die, die über die Salzebene von Crait stapfen.

Jettruppler der Ersten Ordnung
Die agilen Jettruppler haben geschlossene Rüstungen mit eigener Luftversorgung und Jetpacks. Auf Pasaana starten sie vom Heck von Kettengleitern aus in die Lüfte.

Kettengleiterpilot
125-Z-Kettengleiter werden von speziell geschulten Piloten gesteuert. Extra Schienbeinschutz und Polsterung an den Beinen treten hier an Stelle der Standardrüstung.

Taktischer Einsatzschild aus Betaplast

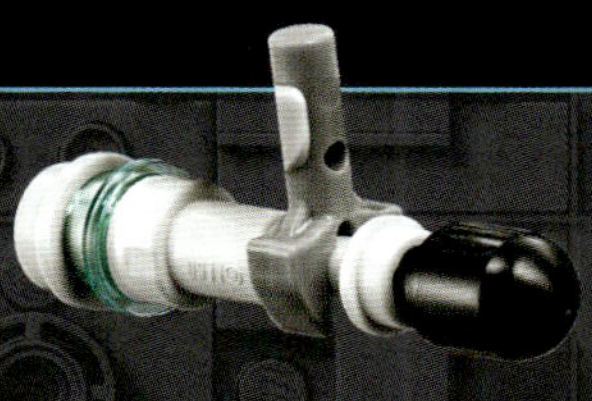

Z6-Schlagstock

FWMB-10-Repetierblaster

D-93w-Flammenprojektionsgewehr

Laseraxt

Conflagrin-14-Tanks

Ausrüstung
Ein Großteil der Ausrüstung der Ersten Ordnung stammt von Sonn-Blas, einer Firma, die extra dafür gegründet wurde, ohne Rücksicht auf Gesetze mit der Neuen Republik Geschäfte zu machen!

Chrom-Captain
Captain Phasma bekleidet bei den Sturmtruppen den obersten Rang. Man erkennt sie an ihrer chromglänzenden Rüstung. Einst diente auch der Widerständler Finn unter ihrem Kommando. Nun will sie ihn für seinen Verrat büßen lassen.

▸ Sturmtruppenanführer

Einige Sturmtruppler, die sich als fähig erweisen, können im Rang aufsteigen. Gruppenführer zeigen ihren Status mit einer weißen Stoffschulterplatte mit schwarzem Rand an, während eine rote Schulterplatte mit schwarzem Rand einen Offizier der Sturm- oder Schneetruppen kennzeichnet.

Gruppenführer der Sturmtruppen

Offizier der Sturmtruppen

Offizier der Schneetruppen

▾ Hierarchie der Ersten Ordnung

Die Streitkräfte der Ersten Ordnung unterliegen einer strikten Rangordnung. Jedes Mitglied muss Befehle eines Höherrangigen befolgen. Generäle stehen über Offizieren, denen wiederum Sturmtruppenoffiziere unterstellt sind. Während weiß gerüstete Sturmtruppler ins Gefecht ziehen, leisten Träger dunkler Uniformen ihren Dienst meist auf Basen und großen Schiffen ab.

Crewmitglied der Ersten Ordnung

Offizierin der Ersten Ordnung

Lieutenant oder Captain der Ersten Ordnung

Lieutenant oder Captain der Ersten Ordnung

Major oder Colonel der Ersten Ordnung

General der Ersten Ordnung

General Armitage Hux

General Enric Pryde

BB-9E
Auf den großen Schiffen der Ersten Ordnung sorgen schwarze BB-Einheiten dafür, dass alles ordnungsgemäß läuft. BB-9E hält auf Snokes Flaggschiff mit seinem Fotorezeptor Ausschau nach Gefahren wie Eindringlingen und Saboteuren. In *Star Wars: Die letzten Jedi* hat er eine Begegnung mit BB-8, seinem Gegenpart beim Widerstand.

BB-9E

Kapitel 4:
Spezielle Sets

LEGO® Legends

2014 ordnete Lucasfilm den *Star Wars*-Kanon neu, sodass viele ältere Abenteuer aus verschiedensten Zeitabschnitten der *Star Wars*-Geschichte nun als „Legenden" gelten. Die LEGO Gruppe hat einige Sets zu den sogenannten *Star Wars Legends* produziert.

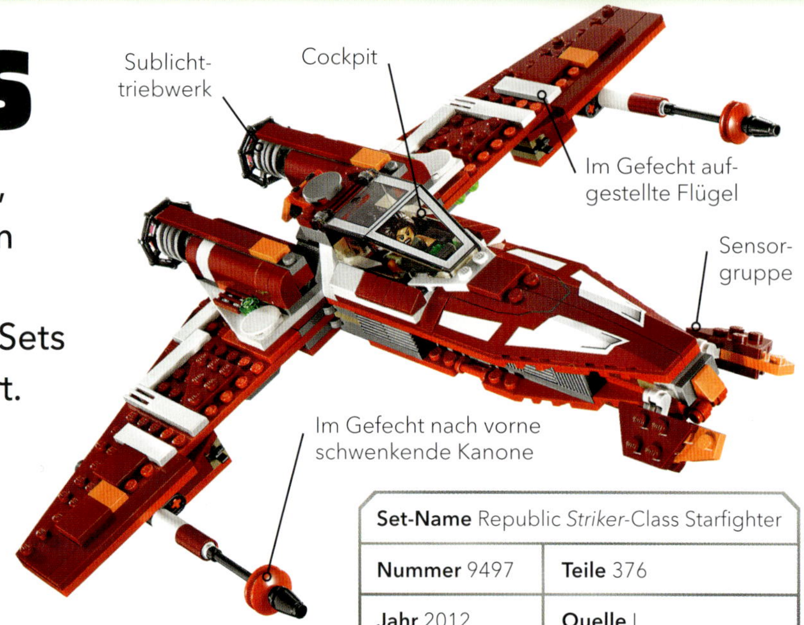

Set-Name Republic *Striker*-Class Starfighter	
Nummer 9497	**Teile** 376
Jahr 2012	**Quelle** L

▼ Abfangjäger der *Fury*-Klasse

Dieses Modell zum Videospiel *Star Wars: The Old Republic* ist ein Abfangjäger der *Fury*-Klasse. Der skrupellose Sith-Lord Darth Malgus hat sich persönlich um die Entwicklung des schwer gepanzerten Schiffs gekümmert. Mit seinen Geschützen – und vollgepackt mit Sith-Trupplern – ist es eine ernste Bedrohung für die Republik und die Jedi.

Set-Name Sith *Fury*-Class Interceptor	
Nummer 9500	**Teile** 748
Jahr 2012	**Quelle** L

Darth Malgus

▲ Sternenjäger der *Striker*-Klasse

Tausende von Jahren vor Luke Skywalkers Geburt standen sich im Videospiel *Star Wars: The Old Republic* die Alte Republik und das Sith-Imperium gegenüber. Jedi-Meister wie Satele Shan flogen schnelle Jäger der *Striker*-Klasse, unterstützt von Astromechs wie T7-O1. Flügel und Kanonen werden bei der Landung eingeklappt und am Heck gibt es Stauraum für Geschosse und Lichtschwerter.

▼ Jedi-Kreuzer der *Defender*-Klasse

Diese Korvette aus dem Videospiel *Star Wars: The Old Republic* dient als mobile Kommandozentrale der Jedi und hat leistungsfähige Sensoren und Kommunikationsanlagen. Das Modell bietet Zugang zur Brücke, ein Geheimfach für Holocrons sowie zwei Rettungskapseln.

Set-Name Jedi *Defender*-Class Cruiser	
Nummer 75025	**Teile** 927
Jahr 2013	**Quelle** L

▶ *Azure Angel*

Die *Azure Angel* ist in der ursprünglichen Animationsserie *Star Wars: Clone Wars* (2003–2005) zu sehen. Der Delta-7-Abfangjäger wurde von Anakin Skywalker stark umgebaut, um seine Leistung zu steigern. Zusammen mit R4-P22 muss er sich in diesem Schiff der Attentäterin Asajj Ventress stellen.

Set-Name Anakin's Custom Jedi Starfighter	
Nummer 75087	**Teile** 370
Jahr 2015	**Quelle** L

Set-Name Republic Fighter Tank	
Nummer 75182	**Teile** 305
Jahr 2017	**Quelle** L

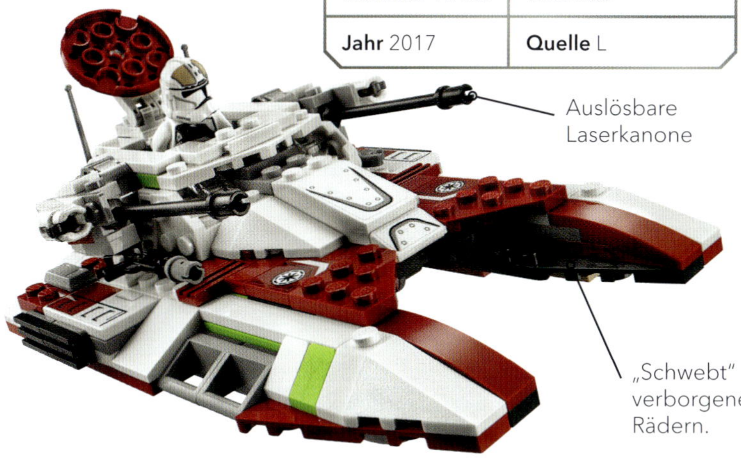

▲ Kampfpanzer der Republik

Der TX-130-Panzer der Säbel-Klasse war erstmals im Videospiel *Star Wars: The Clone Wars* zu sehen. Er verfügt über Laserkanonen und Vibroraketen. Normalerweise sitzen Klonsoldaten am Steuer, aber auch der ein oder andere Jedi wurde dort schon gesichtet.

Set-Name TIE Crawler	
Nummer 7664	**Teile** 548
Jahr 2007	**Quelle** L

▲ TIE-Raupe

Die aus der Comicreihe *Star Wars: Das dunkle Imperium* stammende TIE-Raupe verbindet das vertraute Cockpit eines TIE-Jägers mit den Kettenlaufwerken eines Bodenfahrzeugs. Letztere lassen sich drehen, um das Cockpit zu erhöhen und Hindernisse zu überwinden. Unter dem Cockpit sind auslösbare Geschosse. Im Set sind außerdem zwei Schattentruppler enthalten, gefürchtete Diener des Imperators.

▼ TIE/D

In der Comicreihe *Star Wars: Das dunkle Imperium* sieht man Prototypen unbemannter, programmierbarer Droidenjäger. Die Droidenhirn-Figur kann aus der Kanzel entnommen werden.

Droidenhirn

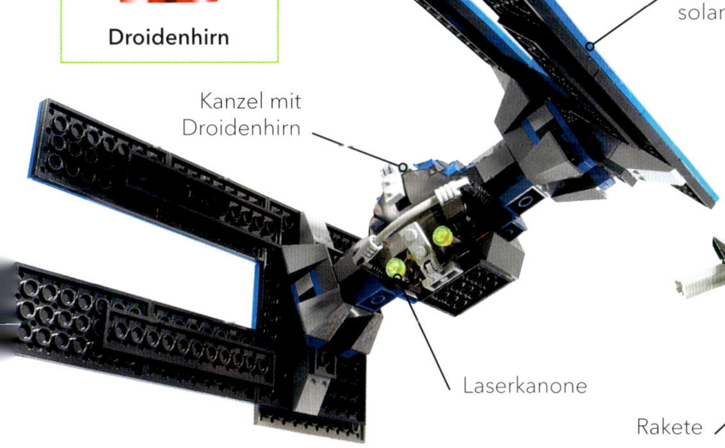

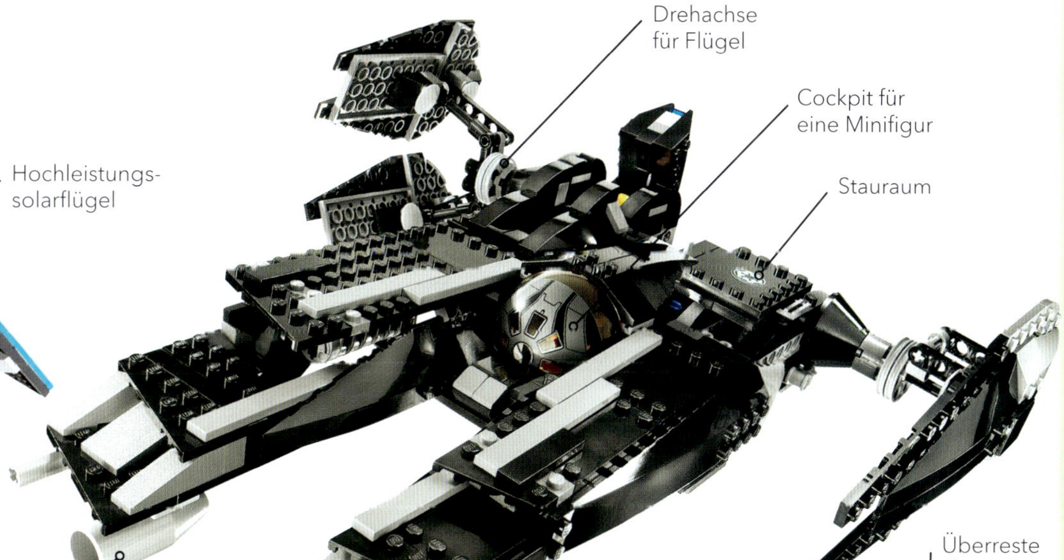

▶ Rogue Shadow

Die *Rogue Shadow* ist ein einzigartiges Raumschiff aus dem Videospiel *Star Wars: The Force Unleashed.* Sie hat eine experimentelle Tarnvorrichtung, ausgefeilte Sensoren und Sublichttriebwerke mit hoher Leistung. Darth Vaders geheimer Schüler Galen Marek und die imperiale Pilotin Juno Eclipse (in die Marek sich verliebt) fliegen das Schiff.

Set-Name Rogue Shadow	
Nummer 7672	**Teile** 482
Jahr 2008	**Quelle** L

Darth im Duell
Die Minifigur des vom Duell gezeichneten Vader gibt es nur in diesem Set. Sein Schüler Galen Marek hat dabei sogar Vaders Helm in Stücke geschlagen!

Darth Vader (Gefechtsspuren)

LEGO® Kreationen

Neben Hunderten Modellen, die auf bekannten Schiffen und Szenerien basieren, gibt es in der Themenwelt LEGO® *Star Wars*™ gelegentlich auch eigene, ganz neue Beiträge zum *Star Wars*-Universum. Die in einer LEGO Variante der weit, weit entfernten Galaxis angesiedelten Animationsserien haben bis heute viele interessante Modelle hervorgebracht.

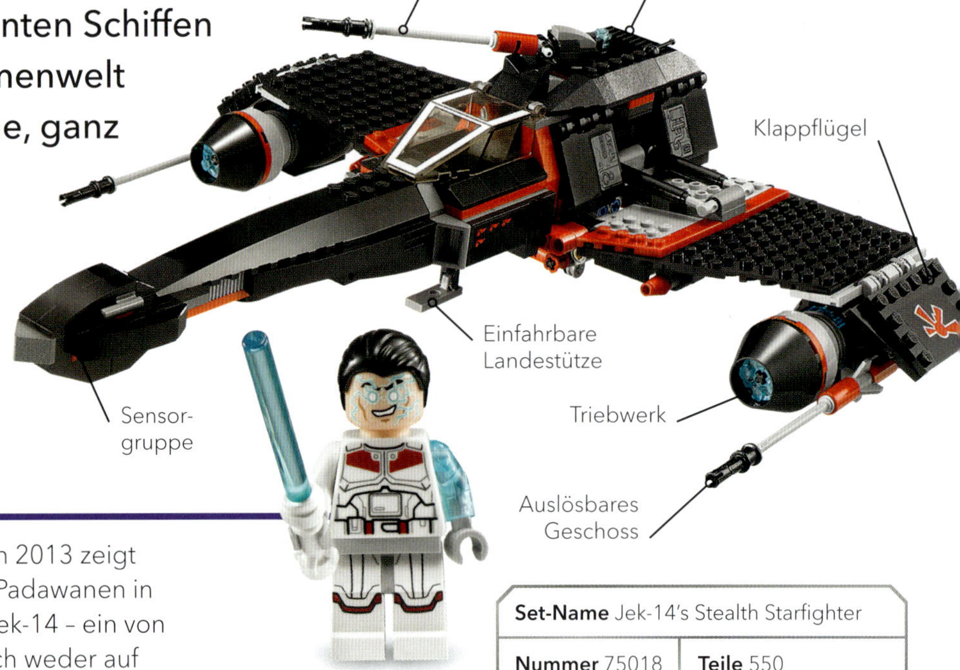

▸ Jek-14s Tarnjäger

Die Animationsserie LEGO *Star Wars: Die Yoda-Chroniken* von 2013 zeigt die Abenteuer von Jedi-Meister Yoda und einer Gruppe von Padawanen in den Klonkriegen. Zu den Figuren, auf die sie treffen, gehört Jek-14 – ein von den Sith geschaffener Klon, der stark in der Macht ist, aber sich weder auf die Seite der Separatisten noch der Republik stellen will. Sein Sternenjäger basiert auf dem E-Flügler aus dem Comic *Star Wars: Das dunkle Imperium.*

Jek-14

Set-Name Jek-14's Stealth Starfighter	
Nummer 75018	**Teile** 550
Jahr 2013	**Quelle** DYC

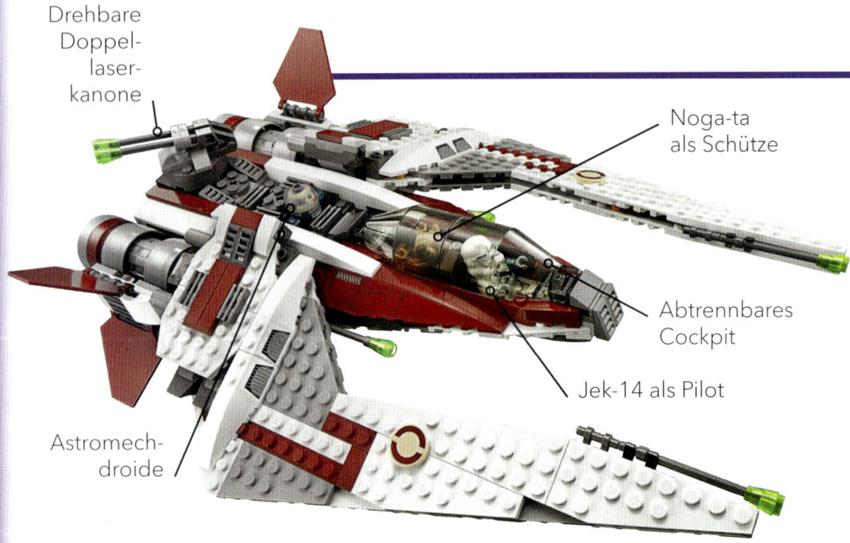

◂ Jedi-Scoutjäger

Jek-14 kehrt 2014 in neuen Folgen der *Yoda-Chroniken* zurück. Als Freund der noch verbliebenen Jedi in der Anfangszeit des Imperiums hilft er dem ithorianischen Jedi-Ritter Noga-ta dabei, wichtige Holocrons aus dem Jedi-Tempel auf Coruscant zu holen. Für die Mission benutzt er einen zweisitzigen Jedi-Sternenjäger.

Set-Name Jedi Scout Fighter	
Nummer 75051	**Teile** 490
Jahr 2014	**Quelle** DYC

▾ *StarScavenger*

Die 2016 gestartete Serie LEGO *Star Wars: Die Abenteuer der Freemaker* erzählt von dem für die Macht empfänglichen Rowan Freemaker und seiner Familie von Schrotthändlern. Anfangs dreht sich für sie alles darum, sich mit ihrem Bergungsschiff, der *StarScavenger,* ihren Lebensunterhalt zu verdienen.

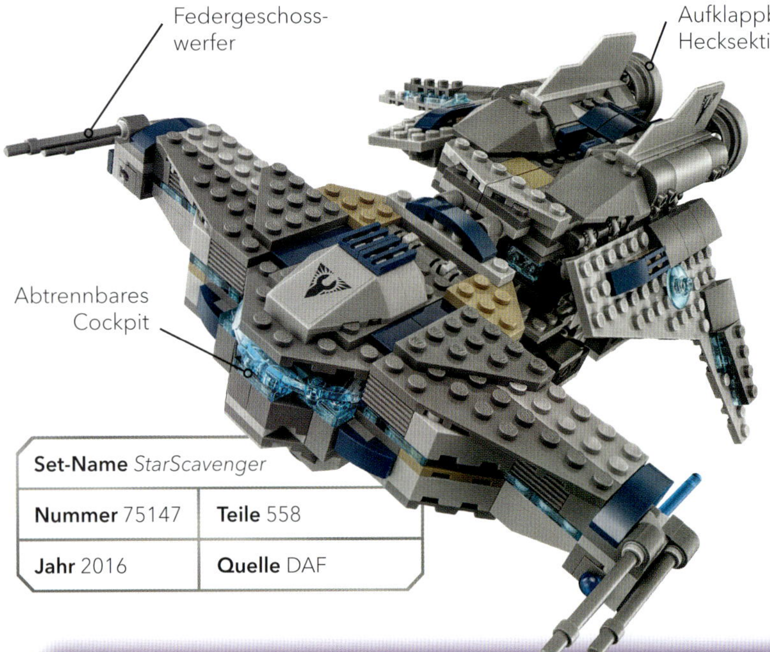

Set-Name *StarScavenger*	
Nummer 75147	**Teile** 558
Jahr 2016	**Quelle** DAF

Kordi Freemaker

Zander Freemaker

Rowan Freemaker

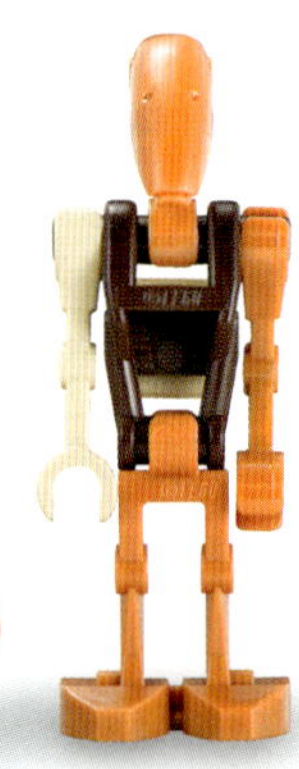

R0-GR

▸ Eclipse Fighter

Als Rowan Freemaker seine ungeschulten Machtkräfte einsetzt, macht er ungewollt die Sith-Agentin Naare und den Kopfgeldjäger Dengar auf sich aufmerksam. Naare behauptet, eine Jedi zu sein, und hilft den Freemakers zuerst, verfolgt sie aber schon bald mit ihrem Schiff!

Set-Name *Eclipse Fighter*	
Nummer 75145	**Teile** 363
Jahr 2016	**Quelle** DAF

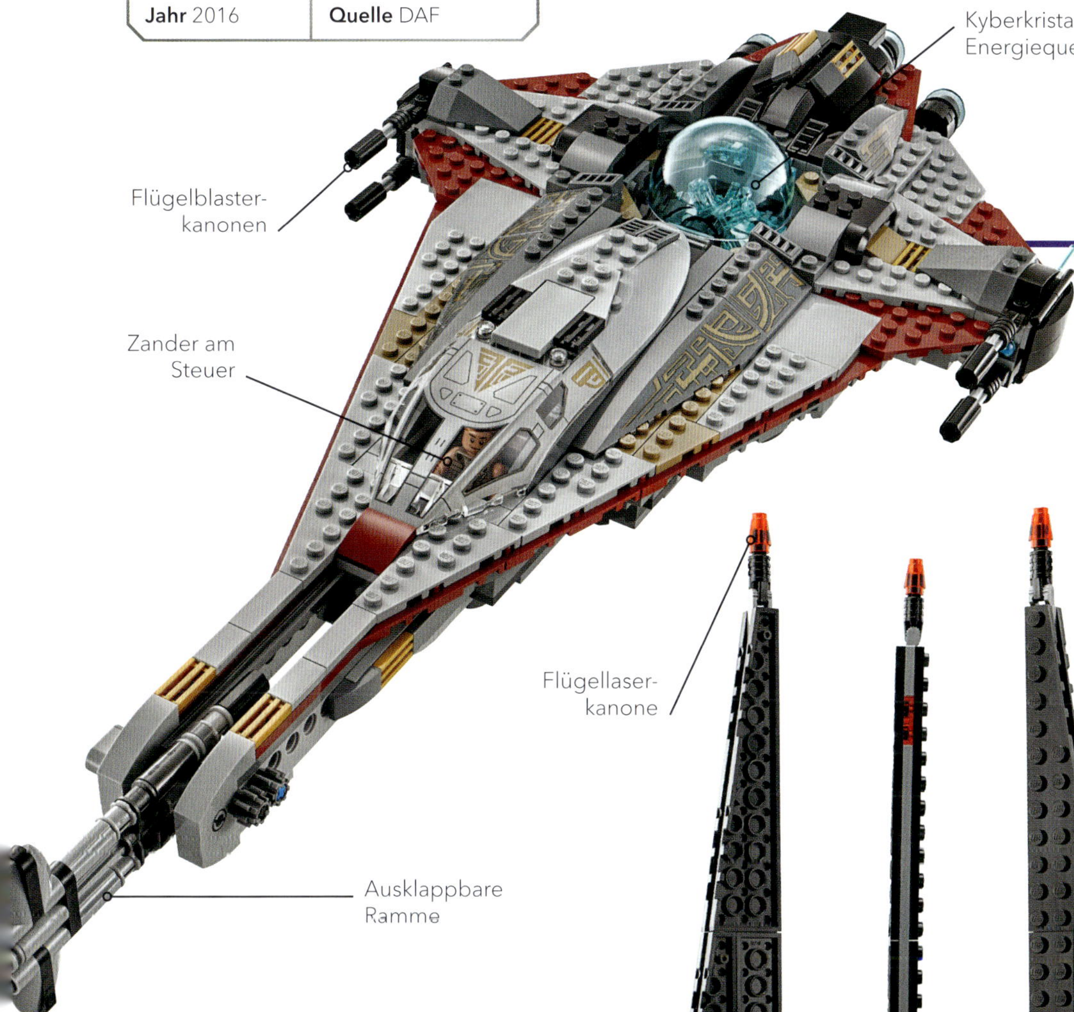

◂ Arrowhead

Als Rowans Machtkräfte wachsen, hat er die Vision eines starken neuen Schiffs. Mit der Hilfe des Mon Calamari Quarrie baut er die *Arrowhead* – einen neuartigen Jäger, der von einem riesigen Kyberkristall angetrieben wird. Die Freemakers hoffen, dass er zum Sturz des Imperiums beitragen kann!

Set-Name The *Arrowhead*	
Nummer 75186	**Teile** 775
Jahr 2017	**Quelle** DAF

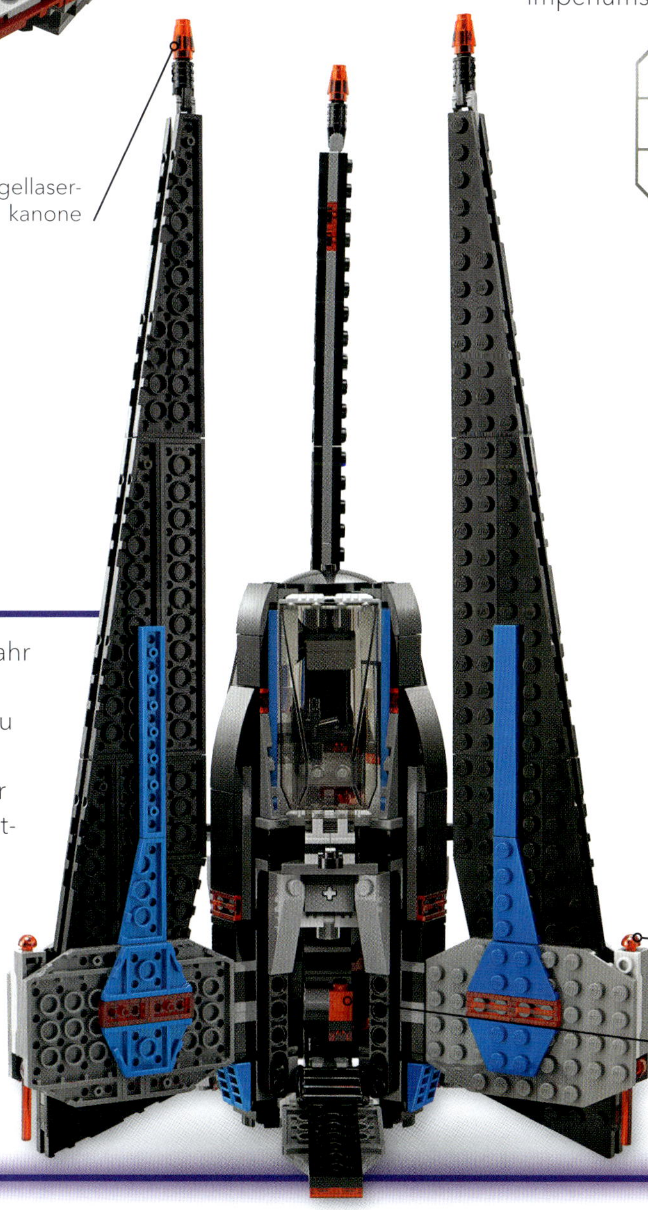

M-OC

Lustiger Name
Der Droide M-OC ist im Set *Tracker I* (75185) enthalten. Der Imperator hat ihn selbst gebaut! Sein Name ist eine Anspielung auf die Abkürzung „MOC" („My Own Creation") für Kreationen von LEGO Fans.

▸ Tracker I

Als Imperator Palpatine erkennt, welche Gefahr die Freemakers darstellen, schickt er den imperialen Jagddroiden M-OC, um Rowan zu ergreifen. Dieser hat viele Talente und fliegt das schnittige Schiff *Tracker I*. Es verfügt über eine Gefängniszelle, aus der selbst ein Machtnutzer nicht entkommt!

Set-Name *Tracker I*	
Nummer 75185	**Teile** 557
Jahr 2017	**Quelle** DAF

Planeten-Sets

2012 und 2013 erschienen eine Reihe Minischiffe – zusammen mit einer Minifigur, einem Planeten (oder anderem Himmelskörper) aus den ersten sechs *Star Wars*-Filmen und einem Präsentationsständer. Die Planeten können an einem Draht aufgehängt werden und einige Minifiguren sind neu oder überarbeitete Fassungen früherer Ausgaben.

Set-Name Naboo Starfighter & Naboo	
Nummer 9674	**Teile** 56
Jahr 2012	**Quelle** I

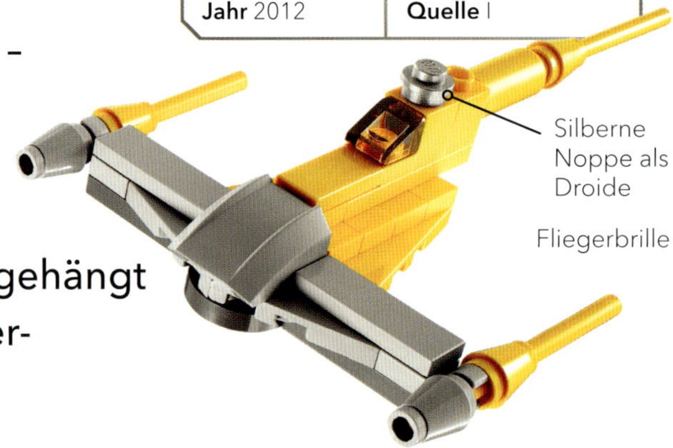

Naboo

Naboo-Pilot

▲ Naboo

Der blaue Planet Naboo wird von den menschlichen Naboo und den im Wasser lebenden Gungans bewohnt. Die Jägerpiloten der Naboo müssen ihre Heimat gegen die Droidenjäger der Handelsföderation verteidigen.

▼ Todesstern

Der auf Befehl des Imperators heimlich gebaute erste Todesstern bedroht die Freiheit der Galaxis und pustet den Planeten Alderaan vom Sternenhimmel. Das Modell hat viele Details – von der Superlaserschüssel bis hin zu den Gräben auf der Oberfläche.

Todesstern

Set-Name TIE Interceptor & Death Star	
Nummer 9676	**Teile** 65
Jahr 2012	**Quelle** IV

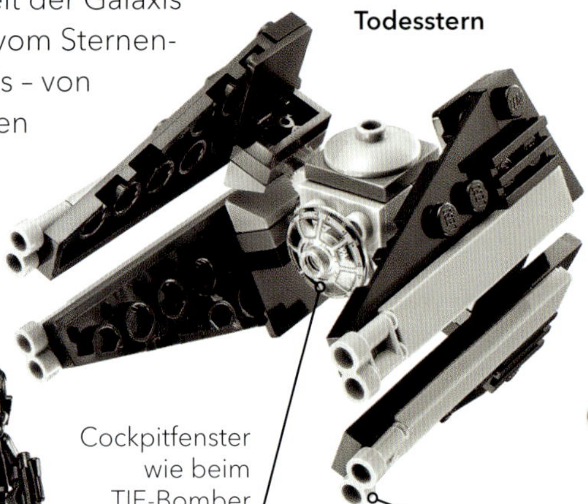

TIE-Pilot

Set-Name X-Wing Starfighter & Yavin 4	
Nummer 9677	**Teile** 77
Jahr 2012	**Quelle** IV

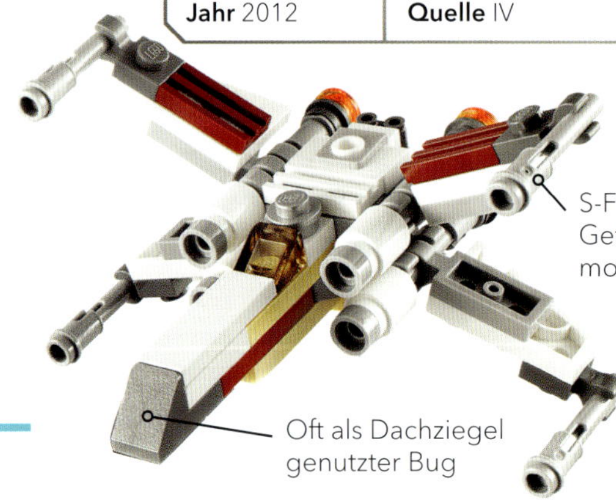

Yavin 4

X-Flügler-Pilot

◀ Bespin

Bespin ist ein Gasriese im Äußeren Rand und bekannt für die in der Atmosphäre schwebende Wolkenstadt. Lobots Minifigur wurde gegenüber der von 2002 überarbeitet. Er hat nun ein hautfarbenes Gesicht und trägt einen Blaster.

Set-Name Twin-Pod Cloud Car & Bespin	
Nummer 9678	**Teile** 78
Jahr 2012	**Quelle** V

Bespin

Lobot

▲ Yavin 4

Auf diesem Dschungelmond im Äußeren Rand haben die Rebellen ihren Stützpunkt. Der X-Flügler-Pilot hat den gleichen Helm wie Dak Ralter, dessen Minifigur erstmals im Schneegleiter-Set von 1999 enthalten war. 2004 und 2007 wurde sie aktualisiert.

▶ Tatooine

Diese trostlose Wüstenwelt im Äußeren Rand der Galaxis wird von den Hutts kontrolliert. Auf ihr leben vor allem hart arbeitende Feuchtfarmer, Jawas und Sandleute. Sebulba hat einen Schraubenschlüssel, um seinen Podrenner zu reparieren.

Sebulba

Tatooine

Set-Name Sebulba's Podracer & Tatooine	
Nummer 9675	**Teile** 80
Jahr 2012	**Quelle** I

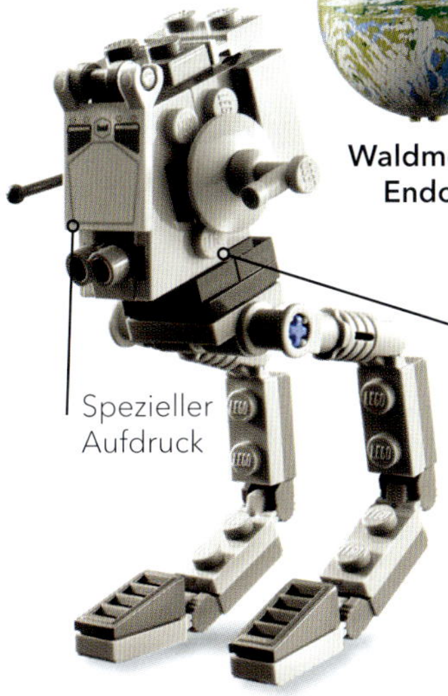

Waldmond Endor

Waldmond Endor

Das Imperium baut über dem Waldmond Endor, der Heimatwelt der Ewoks, einen zweiten Todesstern. AT-STs bewachen den Schildgenerator inmitten der Bäume.

AT-ST-Pilot

Set-Name AT-ST & Endor	
Nummer 9679	**Teile** 65
Jahr 2012	**Quelle** VI

Kamino

Set-Name Jedi Starfighter & Kamino	
Nummer 75006	**Teile** 61
Jahr 2013	**Quelle** II

R4-P17

Kamino

Auf der stürmischen Meereswelt Kamino steht die Klonanlage, aus der die riesige Klonarmee stammt. Das Set enthält die erste Vollkörper-Version des Astromechdroiden R4-P17.

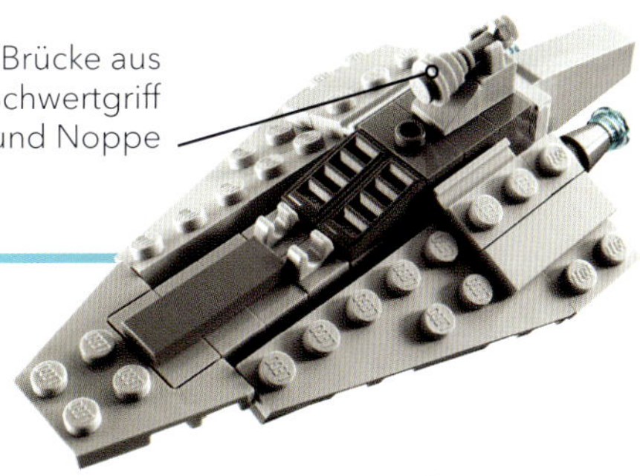

Coruscant

Coruscant ist die Hauptwelt der Republik (und später des Imperiums) und ein dicht bevölkerter Stadtplanet. Das Modell ist eine von nur zwei LEGO Versionen des erstmals auf Geonosis eingesetzten Transportschiffs.

Set-Name Republic Assault Ship & Coruscant	
Nummer 75007	**Teile** 74
Jahr 2013	**Quelle** II

Klonsoldat

Coruscant

Set-Name TIE Bomber & Asteroid Field	
Nummer 75008	**Teile** 60
Jahr 2013	**Quelle** V

Asteroidenfeld

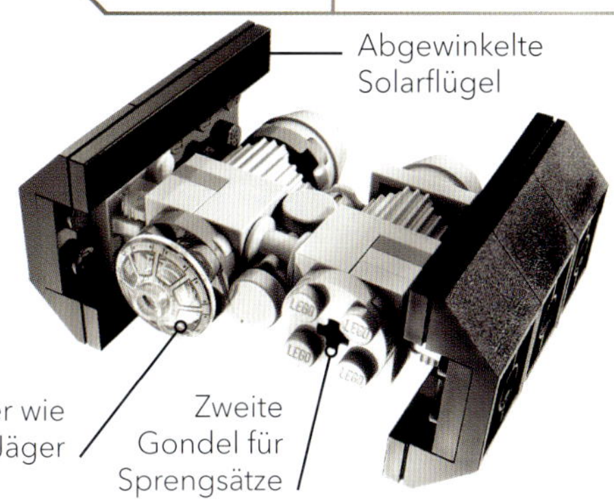

TIE-Bomber-Pilot

Hoth

Die ferne Eiswelt Hoth dient den Rebellen nach dem Sieg über den ersten Todesstern als Versteck. Sie verteidigen ihre Basis mit Schneegleitern gegen das Imperium.

Hoth

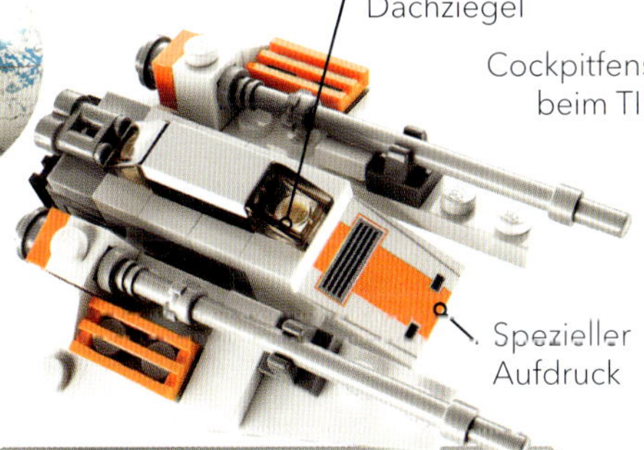

Schneegleiter-pilot

Set-Name Snowspeeder & Hoth	
Nummer 75009	**Teile** 69
Jahr 2013	**Quelle** V

Asteroidenfeld

Als der *Millennium Falke* von Hoth flieht, suchen TIE-Bomber ihn inmitten umhertrudelnder Felsbrocken eines benachbarten Asteroidenfelds.

Endor

Über dem Gasriesen Endor stellen sich die Rebellen in B-Flüglern dem Imperium. Torso, Beine und Helm des B-Flügler-Piloten wurden hier detaillierter gestaltet.

B-Flügler-Pilot

Endor

Set-Name B-Wing Starfighter & Endor	
Nummer 75010	**Teile** 83
Jahr 2013	**Quelle** VI

Set-Name *Tantive IV* & Alderaan	
Nummer 75011	**Teile** 102
Jahr 2013	**Quelle** IV

Alderaan

Alderaan

Die Kernwelt Alderaan war lange ein Zentrum für Kultur und Bildung. Sie ist Prinzessin Leias Heimatwelt – und die Operationsbasis ihres Blockadebrechers, der *Tantive IV*.

Rebellensoldat

Microfighters

2014 wurde die Galaxis ein wenig kleiner – mit den LEGO® *Star Wars*™ Microfighters! Die stilisierten Modelle sollen vor allem Spaß machen. Dabei werden Details klassischer Fahrzeuge oder auch Kreaturen betont und diese so dargestellt, dass eine Minifigur darauf Platz findet. Jeder Microfighter zieht mit Geschoss- oder Noppenwerfern ins Gefecht. Doppelsets enthalten zwei Modelle und Minifiguren.

LEGO Fakten

Bevor es die Microfighters gab, erschienen 2012 und 2013 vier weitere LEGO *Star Wars* Sets in ähnlichem Maßstab. Die Mini-Schiffe von Boba Fett und Darth Maul, Luke Skywalkers Mini-Landgleiter und Jek-14s Mini-Tarnjäger waren exklusive Sets für spezielle Events.

Jek-14s Mini-Tarnjäger

▼ Sith-Infiltrator

Der Sith-Infiltrator im Microfighter-Maßstab erschien zum ersten Mal 2012 exklusiv zur San Diego Comic-Con. Die Version von 2019 ist kleiner, hat dafür aber zwei Noppenwerfer unter dem Rumpf.

Set-Name Sith Infiltrator	
Nummer 75224	**Teile** 92
Jahr 2019	**Quelle** I

▼ Naboo-Sternenjäger

Der junge Anakin und R2-D2 verteidigen Naboo in diesem N-1-Microfighter. Das schnittige Design des Schiffs wird mithilfe abgeschrägter und abgerundeter Elemente wiedergegeben.

Set-Name Naboo Starfighter	
Nummer 75223	**Teile** 62
Jahr 2019	**Quelle** I

► Klon-Turbopanzer

2005 bestand der erste LEGO Klon-Turbopanzer (Set 7261) aus über 800 Teilen. Die Microfighter-Version hat nur 96, aber dennoch 10 bewegliche Räder, zwei auslösbare Geschosse und eine exklusive Klon-Minifigur.

Set-Name Clone Turbo Tank	
Nummer 75028	**Teile** 96
Jahr 2014	**Quelle** III

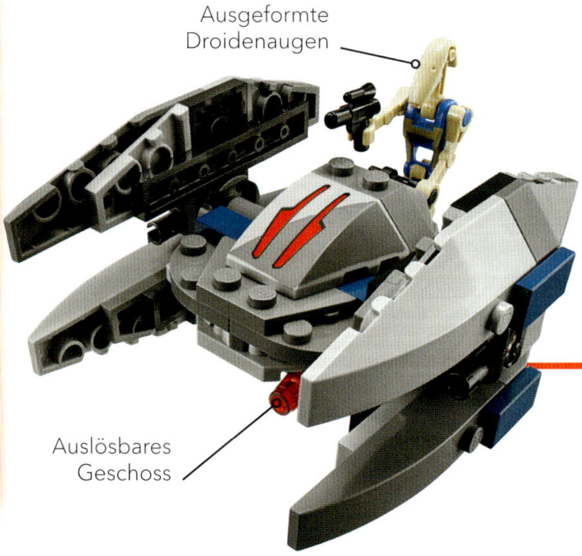

◄ Geierdroide

Geierdroiden der Separatisten benötigen keinen Piloten, aber der Microfighter ist von einem Droiden bemannt. Die Flügel klappen nach unten, um für gemeinsame Spaziergänge als Beine zu dienen!

Set-Name Vulture Droid	
Nummer 75073	**Teile** 77
Jahr 2015	**Quelle** III

▸ *Ghost*

2014 waren exklusive Versionen der *Ghost* im Microfighter-Stil mit Chopper bzw. Kanan Jarrus auf der San Diego Comic-Con und der Toronto FAN EXPO erhältlich. Zwei Jahre später übernahm Hera Syndulla das Steuer einer sogar noch kompakteren Version.

Set-Name *The Ghost*	
Nummer 75127	**Teile** 104
Jahr 2016	**Quelle** REB

Set-Name Krennic's Imperial Shuttle	
Nummer 75163	**Teile** 78
Jahr 2017	**Quelle** R1

▲ Krennics imperiales Shuttle

Direktor Krennic ist exklusiv mit der großen Version dieser Raumfähre (Set 75156) erhältlich, daher wird das entsprechende Microfighter-Modell von einem ebenso exklusiven imperialen Shuttlepiloten geflogen. Die Flügel klappen zur Landung nach oben.

▾ U-Flügler

Wie die 659-teilige Version aus dem Vorjahr hat der Microfighter-U-Flügler zwei nach vorn gerichtete S-Flügel, die zum Gefecht nach hinten klappen. Neben zwei Noppenwerfern wartet er mit einer exklusiven Rebellenpiloten-Minifigur auf.

Set-Name U-Wing	
Nummer 75160	**Teile** 109
Jahr 2017	**Quelle** R1

▾ Rettungskapsel & Taurücken

Mit diesem Microfighter-Doppelpack lässt sich die Suche des Imperiums nach den Plänen des Todessterns nachstellen. Werden R2-D2 und C-3PO dem Sandtruppler entkommen?

Rettungskapsel

Set-Name Escape Pod vs. Dewback	
Nummer 75228	**Teile** 177
Jahr 2019	**Quelle** IV

Taurücken

▲ Y-Flügler

Passend zum Film *Rogue One: A Star Wars Story* fliegt diesen Y-Flügler ein Rebellenpilot der Blauen Staffel. Wie die meisten Minifiguren dieser Art lässt sich sein Kopf drehen, sodass er wahlweise froh oder ängstlich schaut.

Set-Name Y-Wing	
Nummer 75162	**Teile** 90
Jahr 2017	**Quelle** R1

Schneegleiter

Schneegleiter der Rebellen gab es in über einem Dutzend Sets, aber dieses enthält einen exklusiven Pilotenhelm! Zwei Geschosswerfer finden sich unter dem abgeschrägten Rumpf, der mit Rastgelenk-Elementen zusammengesteckt wird.

Set-Name Snowspeeder	
Nummer 75074	**Teile** 97
Jahr 2015	**Quelle** V

Tauntaun & AT-AT

Ein ausgeformter LEGO Tauntaun war 2009 und 2011 Teil von Sets zur Schlacht von Hoth, aber dies ist das erste aus LEGO Steinen gebaute Modell der Kreatur! Es trägt Luke Skywalker, der sich in Eis und Schnee einem imperialen AT-AT stellt.

Set-Name AT-AT vs. Tauntaun Microfighters	
Nummer 75298	**Teile** 205
Jahr 2021	**Quelle** V

N-1-Sternenjäger

Nach Verlust der *Razor Crest* legt sich Din Djarin einen umgebauten N-1-Sternenjäger zu – und seine Minifigur erhält 2023 eine Microfighter-Version des neuen Schiffes. Auf dem Rücksitz begleitet ihn ein kleiner Passagier: das für die Macht empfängliche Kind Grogu.

Set-Name The Mandalorian N-1 Starfighter Microfighter	
Nummer 75363	**Teile** 88
Jahr 2023	**Quelle** M

Bantha & T-16-Lufthüpfer

Auf Tatooine zieht ein Tusken auf einem Bantha ins Gefecht, einem domestizierten Säugetier mit Zottelfell und geschwungenen Hörnern. Dieses allererste LEGO Bantha legt sich mit dem Piloten eines T-16-Lufthüpfers an. Das Modell des Luftgleiters ist dessen dritte LEGO Version.

Set-Name T-16 Skyhopper vs Bantha Microfighters	
Nummer 75265	**Teile** 198
Jahr 2020	**Quelle** IV

Razor Crest

Die *Razor Crest* ist der erste Microfighter zur Realserie *The Mandalorian*. Das ST-70-Kanonenboot wird vom Mandalorianer Din Djarin geflogen. Das Schiff verfügt über zwei Noppenwerfer. Für alle Fälle hat Djarin aber auch einen Blaster dabei.

Set-Name The *Razor Crest* Microfighter	
Nummer 75321	**Teile** 98
Jahr 2022	**Quelle** M

X-Flügler des Widerstands

Die Minifigur in diesem Set trägt zwar keinen Namen, doch Bart- und Helmaufdruck legen nahe, dass es sich um Temmin „Snap" Wexley handelt, ein Mitglied von Poe Damerons Staffel. Die vier Flügellaserkanonen lassen sich als Geschosse auslösen.

Set-Name Resistance X-Wing Fighter	
Nummer 75125	**Teile** 87
Jahr 2016	**Quelle** VII

▲ *Millennium Falke*

2014 gehörte der von Han Solo geflogene *Millennium Falke* zu den ersten Microfighter-Sets. Die Version von 2018 zu *Star Wars: Die letzten Jedi* hat Noppenwerfer, eine eckige Sensorschüssel statt einer runden und nicht Han sitzt am Steuer, sondern sein ehemaliger Co-Pilot Chewbacca.

Set-Name *Millennium Falcon*	
Nummer 75193	**Teile** 92
Jahr 2018	**Quelle** VIII

▶ TIE-Jäger der Ersten Ordnung

Mit dem auffälligen Rot erinnert das Schiff an einen TIE-Jäger der Spezialeinheiten, obschon der Pilot keinen entsprechenden Helm trägt. Es ist der vierte TIE in der Microfighter-Serie nach dem TIE-Abfangjäger (Set 75031), dem TIE-Turbojäger-Prototyp (Set 75128) und dem TIE-Stürmer (Set 75161).

Set-Name First Order TIE Fighter	
Nummer 75194	**Teile** 91
Jahr 2018	**Quelle** VII

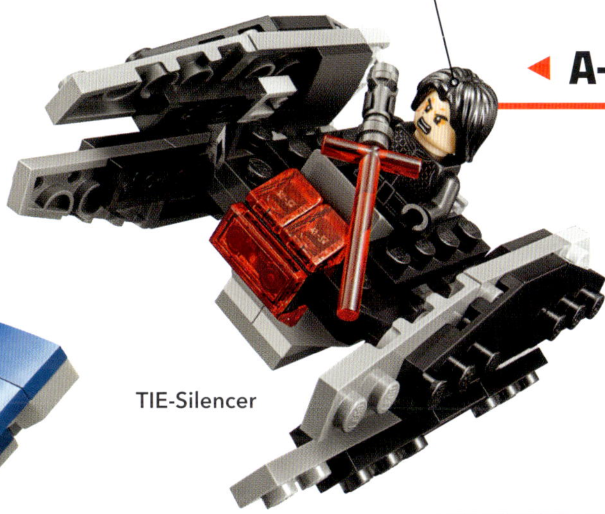

TIE-Silencer

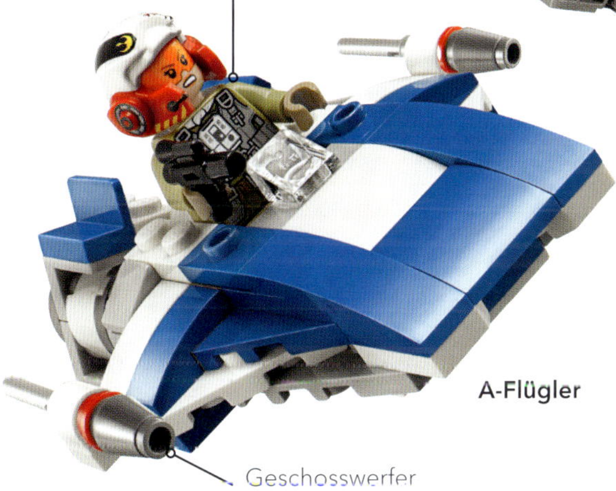

A-Flügler

◀ A-Flügler & TIE-Silencer

2018 kamen die ersten Microfighter-Doppelpacks auf den Markt. Jedes Set enthielt zwei Fahrzeuge und zwei Minifiguren sowie ein Bonusmodell. Beim Set *A-Wing vs. TIE Silencer* ist dies eine kleine Wartungsstation, wo der Widerstandspilot sein von Kylo Ren beschädigtes Schiff reparieren kann.

Set-Name A-Wing vs. TIE Silencer	
Nummer 75196	**Teile** 188
Jahr 2018	**Quelle** VIII

▶ Ski-Speeder & Läufer der Ersten Ordnung

Der Gorillaläufer der Ersten Ordnung ist neben einem Ski-Speeder des Widerstands Teil dieses Sets zum Gefecht auf Crait. Beide Fahrzeuge verfügen über Noppenwerfer – ein weiterer ist Teil des beiliegenden Grabenmodells, das mit nur wenigen Elementen Craits typischen rot-weißen Boden nachempfindet.

Set-Name Ski Speeder vs. First Order Walker	
Nummer 75195	**Teile** 216
Jahr 2018	**Quelle** VIII

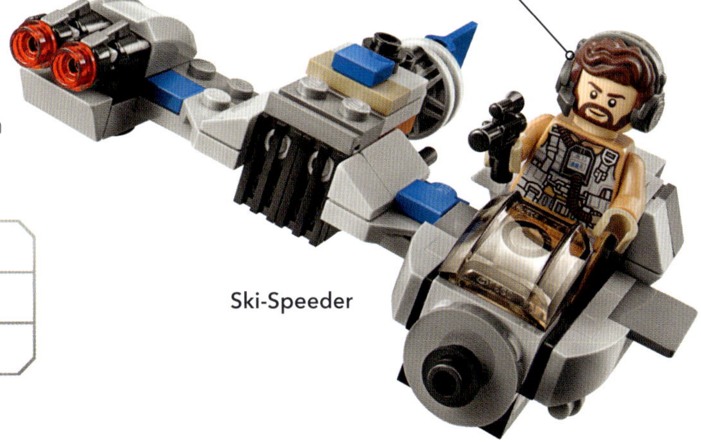

Ski-Speeder

Läufer der Ersten Ordnung

Mini-Sets

2002 schuf die LEGO Gruppe die ersten Mini-Sets. Die Modelle sind kleiner als normale Sets und haben weniger Teile. Sie weisen weniger Details auf, sind aber doch nah am Original. Es gibt viele Fahrzeuge zur gesamten *Star Wars*-Saga.

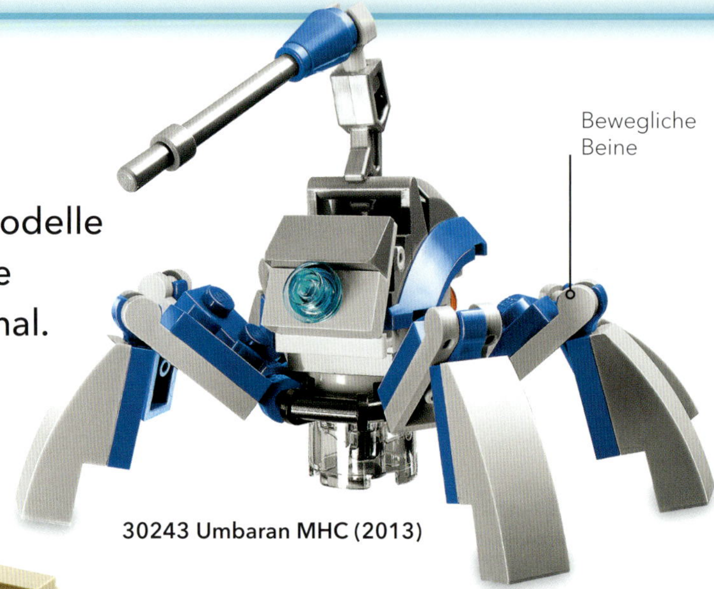

30243 Umbaran MHC (2013)

Streitkräfte der Separatisten

30055 Vulture Droid (2011)

30058 STAP (2012)

30052 AAT (2011)

4493 Sith Infiltrator (2004)

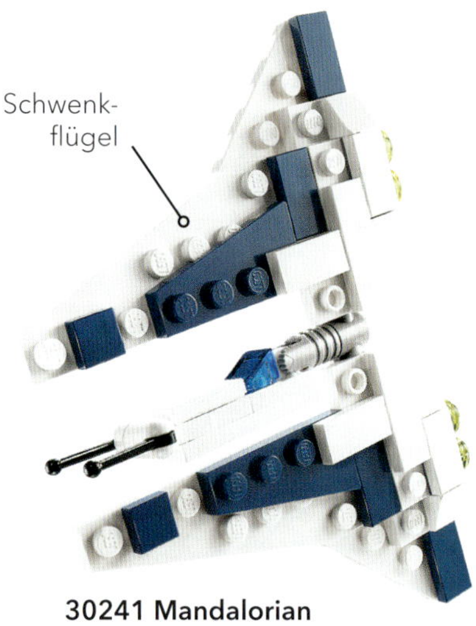

30241 Mandalorian Gauntlet Fighter (2013)

Streitkräfte der Republik

4490 Republic Gunship (2003)

30242 Republic Frigate (2013)

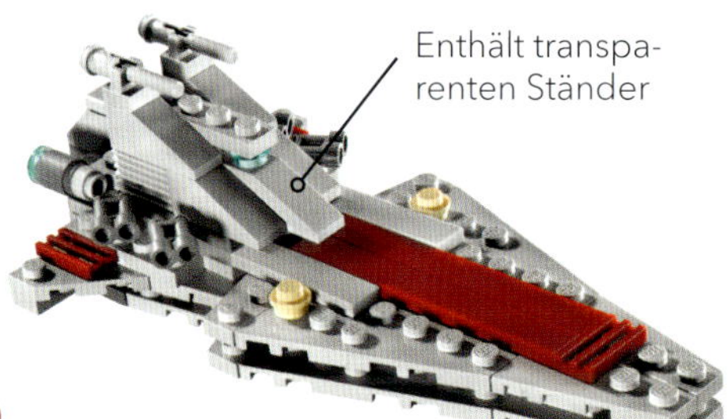

20007 Republic Attack Cruiser (2008)

30244 Anakin's Jedi Interceptor (2014)

30006 Clone Walker (2009)

20009 AT-TE Walker (2009)

30247 ARC-170 Starfighter (2014)

Imperiale Fahrzeuge

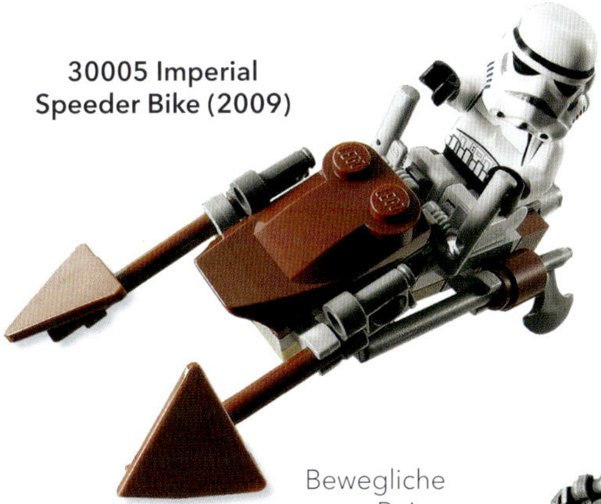

30005 Imperial Speeder Bike (2009)

30056 Star Destroyer (2012)

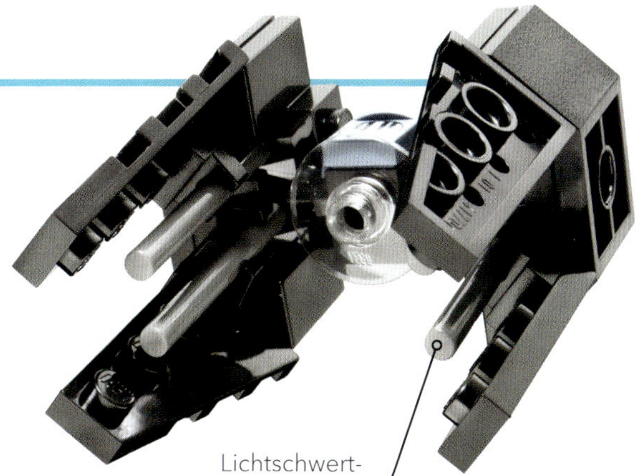

Lichtschwertklinge als Laserkanone

6965 TIE Interceptor (2004)

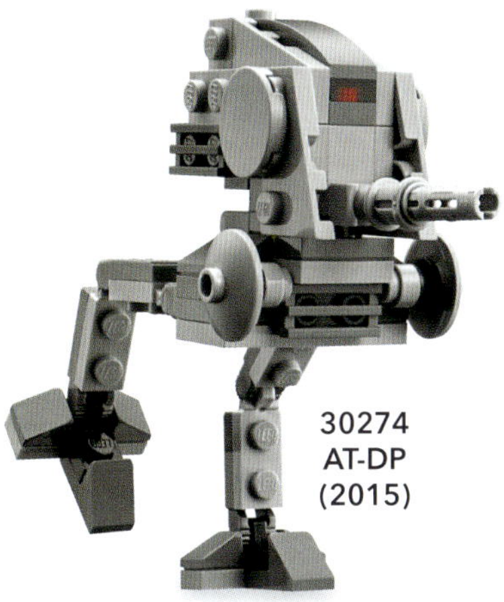

30274 AT-DP (2015)

Bewegliche Beine

20018 AT-AT Walker (2010)

Transparentes Frontfenster

8028 TIE Fighter (2008)

30246 Imperial Shuttle (2014)

Rebellenschiffe

Schüssel mit Spezialaufdruck

4488 *Millennium Falcon* (2003)

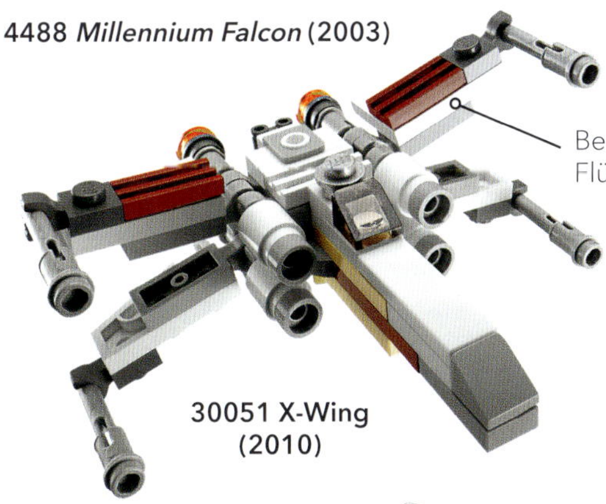

Bewegliche Flügel

30051 X-Wing (2010)

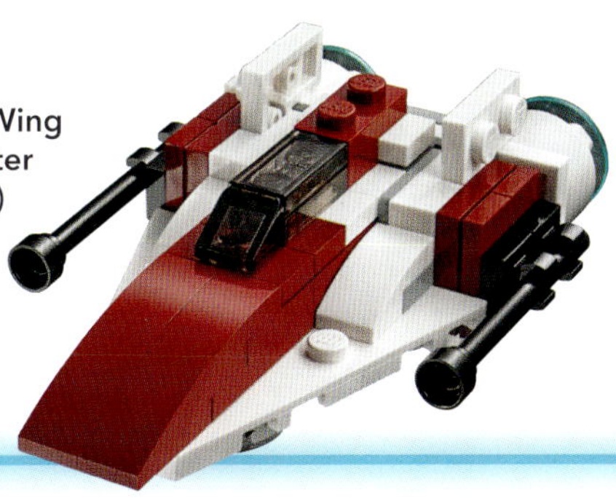

30272 A-Wing Starfighter (2015)

Fahrzeuge der Ersten Ordnung

30497 First Order Heavy Assault Walker (2017)

30276 First Order Special Forces TIE Fighter (2015)

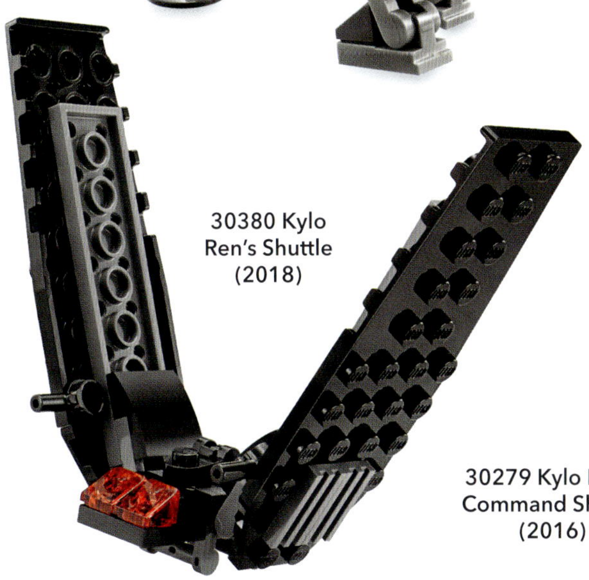

30380 Kylo Ren's Shuttle (2018)

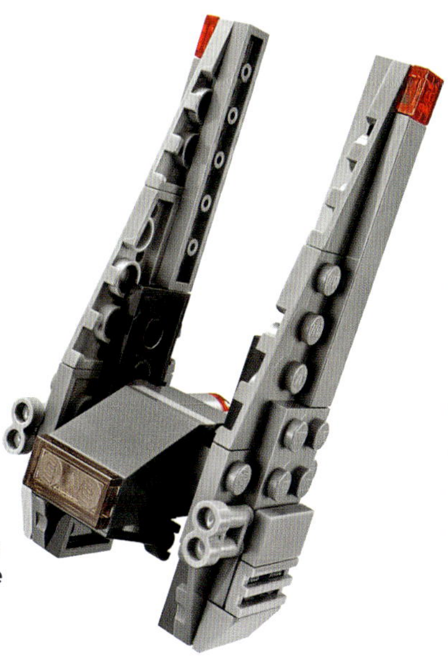

30279 Kylo Ren's Command Shuttle (2016)

Ultimate Collector Series

Die LEGO Gruppe produziert einige sehr detailreiche *Star Wars*-Modelle im Rahmen ihrer Ultimate Collector Series (UCS). Sie sind vor allem als Ausstellungsstücke gedacht und enthalten eine Infotafel sowie oftmals auch einen Präsentationsständer. Die meisten sind nicht im Minifiguren-Maßstab, doch es gibt Ausnahmen wie das imperiale Shuttle.

▼ *Tantive IV*

Prinzessin Leia Organas Konsularschiff *Tantive IV* (auch Blockadebrecher genannt) ist mit mehr als 60 cm Länge und fast 30 cm Breite eines der größten UCS-Sets. Das ausgefeilte Modell besteht aus mehreren Sektionen – Bug, Mittelteil und Triebwerksblock am Heck –, die einzeln gebaut und dann zusammengefügt werden. Die oberen und unteren Turbolaser können sich drehen und das Schiff steht zur Präsentation auf „Landestützen".

Set-Name Rebel Blockade Runner	
Nummer 10019	**Teile** 1748
Jahr 2001	**Quelle** IV

▶ Darth Maul

Die 45 cm hohe, äußerst detailreiche Büste des Sith-Schülers Darth Maul wiegt fast 4 kg. Sie muss von unten nach oben gebaut werden – mit Techniken, wie man sie auch für den Bau von Expertenmodellen aus dem LEGOLAND® nutzt.

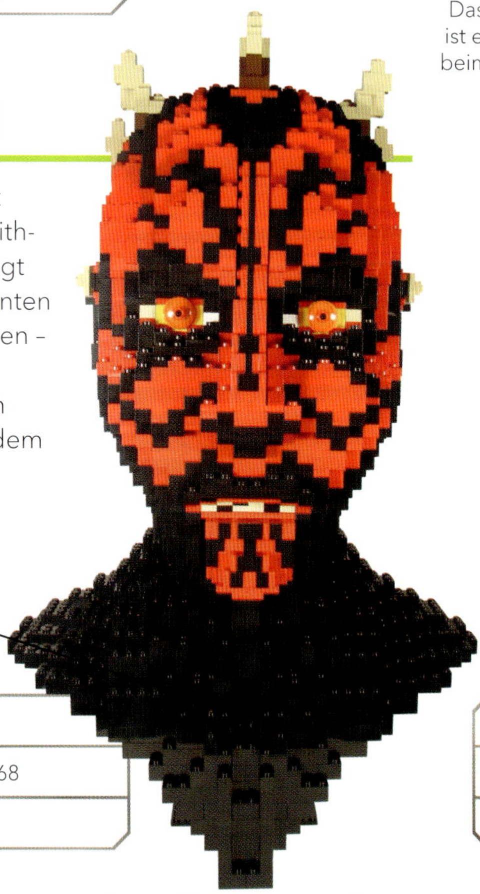

Set-Name Darth Maul	
Nummer 10018	**Teile** 1868
Jahr 2001	**Quelle** I

▼ *Razor Crest*

Dieses Set mit dem bisher detailliertesten Modell der *Razor Crest* stellt Din Djarins Schiff und mobiles Zuhause dar. Es enthält eine exklusive Minifigur des Mandalorianers, Grogu in seiner Schwebewiege, einen Mythrol in Handschellen, den auf einem Blurrg reitenden Kuiil sowie einen gelben „Baby an Bord"-Aufkleber in Aurebesh-Schrift mit der Silhouette von Grogus Kopf.

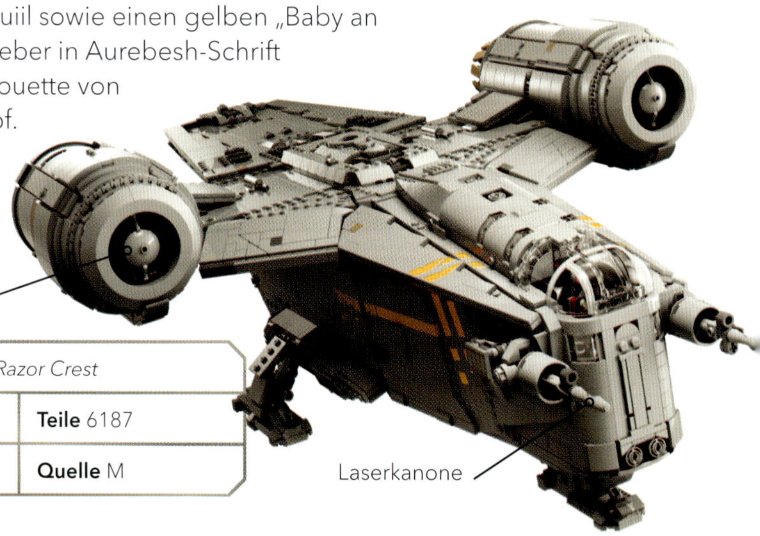

Set-Name The *Razor Crest*	
Nummer 75331	**Teile** 6187
Jahr 2022	**Quelle** M

LEGO Fakten

Im Jahr 2000 erschien das UCS-Set eines X-Flügel-Jägers (7191) mit 1304 Teilen, einem Getriebe zum Bewegen der S-Flügel, Steuereinheit im Cockpit und R2-D2 als Minifigur. Das Modell ist fast 60 cm lang und hat eine Spannweite von 45 cm.

► Imperialer Sternenzerstörer

Das 110 cm lange, überarbeitete Modell von 2019 ist in jeder Hinsicht größer als das UCS-Set des imperialen Sternenzerstörers von 2002 (10030). An Bord sind zwei exklusive Minifiguren: ein einfaches Crewmitglied und ein Lieutenant mit zweifarbigen Beinen. Beide Sets enthalten ein maßstabsgerechtes Modell der *Tantive IV* – zum Nachstellen der Anfangsszene von *Eine neue Hoffnung*.

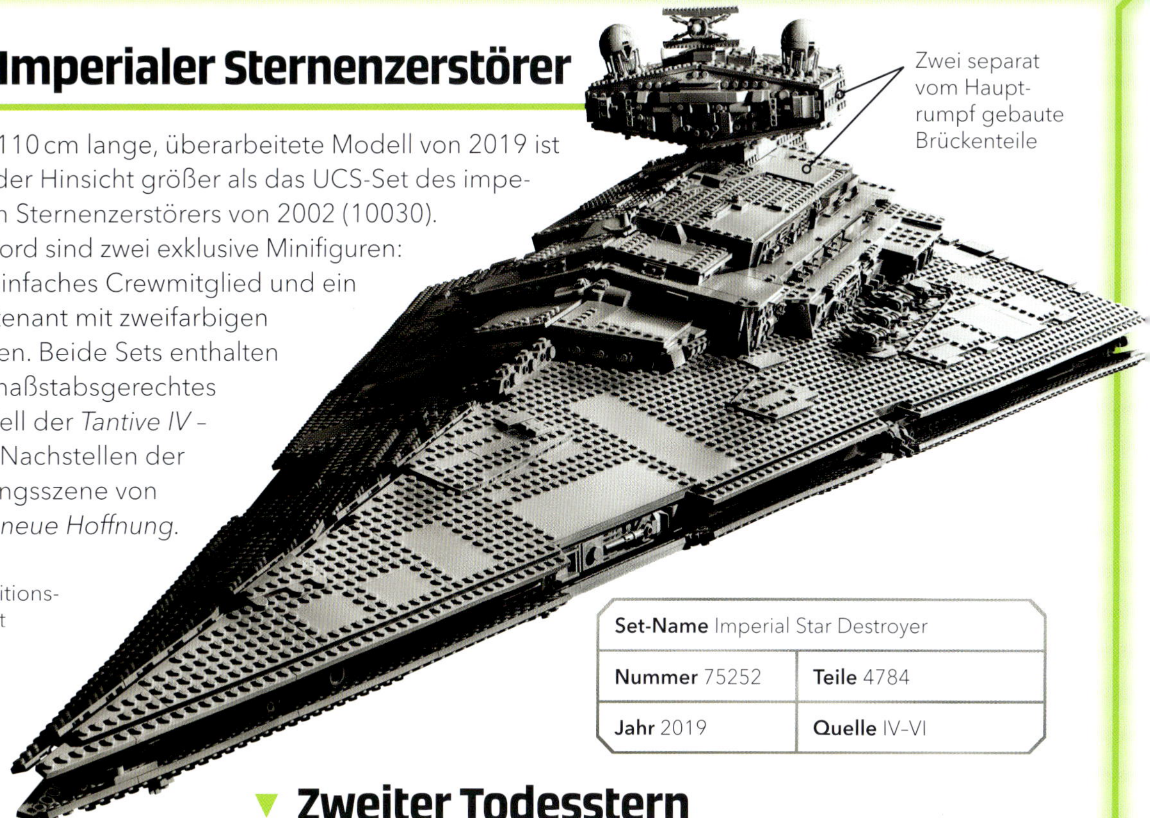

Set-Name Imperial Star Destroyer	
Nummer 75252	**Teile** 4784
Jahr 2019	**Quelle** IV–VI

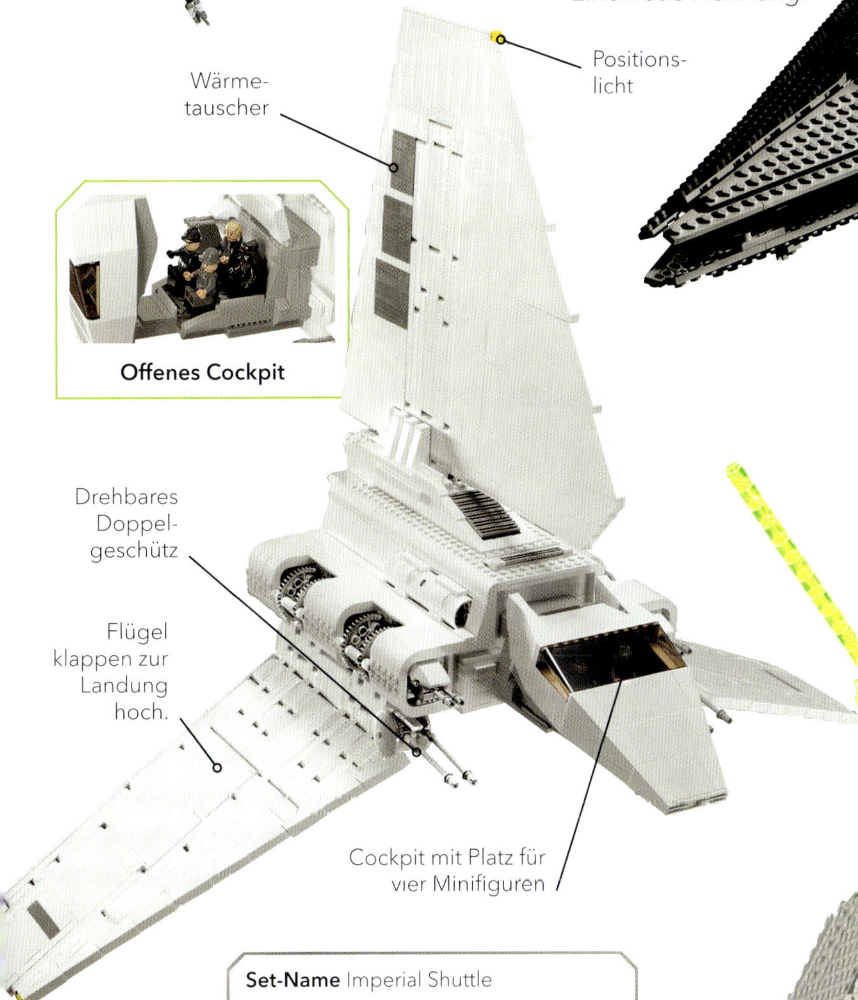

Offenes Cockpit

Set-Name Imperial Shuttle	
Nummer 10212	**Teile** 2503
Jahr 2010	**Quelle** VI

▲ Imperiales Shuttle

Die Fähre der *Lambda*-Klasse, die Luke Skywalker vom Waldmond Endor zum Todesstern bringt, ist mit ausgeklappten Flügeln 57 cm breit und inklusive Ständer 71 cm hoch. Über Hebel am Heck lassen sich die Flügel heben und senken. Unten am Rumpf können auch Landestützen angebracht werden.

▼ Zweiter Todesstern

Der riesige zweite Todesstern ist 63,5 cm hoch und 48 cm breit. Zur erst teilweise fertiggestellten Raumstation gehören ein Superlaser (dessen Einsatzbereitschaft Imperator Palpatine beweist) und ein Supersternenzerstörer der *Executor*-Klasse im selben Maßstab. Der enthaltene Ständer mit einer Infotafel zum Modell muss als Erstes gebaut werden.

Set-Name Death Star II	
Nummer 10143	**Teile** 3449
Jahr 2005	**Quelle** VI

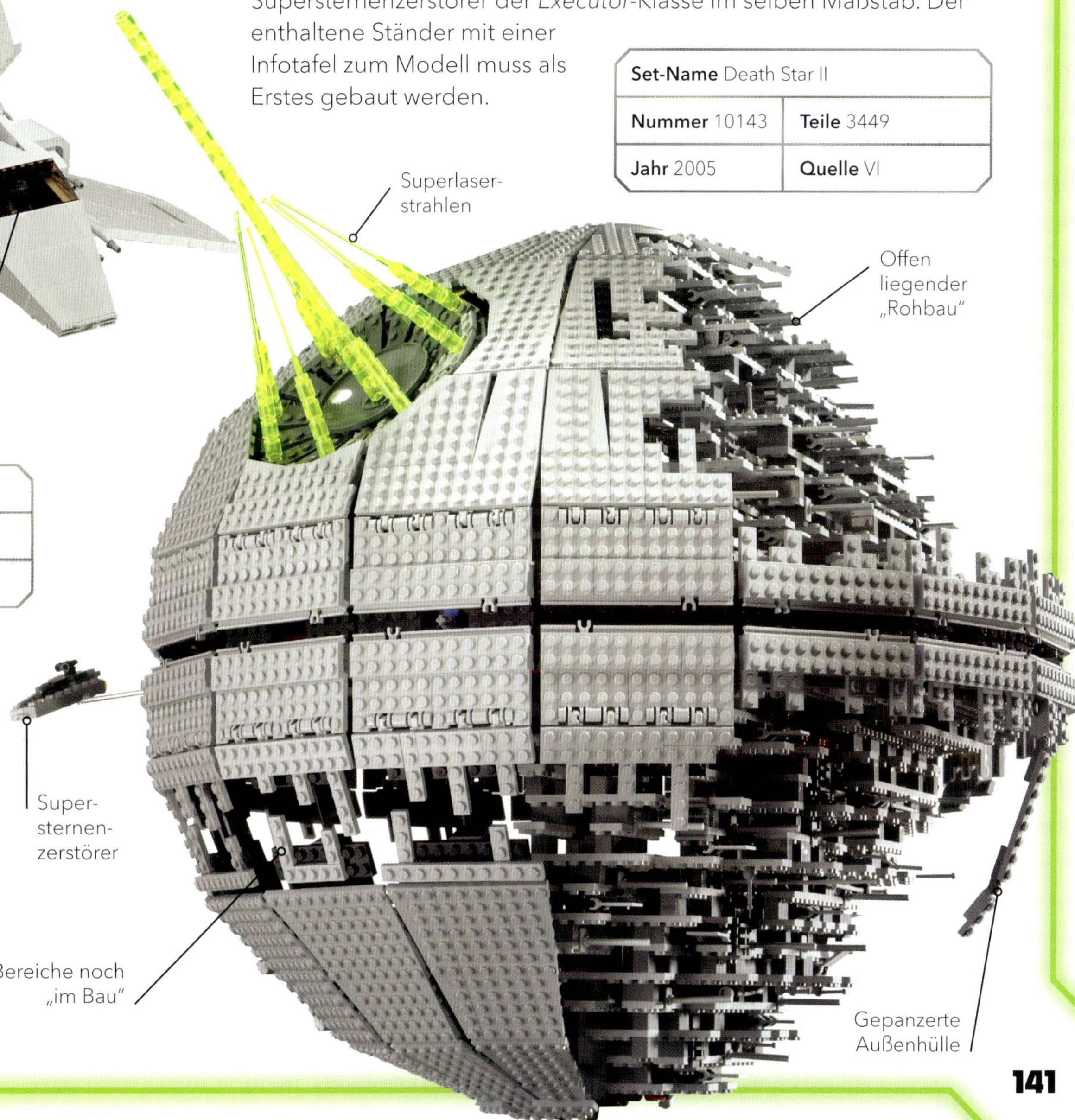

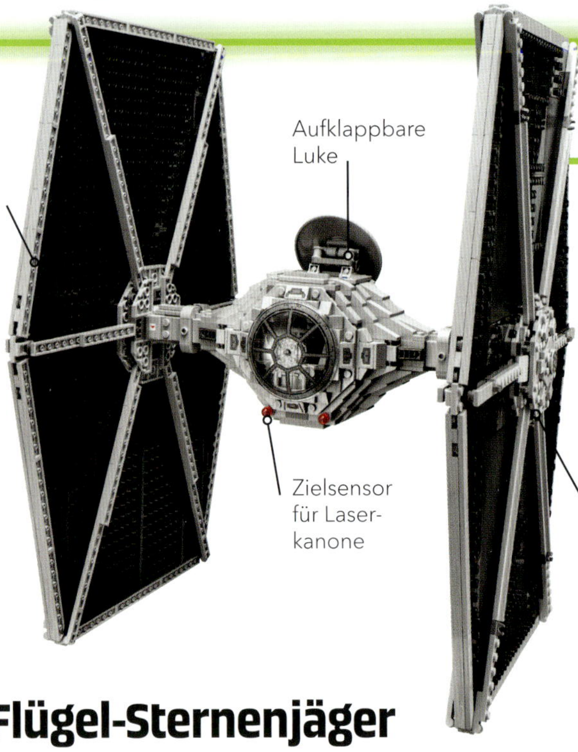

◀ TIE-Jäger

Das 47 cm hohe UCS-Modell des TIE-Jägers dreht sich auf seinem Ständer, sodass man es von allen Seiten bewundern kann. Die exklusive Minifigur eines TIE-Piloten bewacht den Jäger.

Set-Name TIE Fighter	
Nummer 75095	**Teile** 1685
Jahr 2015	**Quelle** IV

Exklusiver TIE-Pilot

▶ Y-Flügel-Sternenjäger

Mit 494 Teilen mehr als der erste UCS-Y-Flügler basiert Dutch Vanders Schiff auf seinem Jäger aus *Rogue One: A Star Wars Story*. Auch der Astromech R2-BHD ist enthalten.

Set-Name Y-Wing Starfighter	
Nummer 75181	**Teile** 1967
Jahr 2018	**Quelle** R1

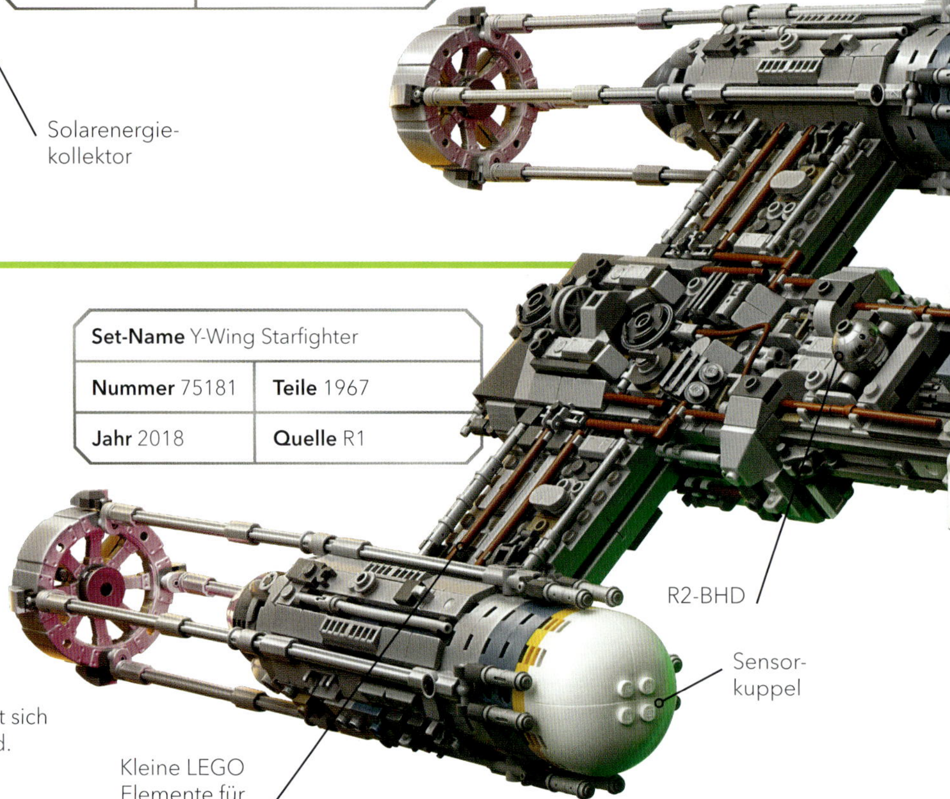

Set-Name R2-D2	
Nummer 10225	**Teile** 2127
Jahr 2012	**Quelle** IV–VI

▲ R2-D2

Dieser Astromech hat Anakin und auch Luke Skywalker treu gedient. Das Modell ist 31 cm hoch und mit einem Hebel kann man das dritte Bein ein- und ausfahren. Hinter Frontklappen finden sich ein Computerschnittstellenarm und eine Kreissäge. Seine Schiffsverbindungsarme lassen sich ausklappen. Eine R2-D2-Minifigur leistet seinem größeren Bruder Gesellschaft.

▶ X-34-Landgleiter

Das UCS-Set des X-34-Landgleiters ist die fünfte Version von Lukes Flitzer – und mit 49 cm Länge die bei Weitem größte. Es enthält die erste Minifigur von C-3PO mit silbernem Bein wie in *Star Wars: Eine neue Hoffnung*.

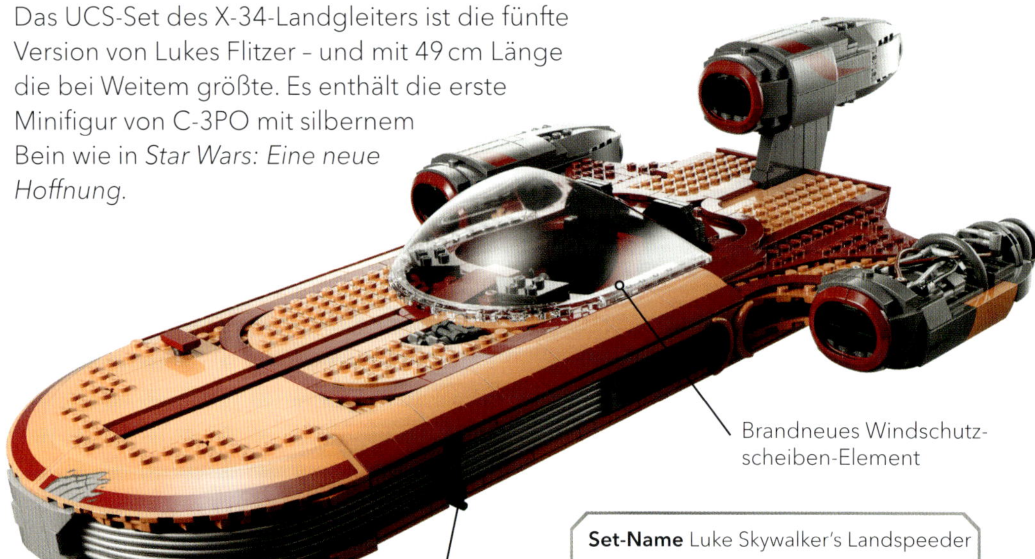

Set-Name Luke Skywalker's Landspeeder	
Nummer 75341	**Teile** 1890
Jahr 2022	**Quelle** IV

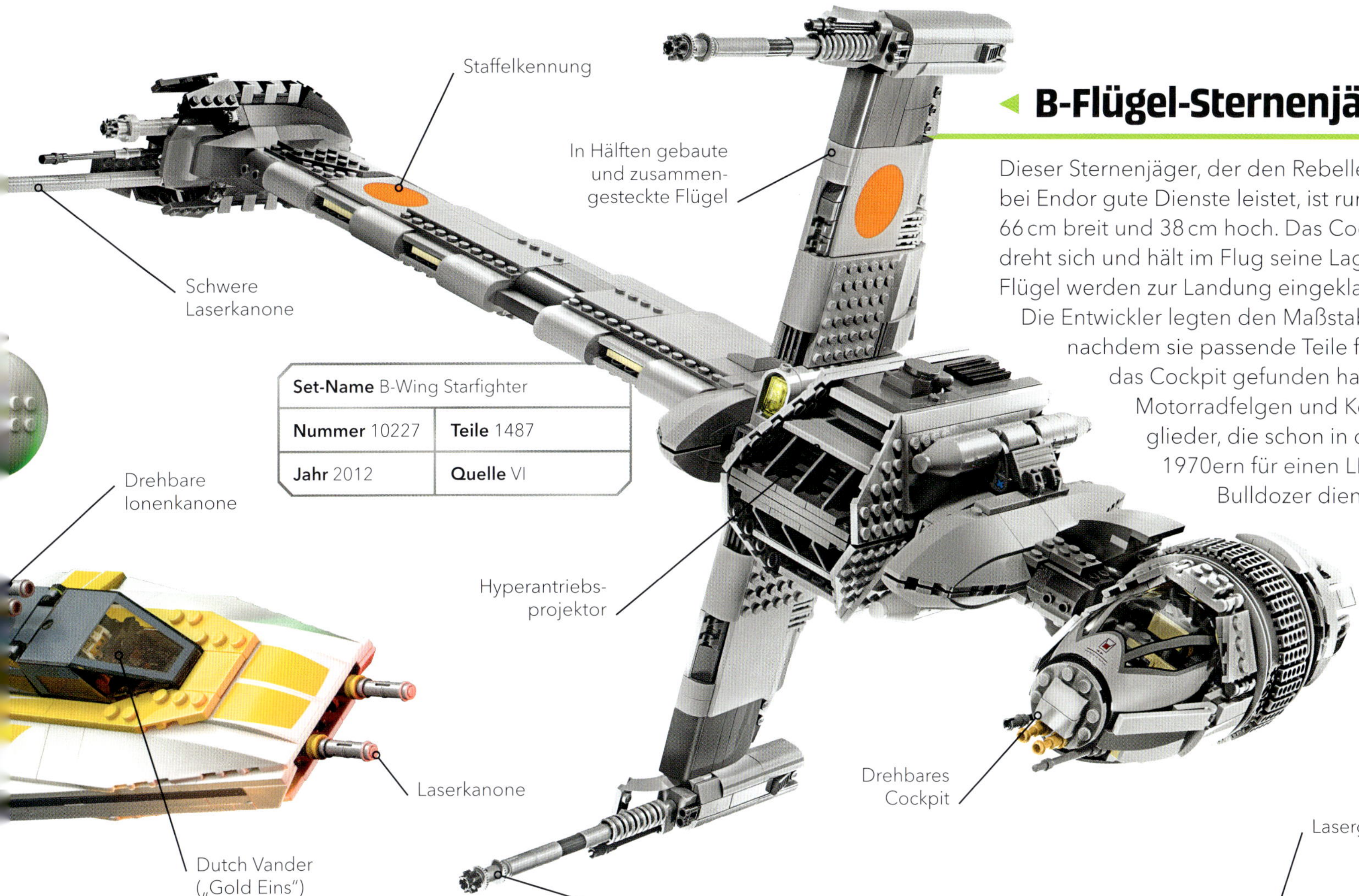

B-Flügel-Sternenjäger

Dieser Sternenjäger, der den Rebellen bei Endor gute Dienste leistet, ist rund 66 cm breit und 38 cm hoch. Das Cockpit dreht sich und hält im Flug seine Lage, die Flügel werden zur Landung eingeklappt. Die Entwickler legten den Maßstab fest, nachdem sie passende Teile für das Cockpit gefunden hatten: Motorradfelgen und Kettenglieder, die schon in den 1970ern für einen LEGO Bulldozer dienten.

Set-Name B-Wing Starfighter	
Nummer 10227	**Teile** 1487
Jahr 2012	**Quelle** VI

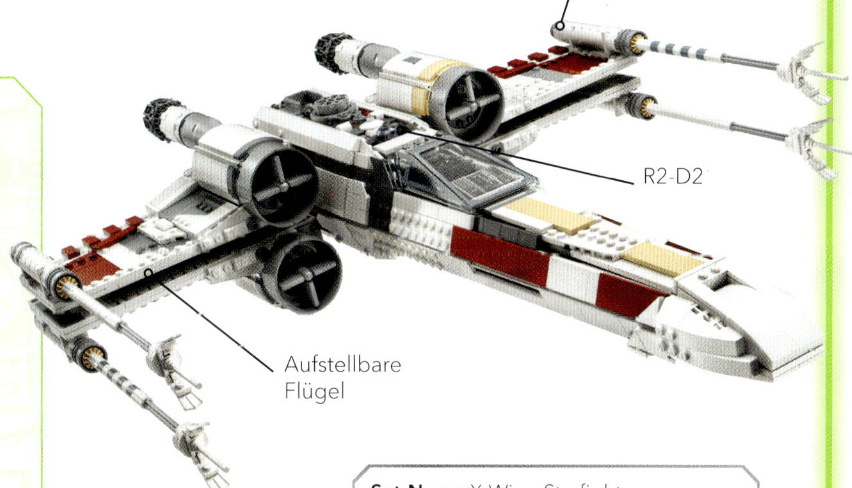

Set-Name X-Wing Starfighter	
Nummer 75355	**Teile** 1949
Jahr 2023	**Quelle** IV–VI

X-Flügel-Sternenjäger

Luke Skywalker nimmt in seinem X-Flügler zusammen mit R2-D2 Kurs auf den Todesstern. Diese verbesserte UCS-Version von Lukes Jäger ist 55 cm lang, 27 cm hoch und 44 cm breit und wartet mit neuen Details an Triebwerken, Cockpit und Flügeln auf.

Weitere Modelle

Diese großen Modelle von BB-8 und einem liebenswerten Porg von Ahch-To gehören offiziell nicht zur Ultimate Collector Series, stehen UCS-Sets aber von der Machart her in nichts nach. Beide kommen mit einer Infotafel daher und verfügen über detailreiche Funktionen. BB-8s Kuppel dreht sich und sein „Feuerzeug" lässt sich ausfahren. Der Porg öffnet und schließt das Maul, wenn man auf seinen Schwanz drückt!

BB-8

Porg

LEGO® Technic

LEGO® Technic ist ein Bausystem für Fortgeschrittene, mit dem man anspruchsvolle Modelle mit beweglichen Teilen erschafft. Im Jahr 2000 veröffentlichte die LEGO Gruppe mit den Boxen-, Kampf- und Zerstörerdroiden die ersten LEGO Technic Sets zu *Star Wars*. In den Folgejahren erschienen zu jedem weiteren Prequel-Film und auch zur klassischen Trilogie neue Modelle.

▼ Boxendroide

Mithilfe von Gummibändern klappt der Boxendroide zum Lagern zusammen. Ein Klaps auf die Nase – und er steht wieder!

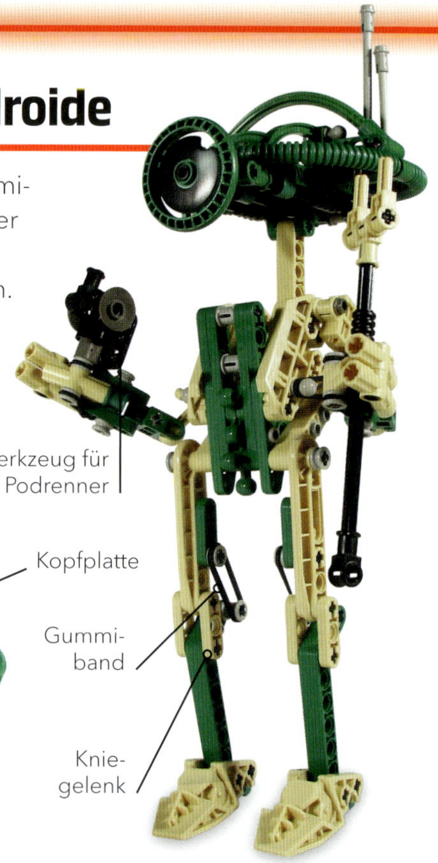

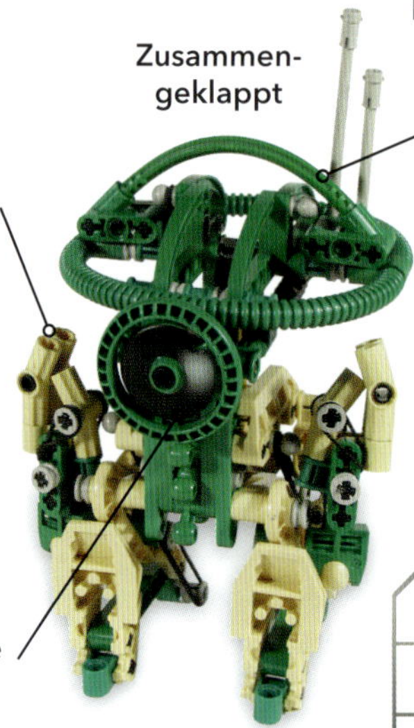

Set-Name Pit Droid	
Nummer 8000	**Teile** 217
Jahr 2000	**Quelle** I

▼ Kampfdroide

Der Kampfdroide ist stehend über 33 cm groß und kann zum Transport zusammengeklappt werden. Wenn man ein Rad auf dem Rücken dreht, greift sein Arm an den Tornister und zieht einen Blaster. Weitere Zusatzteile machen ihn zum Sicherheitsdroiden oder Kommandanten.

Set-Name Battle Droid	
Nummer 8001	**Teile** 328
Jahr 2000	**Quelle** I

▶ Zerstörerdroide

Der LEGO Technic Zerstörerdroide kann sich zur Kugel zusammenrollen. Nach wenigen Drehungen geht er mit gezücktem Blaster wieder in Gefechtsstellung – wie im Film! Für den Bau des Modells kommen Gummibänder zum Einsatz.

Set-Name Destroyer Droid	
Nummer 8002	**Teile** 553
Jahr 2000	**Quelle** I

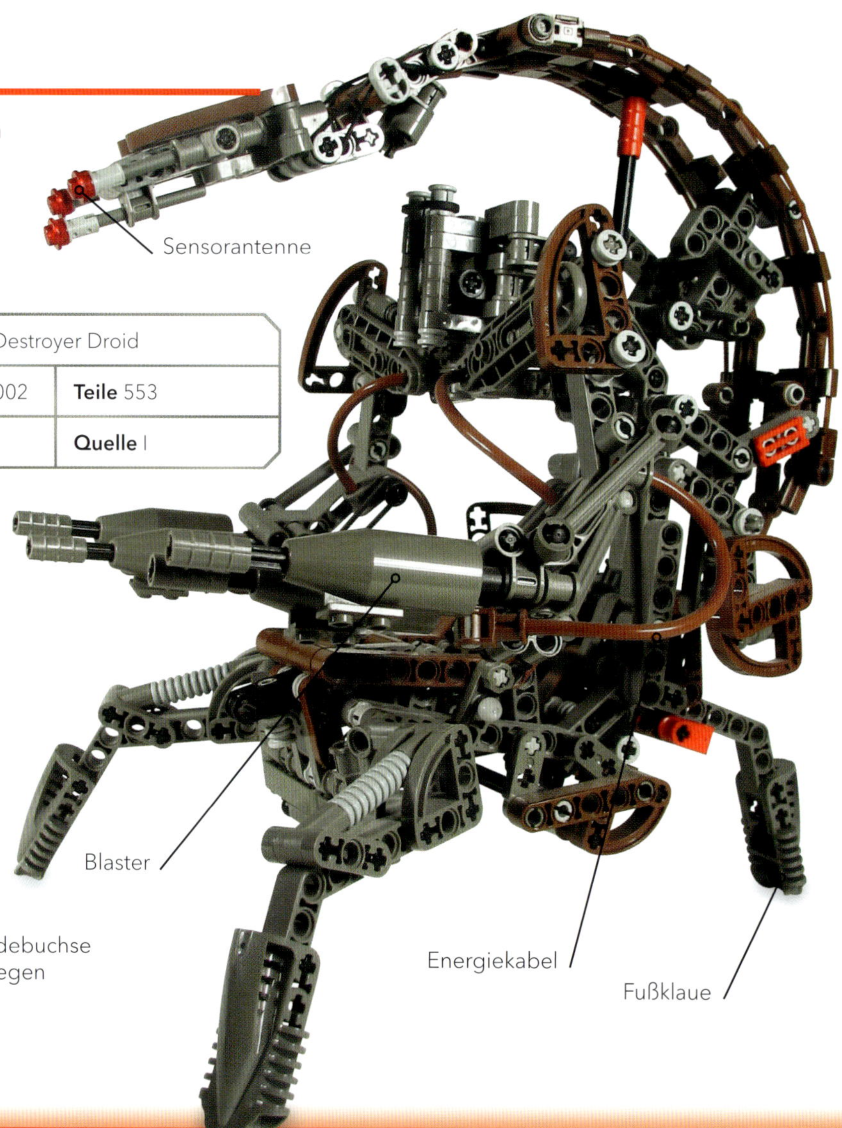

▶ C-3PO

C-3PO ist aufrecht rund 33 cm groß. Wenn man auf seinen „Bauchnabel" drückt, fliegen Kopf und Arme des Modells fort – wie in *Star Wars: Das Imperium schlägt zurück*, als ein Sturmtruppler ihn trifft.

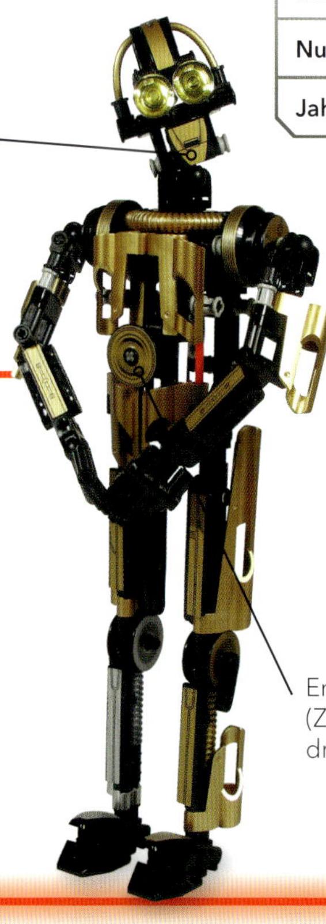

Set-Name C-3PO	
Nummer 8007	**Teile** 339
Jahr 2001	**Quelle** I

Sturmtruppler

Der rund 33 cm große Sturmtruppler hat ein auslösbares E-11-Blastergewehr von Blas-Tech. Ein Rad am Rücken bewegt die Arme, sodass er zielen kann. Er könnte sogar C-3POs Buchse treffen und ihn zerlegen!

Set-Name Stormtrooper	
Nummer 8008	**Teile** 361
Jahr 2001	**Quelle** IV–VI

R2-D2

R2-D2 hat eine drehbare Kuppel und rollende Fahrwerke. Für besseren Stand lässt sich zudem ein drittes Bein ausfahren. Mit einem Hebel an der Rückseite bewegt man einen seiner mechanischen Arme.

Set-Name R2-D2	
Nummer 8009	**Teile** 242
Jahr 2002	**Quelle** I–VI

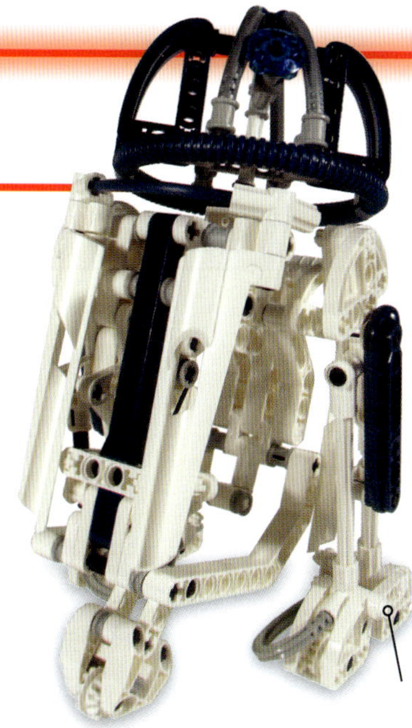

Darth Vader

Das LEGO Technic Modell von Darth Vader kann mit seinen Händen ein Lichtschwert greifen und führen. Mit einem Hebel am Rücken lässt sich das Schwert heben und senken. Der Umhang ist aus echtem Stoff.

Set-Name Darth Vader	
Nummer 8010	**Teile** 400
Jahr 2002	**Quelle** IV–VI

Jango Fett

Jango Fetts Gliedmaßen und Finger (sowie der Zielsucher) sind beweglich. Ist das Modell vorgebeugt, lässt sich aus dem Jetpack eine Rakete starten.

Set-Name Jango Fett	
Nummer 8011	**Teile** 429
Jahr 2002	**Quelle** II

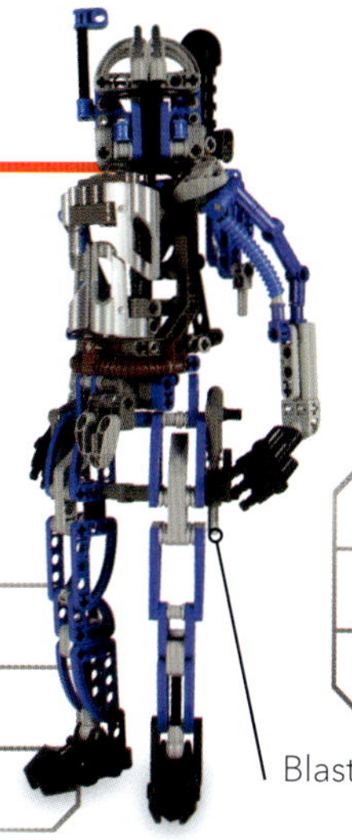

Superkampfdroide

Die Armblaster des Superkampfdroiden kann man mit einem Hebel am Rücken anheben und senken. BIONICLE® Teile erlauben mehr Beweglichkeit.

Set-Name Super Battle Droid	
Nummer 8012	**Teile** 381
Jahr 2002	**Quelle** II

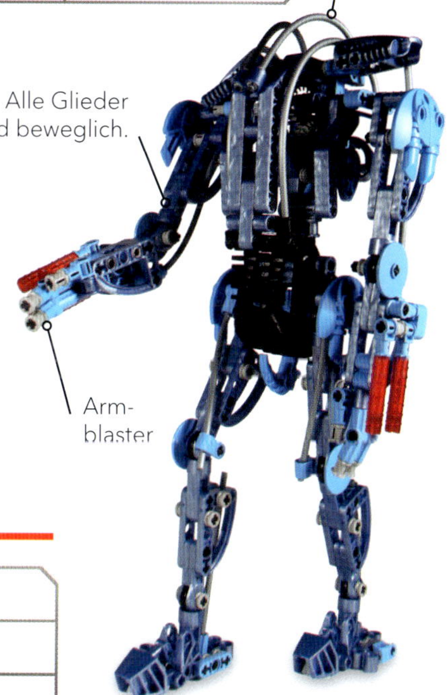

LEGO Fakten

2008 erschien ein LEGO Technic Modell von General Grievous in der Ultimate Collector Series (Set 10186). Es besteht ungewöhnlicherweise aus einer Mischung von normalen LEGO Elementen und LEGO Technic Teilen.

Feuerhageldroide

Dieses Modell des Feuerhageldroiden rollt auf gewaltigen Laufrädern. Die mittlere Blasterkanone rastet ein und wirft Geschosse ab. Das nicht als LEGO Technic Set verkaufte Modell ist im Maßstab der LEGO *Star Wars* Minifiguren.

Set-Name Hailfire Droid	
Nummer 4481	**Teile** 681
Jahr 2003	**Quelle** II

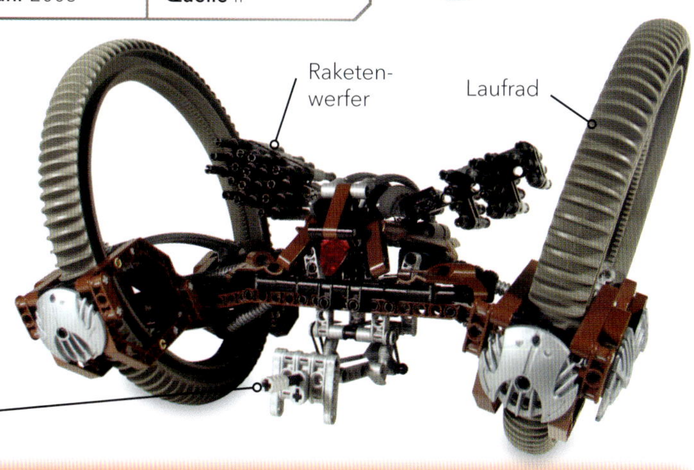

Figuren zum Bauen

Diese Bausätze von LEGO® *Star Wars*™ Figuren im großen Maßstab sind zum Nachstellen von Actionszenen gedacht. Sie kamen 2015 in den Handel und haben einzigartige Kopf- und Helm-Elemente. Mit Kugelgelenken kann jede Figur für Spiel und Präsentation vielfältige Posen einnehmen. Viele haben mechanisch bewegbare Arme und funktionierende Blaster.

◀ Obi-Wan Kenobi

Mit stilisiertem Bart und modifizierter Klonrüstung basiert diese baubare Figur auf General Kenobis Auftritt in *Star Wars: The Clone Wars*. Er ist bereit zum Duell mit General Grievous (Set 75112), dessen vierarmige Figur zur gleichen Zeit erschienen ist.

Set-Name Obi-Wan Kenobi	
Nummer 75109	**Teile** 83
Jahr 2015	**Quelle** CW

▶ Darth Vader

Der über 28 cm große Dunkle Lord der Sith überragt die meisten anderen Figuren seiner Art – und ist siebenmal so groß wie seine Minifigur! Die überarbeitete Vader-Figur von 2018 hat ein gruseliges weißes Gesicht unter dem Helm.

Unter dem Helm

Set-Name Darth Vader	
Nummer 75534	**Teile** 168
Jahr 2018	**Quelle** VI

▲ K-2SO

Der Rebellendroide K-2SO ist eine von sechs baubaren Figuren, die zu *Rogue One: A Star Wars Story* erschienen sind. Über ein Rad am Rücken kann man seine Arme schwingen lassen.

Set-Name K-2SO	
Nummer 75120	**Teile** 169
Jahr 2016	**Quelle** R1

Figuren zum Ausstellen

Neben baubaren Figuren zum Spielen gibt es große Modelle einiger Charaktere, die mit regulären LEGO Steinen gebaut werden. Sie richten sich an verschiedene Altersgruppen, sind aber alle zum Ausstellen gedacht und warten wie bei der Ultimate Collector Series mit einer Infotafel auf.

Set-Name Imperial Probe Droid	
Nummer 75306	**Teile** 683
Jahr 2021	**Quelle** V

Suchdroide

Dieser Sondendroide kommt in schicker schwarzer Box und wie bei der Helme-Serie mit der Kennzeichnung 18+ daher. Das Modell ist 27 cm hoch und jeder der beweglichen Arme ist ein Unikat – mit LEGO Elementen wie einem Schlittschuh, einer Kerze und dem Horn eines Einhorns.

Set-Name The Child	
Nummer 75318	**Teile** 1073
Jahr 2020	**Quelle** M

Das Kind

Als dieses Set 2020 veröffentlicht wurde, war die Figur nur als „das Kind" (oder in Fankreisen als „Baby Yoda") bekannt. Der tatsächliche Name, Grogu, wurde erst in Staffel 2 von *The Mandalorian* enthüllt. Der süße Grogu ist zu jung, um sprechen zu können, aber er wie auch sein LEGO Pendant können eine Bandbreite von Emotionen ausdrücken: Seine Ohren und sein Kopf bewegen sich an LEGO Kugelgelenken.

BD-1

Vor BD-72 aus *The Mandalorian* gab es im Videospiel *Star Wars Jedi: Fallen Order* bereits BD-1, einen Erkundungsdroiden, der dem Jedi Eno Cordova hilft. Das 31 cm hohe Modell wartet mit mechanischen Details wie LEGO Peitschen-Elementen als Kabel auf.

Set-Name BD-1	
Nummer 75335	**Teile** 1062
Jahr 2022	**Quelle** JFO

D-O

Das 27 cm hohe Modell von D-O verfügt über ein kleines Getriebe, um seinen Kopf zu drehen und zu neigen und die schreckhafte Art dieses Datenspeicherdroiden zu zeigen. Sein großes Laufrad besteht aus 1×4-Bögen um zwei Druckluftschläuche. Wie bei BD-1 und dem Kind enthält das Set auch eine Minifigur des Charakters.

Set-Name D-O	
Nummer 75278	**Teile** 519
Jahr 2020	**Quelle** IX

Helme

Im Jahr 2020 ging eine neue Produktlinie für erwachsene Sammler an den Start – mit drei Helmen zum 40. Jubiläum von *Star Wars: Das Imperium schlägt zurück.* Die stylischen Modelle setzen auf kreative Bautechniken und sind als Ausstellungsstücke gedacht.

TIE-Jäger-Pilot

Wie bei allen Helmen hat das Modell einen quaderförmigen Kern mit Seitennoppen und Fensterrahmen-Elementen. Oben und an den Seiten angebrachte Bauteile sorgen für gewölbte Oberflächen.

Set-Name TIE Fighter Pilot Helmet	
Nummer 75274	**Teile** 724
Jahr 2020	**Quelle** IV

Auf flexiblen Schlauch aufgezogene Zugräder

Der Mandalorianer

Gestapelte LEGO Platten sorgen für die gewölbte Form des Helms von Din Djarin, gebogene und abgewinkelte Platten für die konkaven Wangenflächen. Wie bei allen Helmen liegen ein Ständer aus LEGO Steinen und ein Namensschild bei.

Trommellackierung für metallischen Glanz

Set-Name The Mandalorian Helmet	
Nummer 75328	**Teile** 584
Jahr 2022	**Quelle** M

Luke Skywalker (Rot Fünf)

Der Helm aus der Schlacht von Yavin, wo Luke als Rot Fünf fliegt, war für die LEGO Entwickler mit dem offenen Gesichtsbereich und Blick ins Innere herausfordernd. Sie nutzten einen Kern wie bei anderen Helmen, der kleiner ist und im oberen Teil des Modells sitzt.

Set-Name Luke Skywalker (Red Five) Helmet	
Nummer 75327	**Teile** 675
Jahr 2022	**Quelle** IV

Sturmtruppler

Dieser Helm der überall in der Galaxis gefürchteten Sturmtruppen dient nur zu Schauzwecken. Weiße Steine verbergen den mehrfarbigen Kern und schwarze Details kreieren den typischen Look. Die gestreifte LEGO Fliese für den „Mund" gibt es sonst nur noch beim TIE-Pilotenhelm.

Gebogene 1×4-Schrägsteine mit aufgedruckten Luftschlitzen

Set-Name Stormtrooper Helmet	
Nummer 75276	**Teile** 647
Jahr 2020	**Quelle** IV–VI

Boba Fett

Herunterklappbarer Zielsucher

Gestapelte Platten bilden eine gewölbte Form oben an Boba Fetts Helm – anders als bei dem des Mandalorianers mit seinem glatten Mittelstück. Das Grau inmitten des Sandgrüns stellt eine Delle im Helm dar.

Set-Name Boba Fett Helmet	
Nummer 75277	**Teile** 625
Jahr 2020	**Quelle** V

Mechs

Star Wars-Minifiguren erhielten 2023 Superkräfte! Nach dem Erfolg der LEGO® Marvel Mechs hielten die aus LEGO Steinen gebauten, roboterhaften Kraftpakete auch in der weit, weit entfernten Galaxis Einzug. Ihre große Beweglichkeit sorgt für endlosen Spielspaß.

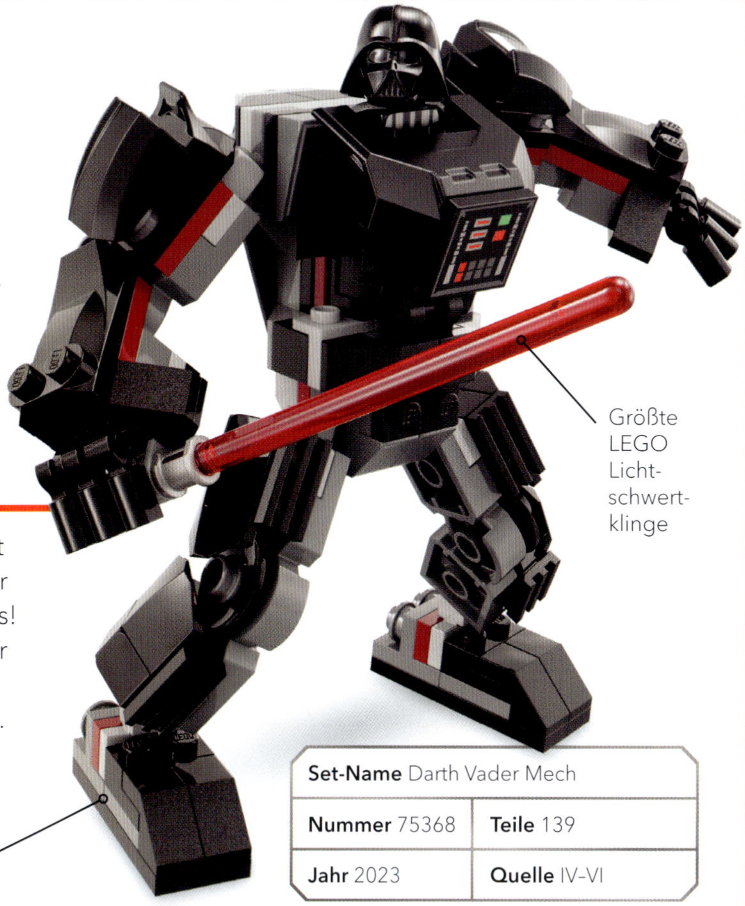

▶ Darth-Vader-Mech

Darth Vader trägt eine mechanisierte Rüstung, die ihn mit seinem geschundenen Körper am Leben hält, aber dieser mächtige mechanische Anzug ist noch mal etwas anderes! Von hoch oben steuert Vader die Maschine, die ihm mehr Größe und Kraft verleiht und mit einem Lichtschwert mit LEGO Technic Griff und großer roter Klinge daherkommt.

Set-Name Darth Vader Mech	
Nummer 75368	**Teile** 139
Jahr 2023	**Quelle** IV–VI

▼ Sturmtruppler-Mech

Die Plastoidrüstung imperialer Sturmtruppler schützt diese gut, aber verglichen mit dem Schutz, den dieser große, gepanzerte Mech bietet, wirkt sie wie andorianisches Gelee. In der rechten Hand hält der Mech einen mächtigen Noppenwerfer, an den Hüften finden zusätzliche Blaster für die Minifigur Platz.

Set-Name Stormtrooper Mech	
Nummer 75370	**Teile** 138
Jahr 2023	**Quelle** IV–VI

Set-Name Boba Fett Mech	
Nummer 75369	**Teile** 155
Jahr 2023	**Quelle** V

▲ Boba-Fett-Mech

Alle Mechs bieten ihren Minifiguren in der Höhe eine bessere Aussicht, aber für Boba Fett geht es mit seinem Mech noch höher hinaus! Wie Boba selbst hat der Mech ein Jetpack, das man von anderen Mandalorianern kennt und mit dem er sich in die Lüfte erheben kann. Der Anzug verfügt auch über einen großen, eingebauten Noppenwerfer-Blaster an einem Arm.

Dioramen

Nach der Helme-Serie startete 2022 mit einer Reihe von Dioramen eine weitere Produktlinie für Erwachsene. Auf schwarzen Präsentationsbühnen gebaut, stellen sie 3-D-Schnappschüsse von Kultmomenten der klassischen Trilogie dar und warten auch mit bekannten Zitaten auf.

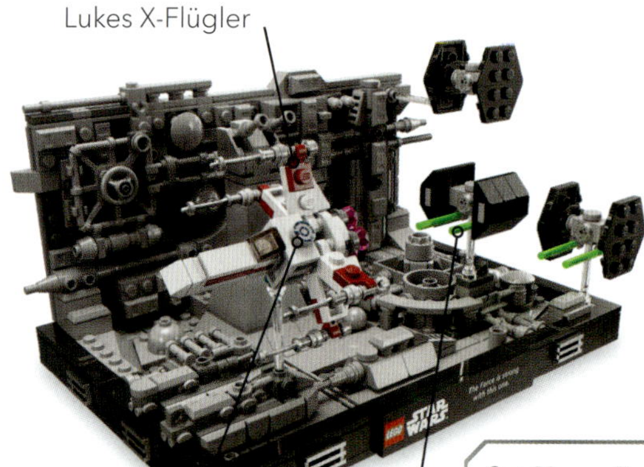

Todesstern-Grabenflug
Kleine LEGO Elemente kreieren den detaillierten Hintergrund für diese rasante Verfolgungsjagd. Die Minischiffe erinnern an Modelle aus Adventskalendern und fliegen auf durchsichtigen Antennen-Elementen. Lichtschwertklingen dienen als Laser.

Set-Name Death Star Trench Run Diorama	
Nummer 75329	**Teile** 665
Jahr 2022	**Quelle** IV

◀ Müllpresse des Todessterns

Dieses Durcheinander soll ein gutes Stück kompakter werden: Wie im Film bewegen sich beide Seitenwände aufeinander zu! Der LEGO Inhalt schiebt sich dabei mit zusammen – einschließlich des rotäugigen, um Luke geschlungenen Dianogas. Auf der Rückseite des Modells stehen R2-D2 und C-3PO hinter der Tür und versuchen, ihren Freunden zu helfen.

Wände kommen näher.

Set-Name Death Star Trash Compactor Diorama	
Nummer 75339	**Teile** 802
Jahr 2022	**Quelle** IV

▶ Thronsaal des Imperators

Die Bühne für den ultimativen Showdown zwischen dem Imperator, Darth Vader und Luke Skywalker an Bord des Todessterns ist bereitet – mit einem effektvollen Rahmen um eine große Radarschüssel mit Spezialaufdruck! Flexible Schläuche fixieren die LEGO Fensterrahmen.

Set-Name Emperor's Throne Room Diorama	
Nummer 75352	**Teile** 807
Jahr 2023	**Quelle** VI

Set-Name Dagobah Jedi Training Diorama	
Nummer 75330	**Teile** 1000
Jahr 2022	**Quelle** V

▲ Lukes Jedi-Ausbildung

Willkommen auf Dagobah, wo in einem Sumpf Yodas bescheidene Hütte steht! Dessen Oberfläche bilden 107 transparent grüne Fliesen. Der verschlammte R2-D2 schaut zu, wie Luke die Augen schließt, um seinen X-Flügler aus dem Sumpf zu heben. In der Hütte gibt es einen Kochtopf und ein verstecktes Lichtschwert. Ein Feder-Element stellt Rauch aus dem Kamin dar.

Set-Name Endor Speeder Chase Diorama	
Nummer 75353	**Teile** 608
Jahr 2023	**Quelle** VI

Verfolgungsjagd auf Endor
Leia und Luke jagen einen Scouttruppler. Ihre Düsenschlitten „schweben" auf durchsichtigen Lichtschwertklingen und können anders positioniert werden – oder gar gegen einen Baum krachen!

Adventskalender

Seit 2011 veröffentlicht die LEGO Gruppe alljährlich einen LEGO *Star Wars* Adventskalender mit Minifiguren und Mikro-Sets. Kinder (und Erwachsene) öffnen in der Zeit vor Weihnachten jeden Tag ein Türchen und erhalten ein kleines Spielzeug. In jedem Kalender verstecken sich Überraschungen wie ein Weihnachtsbaum oder auch exklusive Minifiguren im Festtagsoutfit.

LEGO Fakten

Auf der San Diego Comic-Con 2011 war ein Adventskalender in Sonderverpackung zu ergattern, auf der stand, dass man ihn nicht vor dem 1.12. öffnen solle. Es gibt nur 1000 Stück.

Adventskalender 2011

Das Warten auf Weihnachten begann für LEGO Fans 2011 mit einem Minikreuzer der Republik und endete mit Yoda im Weihnachtsmannkostüm. Weitere Highlights waren ein Kanonenboot mit beweglichen Flügeln und ein Weihnachtsbaum aus einer weit, weit entfernten Galaxis. Das Kalendermotiv zeigt, wie ein Rebellenpilot und Yoda auf das Raumgefecht über Endor blicken.

Set-Name 2011 Advent Calendar	
Nummer 7958	**Teile** 266
Jahr 2011	**Quelle** I–VI

Festliche Figuren
LEGO Fans sehen ihre Lieblings-Minifiguren gern im passenden Festoutfit für die Feiertage. Viele dieser festlichen Minifiguren waren im LEGO *Star Wars: Holiday Special* (2020) und in LEGO *Star Wars: Sommerurlaub* (2022) auf dem Bildschirm zu sehen.

Kapitel 5: Hinter den Steinen

Das Team

Alles rund um LEGO® *Star Wars*™ wird im dänischen Billund entwickelt, dem Firmensitz der LEGO Gruppe, doch die Teammitglieder stammen aus Ländern wie Portugal, den USA und Australien. Zum 25. Jubiläum von LEGO *Star Wars* sprach DK mit den Entwicklern über ihre Leidenschaft für die Themenwelt. Einer von ihnen ist ein so großer Fan, dass er sich eine eigene mandalorianische Rüstung gebastelt hat, die für einige das beste Kostüm auf der *Star Wars* Celebration war! Aber lassen wir das Team selbst zu Wort kommen.

Hintere Reihe *(von links):* Jens Kronvold Frederiksen (Creative Lead, Design Director), Lucy Bilgin, Niels Bundesen, Christian Minick Vonsild, Jason Zapantis, Gus McLaren, Madison Andrew O'Neill
Vordere Reihe *(von links):* Jme Wheeler, Jan Neergaard Olesen, Henrik Andersen, César Carvalhosa Soares, Martin Fink, Jackson Hughes, Michael Lee Stockwell

LEGO® *Star Wars*™ gibt es als LEGO Themenwelt nun bereits seit 25 Jahren – ein unglaublicher Meilenstein! Weshalb ist es so beliebt?

Zum Teil ist LEGO® *Star Wars*™ so beliebt, weil die Welt von Lucasfilm so gute Vorlagen für die Sets bietet – all die Fahrzeuge und Schauplätze funktionieren bestens mit dem LEGO Bausystem.

Anfangs produzierten wir Sets zu den Filmen der Prequel-Trilogie, die damals gerade ins Kino kamen. Aber dann wurde LEGO *Star Wars* derart beliebt, dass wir unser eigenes Universum erschaffen und den typischen LEGO Humor mit einfließen lassen konnten. Mit neuen Ideen und Produkten wie den LEGO *Star Wars* Computerspielen hielten wir das Ganze ständig am Laufen und bauten das existierende Universum immer weiter aus.

„Die *Star Wars*-Galaxis bietet so gute Vorlagen für das LEGO Bausystem."

Wie haben sich die Produktionsabläufe bei LEGO *Star Wars* seit den Anfängen im Jahr 1999 verändert?

Vor all diesen Jahren ging in der Entwicklung alles noch viel manueller vonstatten als heute. Wir mussten ein physisches Modell zerlegen, um zu zählen, wie viele Teile es hat – heute drücken wir einfach auf einen Knopf. In den Anfangstagen war ein Entwickler auch für alle Aspekte des Produktdesigns zuständig, während wir heute im Team hochspezialisiert sind.

„Vieles hat sich seit 1999 verändert."

Blickt man 25 Jahre zurück, setzt man heute bei der Entwicklung von LEGO *Star Wars* Sets viel mehr auf digitale Prozesse. Wie für alle Minifiguren gibt es auch für Bo-Katan aus dem Set *Spider Tank* (75361) einen digitalen Entwurf, der sie von allen Seiten zeigt – mit all ihrem Zubehör, alternativen Kopf-Elementen und Farbreferenzen.

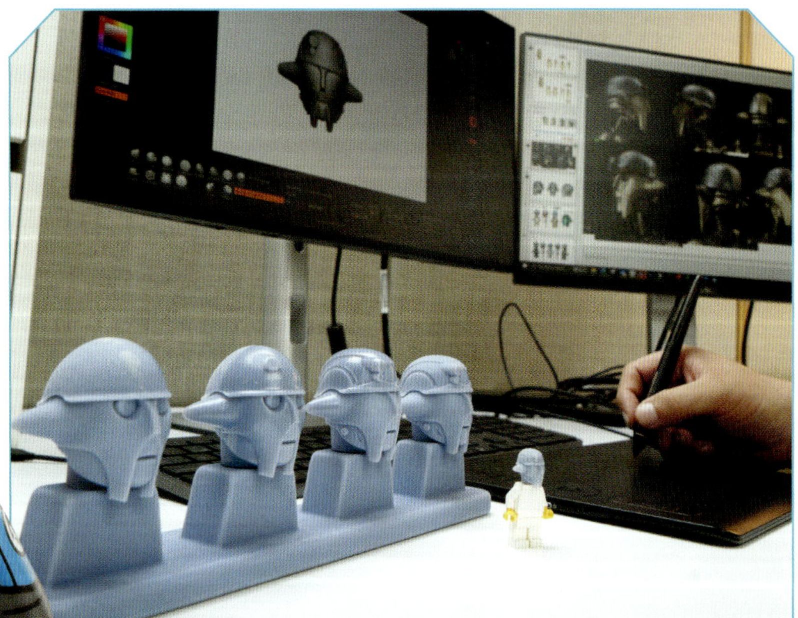

Heute nutzt man beim Entwurf neuer Elemente Technik, die es vor 25 Jahren noch nicht gab. Prototypen werden mit einem 3-D-Drucker erstellt. Diese vier Muster von Huyangs Kopf werden von links nach rechts immer detaillierter.

Was gehört zu den Highlights der letzten 25 Jahre?

Etwas, das heraussticht, ist der Start der Ultimate Collector Series (UCS) im Jahr 2000. Hier nahmen wir erstmals die Zielgruppe 14+ ins Auge. Wir diskutierten damals darüber, ob Jugendliche noch LEGO Sets kaufen würden. Aber das taten sie! Und weil das *Star Wars*-Universum eine ältere Fanbase hat, lieben auch Erwachsene LEGO *Star Wars*. Alles begann mit Sets für Kinder, aber nun haben wir auch Produktlinien für Erwachsene wie Helme und Dioramen. Diese Modelle sind als Schaustücke gedacht, wodurch auch erwachsene Fans ihre Leidenschaft für LEGO *Star Wars* ausleben können. Mit diesen Sets können sie sich auch an komplexeren Bautechniken versuchen – und Entwickler mit ihren Fähigkeiten richtig kreativ werden! Das runde Fenster im Thronsaal des Imperators (Set 75352) war zum Beispiel eine tolle Herausforderung.

Das Diorama des Thronsaals des Imperators (Set 75352) hat ein rundes Fenster, um das sich in unterschiedlichem Winkel diverse Flächen reihen. Hier wurde viel Zeit in die Entwicklung investiert, damit die Elemente im Modell keinem Druck standhalten müssen.

Dank verschiedener Maßstäbe können Entwickler Fahrzeuge für unterschiedliche Zielgruppen bauen – sei es ein Spielset für Kinder, ein riesiges Modell zum Ausstellen oder ein kleineres Schaustück wie der Supersternenzerstörer *Executor* (Set 75356), eine Miniaturversion des gewaltigen UCS-Pendants.

„Alles begann mit Sets für Kinder, aber nun sind auch Erwachsene wichtig für LEGO *Star Wars.*"

Was habt ihr im Lauf der Zeit noch über die Menschen erfahren, die LEGO *Star Wars* Sets lieben?

LEGO *Star Wars* spricht verschiedene Generationen an und bringt Familien zusammen. Ein Modell zu bauen, kann ein Erlebnis für die ganze Familie sein, ehe man dann noch stundenlang damit spielt. *Star Wars* und LEGO Modelle sind ein perfektes Match, weil viele Eltern durch ihre Kinder die eigene Liebe dafür wiederentdecken. Sie haben vielleicht lange nicht mit LEGO Modellen gespielt und werden erinnert, wie viel Spaß das macht! Eltern und Kinder tun es dann gemeinsam, was echt cool ist. Es gibt Leute, die uns erzählen, dass sie es gar nicht erwarten können, eigene Sets an ihre Kinder weiterzugeben. Wir unterstützen das Spiel als Familienerlebnis mit neuen Produkten wie der Rebellenbasis auf Yavin 4 (Set 75365).

„LEGO *Star Wars* bringt Familien zusammen."

Das Set der Cantina von Mos Eisley (75290) richtet sich an Erwachsene. Die Grafikdesigner hatten mit den Aufdrucken und Aufklebern, die viele kleine Details zeigen, einiges zu tun – und die Fans danken es ihnen!

Wenn für ein Set ein Thema erneut aufgegriffen wird, schauen die Entwickler sich das Vorgängermodell an, probieren aber auch neue Bautechniken aus. Beim X-Flügler von 2023 (Set 75355) wurde gegenüber dem von 2013 (Set 10240) die Gummiband-Vorrichtung zum Aufstellen der S-Flügel überarbeitet.

Was lässt sich über die LEGO Elemente sagen, die für die LEGO *Star Wars* Sets zum Einsatz kommen?

Wir versuchen, uns stets neue Elemente einfallen zu lassen, um unsere Modelle und Minifiguren noch besser zu machen. Einige Elemente sind natürlich charakterbezogen. Haare und Kopfteile für eine Minifigur können sehr spezifisch sein. Doch wenn möglich, entwerfen wir neue LEGO Elemente immer so, dass sie das größte Potenzial zum Bauen bieten – teils, um uns selbst für weitere neue Modellen zu dienen, aber auch, damit Kinder diese Elemente, wenn sie in ihrer LEGO Kiste landen, auf vielfältige andere Weise nutzen können. Wir wollen nicht, dass sie zu speziell sind oder zu seltsam aussehen. Für LEGO *Star Wars* wurden viele neue Elemente entwickelt. Zum Beispiel hat der Lichtschwertgriff seinen Weg in viele andere Sets gefunden – in unterschiedlicher Funktion.

LEGO *Star Wars* steckt schon immer voller Innovationen. Die erste Minifigur mit einem speziell geformten Kopf war 1999 Jar Jar Binks. Die ersten kurzen Bein-Elemente wurden 2002 für Yoda, den jungen Boba Fett und zwei Ewoks genutzt. 2018 erhielt Barriss Offee ein geschwungenes Rock-Element. Wir haben viel Zeit damit verbracht, das perfekte Design dafür zu finden, und nun ist es in allen Themenwelten zum Standardelement für Röcke – und Zauberermäntel – geworden.

„Für LEGO *Star Wars* wurden viele neue Elemente entwickelt."

Grogu ist zu jung, um sprechen zu können, daher ist seine Mimik entscheidend für die Kommunikation. Wir haben viel mit Bauarten und Elementen experimentiert, um sie im Set *The Child* (75318) bestmöglich einzufangen.

Wie werden Kinder bei der Entwicklung von Sets eingebunden?

Wir laden Kinder zu Tests ein und beobachten sie, wie sie mit den Modellen umgehen. Da sie kleinere Hände und andere motorische Fähigkeiten als Erwachsene haben, gibt es für uns immer Neues zu lernen. Einmal hatten wir ein Modell mit großen Flügeln entworfen. Erwachsene haben es intuitiv nicht an den Flügeln angehoben, aber bei Kindern war das anders. Als Entwickler müssen wir sicherstellen, dass das Modell robust genug ist, dass man es auch an den Flügeln anheben kann, also haben wir es überarbeitet.

Kinder kommen auf Dinge, an die wir nie gedacht hätten. Wir haben einmal ein Kind gefragt, ob eine Minifigur eine Kaffeetasse brauchen könnte. Die Antwort war: „Nein, ich trinke keinen Kaffee. Ein Wasserglas reicht." Kinder wiesen uns auch darauf hin, dass ein Cockpit mit Löchern für Flüge im Weltraum nichts taugt!

„Von Kindern gibt es für uns immer Neues zu lernen."

Sich in ein Kind hineinzuversetzen, um über Bau- und Spielerlebnisse nachzudenken, macht Spaß. Das Set *Death Star Final Duel* (75093) hat viele Spielfunktionen, die Kinder lieben – eine einstürzende Treppe, schwenkbare Seitenteile, einen drehbaren Thron und ein verborgenes Lichtschwert.

Wie sieht der Kontakt zur LEGO *Star Wars* Fangemeinde aus?

Die Meinung von Fans interessiert uns sehr. Das Entwicklungsteam sieht sich Onlinerezensionen an und hat ein offenes Ohr dafür, wie YouTuber unsere Sets bewerten. Wir sind auch auf Veranstaltungen wie der *Star Wars* Celebration, Release-Events und Signierstunden in LEGO Stores. Es ist toll, Fans zu treffen, ihre Gedanken zu hören und etwas von ihrer Energie aufzusaugen. Das gibt einem echt viel. Wir bitten Fans auch um Input zur Entwicklung neuer Sets. Das UCS-Kanonenboot (Set 75309) war Ergebnis einer Fanwahl.

„Die Meinung von Fans interessiert uns sehr."

Für den Helm von Commander Cody (Set 75350) und die anderen Helme-Sets gingen wir zurück zu unseren Wurzeln. Nach vielem Herumprobieren kamen wir zu dem Schluss, dass eine traditionellere LEGO Bauweise mit sichtbaren Noppen und Steinen das Beste ist. Die Fans wollten, dass ein LEGO Modell auch wie ein LEGO Modell aussieht – ohne allzu viele speziell geformte Elemente.

Abgesehen von Fokusgruppen-Tests, welchen Tests werden LEGO Produkte noch unterzogen?

Wir geben alles, um sicherzustellen, dass die Qualität unserer Modelle allen Ansprüchen genügt. Auch alle neuen Elemente durchlaufen verschiedene Tests. Es gibt viele Prozesse zur Qualitätskontrolle für Dinge wie Wärmeempfindlichkeit und Haltbarkeit. Hitze kann Kunststoff verändern – selbst auf einer sonnigen Fensterbank –, daher werden die Modelle in Öfen geschoben. Und wenn sie wie der UCS-*Falke* (Set 75192) zu groß sind, stellen wir sie in eine Sauna! Auch das Fett der Haut kann mit Kunststoff reagieren und ihn beschädigen. Derartige Auswirkungen auf LEGO Steine simuliert unser „Butter-Test".

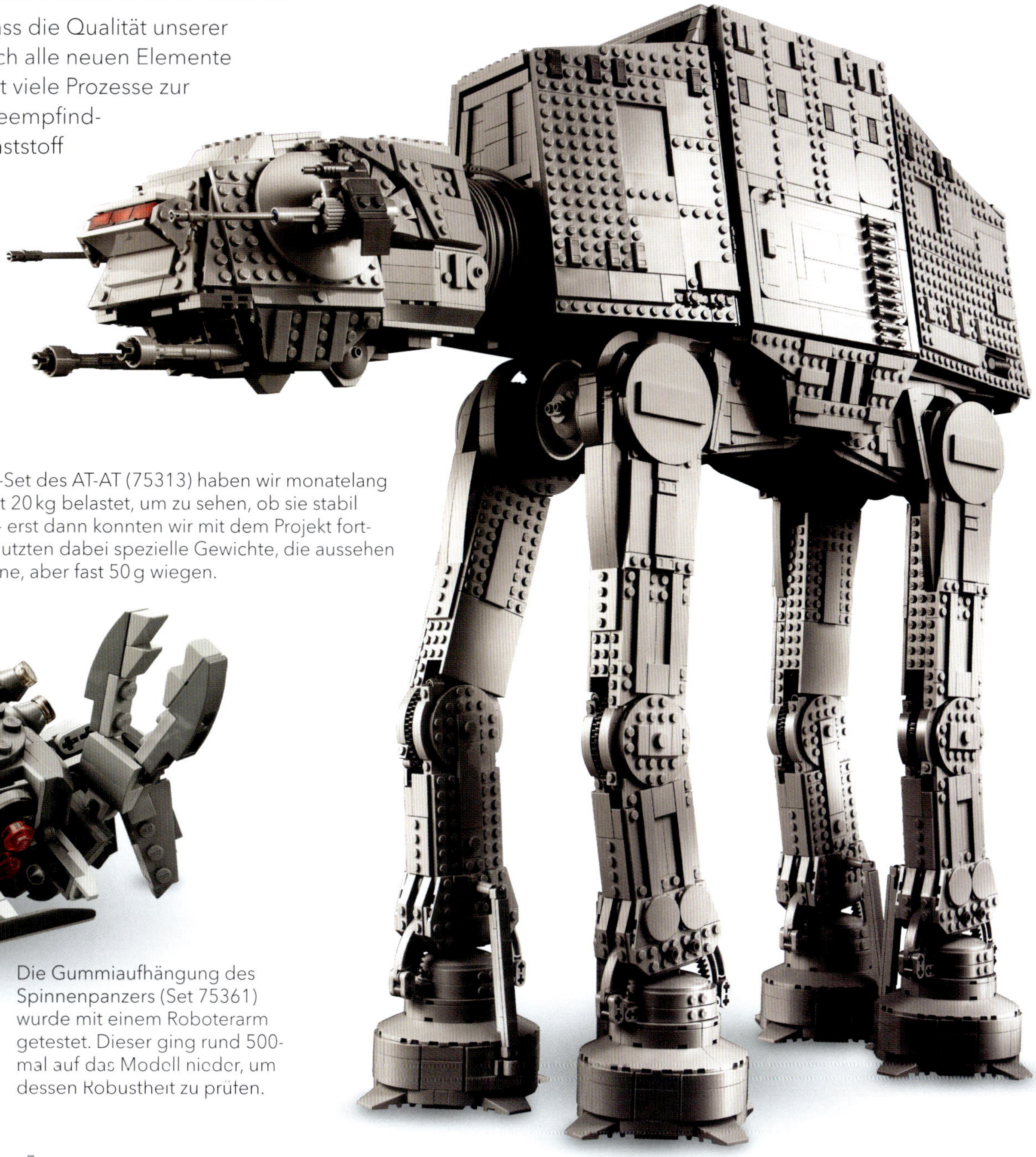

Für das UCS-Set des AT-AT (75313) haben wir monatelang die Beine mit 20 kg belastet, um zu sehen, ob sie stabil genug sind – erst dann konnten wir mit dem Projekt fortfahren. Wir nutzten dabei spezielle Gewichte, die aussehen wie 2×6-Steine, aber fast 50 g wiegen.

Die Gummiaufhängung des Spinnenpanzers (Set 75361) wurde mit einem Roboterarm getestet. Dieser ging rund 500-mal auf das Modell nieder, um dessen Robustheit zu prüfen.

„Wir geben alles, damit die Qualität unserer Modelle allen Ansprüchen genügt."

Noch ein paar letzte Worte an die Fans in diesem speziellen Jubiläumsjahr?

Mit unserem Sortiment für das Jubiläumsjahr wollen wir wirklich alle Fans erreichen – jung und alt. Das ganze Team hofft, dass unsere eigene Begeisterung auf sie überspringt. Wir laden die Fans ein, die Liebe zu teilen, die wir alle für LEGO *Star Wars* haben!

EINE EXKLUSIVE MINIFIGUR FÜR DIE FANS

Die exklusive Minifigur, die diesem Buch beiliegt, basiert zur Feier von 25 Jahren LEGO *Star Wars* auf deren erster Version aus dem Jahr 1999. Vor fünf Jahren veröffentlichten wir zum 20-jährigen Jubiläum eine Reihe klassischer Sets, daher machen wir nun etwas Ähnliches für dieses Buch. Darth Maul war 1999 Teil des allerersten Sets. In diesem Jahr bilden wir sein Aussehen nach, allerdings mit einem besonderen Jubiläumslogo auf dem Rücken.

Register

Das folgende Register listet die englischen Original-Set-Namen auf, wie sie auch auf den Verpackungen der LEGO Sets stehen – inklusive der Nummer und den Buchseiten, auf denen sich Informationen dazu finden.

M, N

O, P, R

S

T

U, V, W

X, Y, Z

Lektorat Tori Kosara, Selina Wood, Paula Regan, Mark Searle, Shari Last
Gestaltung und Bildredaktion David McDonald, Jo Connor
Umschlaggestaltung James McKeag
Herstellung Jennifer Murray, Lloyd Robertson

Für die deutsche Ausgabe:
Projektbetreuung Sebastian Twardokus
Herstellungskoordination Katharina Schäfer
Herstellung Stefanie Staat

Titel der englischen Originalausgabe:
LEGO® Star Wars™ Visual Dictionary Updated Edition

Übersetzung Marc Winter
Satz Roman Bold & Black, Köln

ISBN 978-3-8310-4959-2
5902-338731-23410-04

Druck und Bindung Leo Paper Products, China

MIX
Papier | Fördert gute Waldnutzung
FSC® C018179

www.dk-verlag.de

DANK

Der DK Verlag dankt Randi Kirsten Sørensen, Heidi K. Jensen, Martin Leighton Lindhardt, Jens Kronvold Frederiksen, Lucy Bilgin, Niels Bundesen, Christian Minick Vonsild, Jason Zapantis, Gus McLaren, Madison Andrew O'Neil, Jme Wheeler, Jan Neergaard Olesen, Henrik Andersen, César Carvalhosa Soares, Martin Fink, Jackson Hughes, Michael Lee Stockwell und Michelle Martinsen von der LEGO Gruppe, Jennifer Pooley, Jennifer Heddle und Mike Siglain von Lucasfilm sowie Chelsea Alon von Disney.

Der Verlag dankt außerdem Huw Millington und Giles Kemp für ihre Beiträge zu früheren Ausgaben dieses Buchs, Gary Ombler für seine Fotos, Elizabeth Dowsett, Jason Fry, Simon Beecroft und Simon Hugo für die Texte, Julia March für Register und Olivia Campbell für die redaktionelle Unterstützung. Für seinen Beitrag zur Erstausgabe dieses Buchs dankt der DK Verlag darüber hinaus Jeremy Beckett.

BILDNACHWEIS

Alle Bilder mit freundlicher Genehmigung der LEGO Gruppe. Zusätzliche Fotos von Gary Ombler, Jeremy Beckett, Sarah Ashun und Brian Poulsen.

Prinzessin Leia aus dem *Millennium Falken* (Set 75192)